Edgar Allan Poe, geboren am 19. 1. 1809 in Boston, ist am 7. 10. 1849 in Baltimore gestorben.

Das Unheimliche, das Nachtstück, das Grauen, der Alptraum, die Nervenkrise, die Flucht ins Jenseits des Grabes, das Überwirkliche, das Kriminelle, die messerscharfe Analyse des Verbrechens, die zynische Grausamkeit, die Krankheit, die Schauer des biologischen Untergangs, das Leben voll magischer Rätsel: All diese Züge geben dem Werk des unglücklichen, aus der ökonomisierten Wirklichkeit in seine Visionen geflüchteten großen amerikanischen Erzählers Poe das Gepräge, der seiner inhumanen Mitwelt einen düsteren Groteskspiegel vorhält. Hier sind seine ergreifenden Geschichten, die seit ihrem Erscheinen zum Bestand der Weltliteratur zählen, in neuer Übertragung gesammelt.

insel taschenbuch 362

E. A. Poe

Grube und Pendel

Edgar Allan Poe
Grube und Pendel

und andere Erzählungen
Mit einem Nachwort von Franz Rottensteiner
und Illustrationen von Harry Clarke

Insel Verlag

Aus dem Amerikanischen von Günther Steinig.
»Grube und Pendel« wurde von Elisabeth Seidel übersetzt.

insel taschenbuch 362
Erste Auflage 1979
Lizenzausgabe mit freundlicher Genehmigung
der Sammlung Dieterich Verlagsgesellschaft mbH

Vertrieb durch den Suhrkamp Taschenbuch Verlag
Umschlag nach Entwürfen von Willy Fleckhaus
Satz: Fotosatz Otto Gutfreund, Darmstadt
Druck: Nomos Verlagsgesellschaft, Baden-Baden
Printed in Germany

9 10 11 12 13 – 99 98 97

Inhalt

Ligeia

Und drinnen ruht der Wille, der nicht stirbt. Wer kennt
die Geheimnisse des Willens und seiner Macht?
Denn Gott ist nur ein großer Wille, dessen innewohnende Kraft
alle Dinge durchdringt. Der Mensch verfällt den
Engeln oder sogar dem Tod lediglich durch die Ohnmacht
seines schwachen Willens. *Joseph Glanville*

Ich kann mich, bei meiner Seele, nicht mehr darauf besinnen, zu welcher Zeit und sogar an welchem Orte ich zuerst mit Lady Ligeia bekannt wurde. Seitdem sind lange Jahre vergangen, und mein Gedächtnis ist durch vieles Leiden geschwächt. Möglicherweise kann ich mich jetzt an diese Dinge nur darum nicht erinnern, weil das ganze Wesen meiner Geliebten, ihre außergewöhnliche Bildung, ihre eigenartige und doch sanfte Schönheit und die erregende, einschmeichelnde Beredsamkeit ihrer klangvollen Stimme mir in Wahrheit nur so schrittweise und allmählich ins Herz drangen, daß sie mir fast gar nicht bewußt wurden. Ich glaube indessen, daß ich ihr zum ersten Mal und später recht oft in einer großen, alten und verfallenen Stadt am Rhein begegnete. Daß dies unendlich lange zurückliegt, ist nicht im mindesten zweifelhaft. Ligeia! Ligeia! In meinen Studien, die vor allem geeignet sind, die Eindrücke der Außenwelt abzuschwächen, beschwöre ich allein durch Nennung dieses süßen Wortes – Ligeia – das Bild der einzigen herauf, die nicht mehr ist. Und während ich dies jetzt schreibe, überfällt mich jäh die Erkenntnis, daß ich den Vatersnamen meiner Freundin und Anverlobten nie gekannt und auch nie erfahren habe, wer die Genossin meiner Studien und schließlich das Weib meines Herzens gewesen ist. War es nur ein scherzhaftes Gebot meiner Ligeia oder ein Beweis für die Stärke meiner Neigung, daß ich nie darüber nachforschen sollte? Oder war es nur eine meiner Launen – ein äußerst romantisches Opfer auf dem Altar meiner leidenschaftlichen Hingabe? An die Tatsache selbst kann ich mich dunkel erinnern – was Wunder, wenn mir die Umstände, die sie verursachten oder begleiteten, ganz in Vergessenheit gerieten? Und wahrlich, wenn der Geist der Romantik – wenn die bleiche, wolkenflüglige Göttin Astophet der heidnischen Ägypter über die unter einem Unstern geschlossenen Ehen herrschen soll, dann hat sie zweifellos über die meinige geherrscht.

Und doch gibt es etwas, worüber mich meine Erinnerung nicht trügt, nämlich die Person Ligeias selbst. Sie war groß, ziemlich schlank und in ihren späteren Tagen sogar abgezehrt. Meine Mühe wäre vergeblich, wollte ich die Hoheit und ungezwungene Ruhe ihres Betragens oder die unfaßbare Anmut und Leichtigkeit ihres Ganges schildern. Sie kam und ging wie ein Schatten. Wenn sie mein Studierzimmer betrat, wurde ich es erst gewahr, sobald die süße Musik ihrer lieblichen Stimme erklang und sie mir ihre Marmorhand auf die Schulter legte. Was die Schönheit ihres Antlitzes betraf, konnte sich kein Mädchen mit ihr vergleichen. Sie war ein Glanz wie aus Opiumträumen, eine ätherische und berückende Vision – göttlicher als die Traumbilder, die den Schlaf der Töchter von Delos durchgaukelten. Dabei waren ihre Züge nicht einmal so regelmäßig geformt, wie wir es in den klassischen Bildwerken der Heidenzeit zu verehren fälschlich gelehrt werden. »Es gibt keine auserlesene Schönheit«, sagte Bacon Lord Verulam in seiner Betrachtung über die Schönheit in ihren sämtlichen Formen und Abarten, »ohne etwas Seltsames in ihren Proportionen«. Aber obwohl ich sah, daß die Gesichtszüge Ligeias nicht von klassischem Ebenmaß waren, und obwohl ich begriff, daß ihre Lieblichkeit allerdings »auserlesen« war und manches »Seltsame« darin waltete, habe ich mich vergebens bemüht, diese Unregelmäßigkeit herauszufinden und dies »Seltsame« zu begreifen. Ich erforschte den Umriß der hohen und bleichen Stirn (sie war makellos – aber wie kalt ist dies Wort für eine so göttliche

Würde!), die Haut, die mit dem reinsten Elfenbein wetteiferte, die adlige Breite und Ruhe der leicht vorspringenden Schläfengegend und endlich das rabenschwarze, schimmernde, üppige und in natürlichen Locken geringelte Haar, das so sehr dem homerischen Beiwort »hyazinthen« gleichkam! Ich betrachtete die zarte Kontur der Nase und habe wohl nur auf den feinen Denkmünzen der Hebräer etwas so Vollkommenes gesehen. Hier gab es die gleiche wunderbare Glätte der Haut, den gleichen fast unmerklichen Ansatz zur Wölbung, die gleichen harmonisch geschwungenen Nasenflügel, die den freien Geist verraten. Ich betrachtete den reizenden Mund. Er war wirklich der Inbegriff alles Himmlischen – mit der stolzen Krümmung der kurzen oberen, der weichen, wollüstigen Verträumtheit der unteren Lippe, den schelmischen Grübchen und der sprechenden Farbe, den Zähnen, die mit einem fast erschreckenden Aufglänzen jeden Strahl des Himmelslichtes zurückwarfen, wenn Ligeia huldreich und heiter und dennoch siegesbewußt lächelte! Ich untersuchte die Form des Kinns und fand hier die sanfte Breite, die Weichheit und Würde, die Fülle und Vergeistigung der griechischen Urbilder wieder, wie der Gott Apollo es dem Kleomenes, dem Sohn des Atheners, im Traum offenbarte. Und dann tauchte ich in Ligeias große Augen.

Augen haben im antiken Zeitalter keine Vorbilder. Vielleicht ruhte gerade in diesen Augen meiner Geliebten das Geheimnis, auf welches Lord Verulam anspielt. Sie waren, wie ich annehmen möchte, größer, als die Augen unserer Rasse sonst zu sein pflegen. Sie waren größer als die Gazellenaugen des Stammes aus dem Tale Nourjahad. Aber nur manchmal, in Augenblikken heftiger Erregung, ließ sich diese Eigentümlichkeit Ligeias deutlicher erkennen. Und in solchen Augenblicken war ihre Schönheit – vielleicht schien es nur meiner überhitzten Phantasie so – die Schönheit von Wesen ober- oder außerhalb der Erde, die Schönheit der Huris der türkischen Sage. Die Augen waren vom glänzendsten Schwarz, und sehr lange, pechschwarze

Wimpern ragten weit über sie hervor. Die etwas unregelmäßig gezeichneten Brauen zeigten die gleiche Farbe. Aber das »Seltsame«, das ich in diesen Augen fand, lag nicht in den äußeren Merkmalen der Gestalt, der Farbe oder des Glanzes, sondern – mit einem Wort – in ihrem Ausdruck. Doch ach, was für ein bedeutungsloses Wort, hinter dessen hohlem Klang wir uns mit unserer Unkenntnis so vieler geistiger Dinge verschanzen! Der Ausdruck der Augen Ligeias! Wie habe ich in langen Stunden darüber nachgedacht! Wie habe ich eine ganze Sommernacht hindurch darum gerungen, ihn zu ergründen! Was war es – tiefer als die Abgründigkeit Demokrits –, was tief drinnen in den Augensternen meiner Geliebten ruhte? Was war es? Ich war förmlich von einer Sucht, es herauszufinden, besessen. Diese Augen – diese großen, leuchtenden, göttlichen Augen! Für mich wurden sie zum Zwillingsgestirn der Leda, und ich war ihr eifrigster Sterndeuter!

Unter den vielen unverständlichen Mängeln der Geisteswissenschaften gibt es nichts Fesselnderes als die meiner Meinung nach auf den Schulen noch nie bemerkte Tatsache, daß wir in unseren Bemühungen, uns etwas lange Vergessenes ins Gedächtnis zurückzurufen, oft am Rande der Erinnerung stehen, ohne uns ihrer schließlich doch bemächtigen zu können. Und wie oft habe ich ebenso in meinem eifrigen Studium der Augen Ligeias die volle Erkenntnis ihres Ausdrucks nahe, aber mir noch nicht zu eigen gefühlt, bis sie mir schließlich doch wieder vollends entglitt! Und – seltsames, allerseltsamstes Geheimnis – in den alltäglichsten Erscheinungen des Weltalls fand ich etwas diesem Ausdruck Entsprechendes. Ich will damit sagen, daß nach der Zeit, in der Ligeias Schönheit mich langsam durchdrang, um später in meinem Herzen wie in einem Schrein zu wohnen, viele Dinge der gegenständlichen Welt ein Gefühl in mir erweckten, wie ich es beim Anblick ihrer großen und leuchtenden Augen verspürte. Und doch konnte ich dieses Gefühl weder bestimmen noch es zergliedern oder auch nur stetig beobachten. Ich verspürte es – wiederhole ich – beim Anblick einer schnellwüchsigen Rebe, eines Tag- oder Nachtfalters, einer Schmetterlingspuppe, eines fließenden Gewässers. Ich empfand es im Angesicht des Ozeans, beim Fallen einer Sternschnuppe. Ich fühlte es in den Blicken ausnehmend alter Leute. Und am Himmel gibt es einen oder zwei Sterne (besonders ein veränderliches Doppelgestirn sechster Größe nächst dem großen Stern der Leier), bei deren Betrachtung durch das Fernrohr ich jenes Gefühl gewahr wurde. Es erfüllte mich beim Erklingen gewisser Saiteninstrumente und nicht selten bei gewisser Lektüre. Unter zahllosen anderen Beispielen erinnere ich mich genau eines Absatzes in einem Buch von Joseph Glanvill, der – vielleicht nur einer Seltsamkeit wegen, wer weiß? – nie verfehlte, mich mit jenem Gefühl zu durchfluten: »Und drinnen ruht der Wille, der nicht stirbt. Wer kennt die Geheimnisse des Willens und seiner Macht? Denn Gott ist nur ein großer Wille, dessen innewohnende Kraft alle Dinge durchdringt. Der Mensch verfällt den Engeln oder sogar dem Tod lediglich durch die Ohnmacht seines schwachen Willens.«

Der Ablauf der Zeit und spätere Überlegungen haben mir erlaubt, tatsächlich eine vage Verbindung zwischen dieser Stelle des englischen Moralisten und einer Seite im Wesen Ligeias zu entdecken. Etwas Drängendes in ihren Gedanken, Handlungen oder Gesprächen war womöglich ein Ergebnis oder zumindest ein Anzeichen jenes gewaltigen Willens, der während unserer langen Gemeinsamkeit andere unmittelbare Beweise seines Vorhandenseins nie erkennen ließ. Unter allen Frauen, die ich je gekannt habe, war sie, die nach außen so ruhige, stets gelassene Ligeia, am meisten den wütenden Angriffen der Geier einer finsteren Leidenschaft ausgesetzt. Und über diese Leidenschaft vermochte ich mir kein Urteil zu bilden, es sei denn, ich erkannte sie an dem wunderbaren Strahlen ihrer Augen, die mich gleichzeitig entzückten und erschreckten, an der betörenden Klangfarbe, Klarheit, Festigkeit und Gelassenheit ihrer leisen Stimme und an der ungestümen Energie (doppelt wirksam durch die ganz entgegengesetzte Art des Ausdrucks) der heftigen Worte, die sie zu gebrauchen pflegte.

Ich habe von der Gelehrsamkeit Ligeias gesprochen: sie war grenzenlos und übertraf alles, was ich bei Frauen je gesehen. In den klassischen Sprachen war sie gründlich bewandert, und soweit meine eigene Kenntnis der modernen Idiome Europas reichte, habe ich sie niemals bei einem Fehler betroffen. Bei welchem Gegenstand der höchst bewunderten, nämlich höchst unverständlichen, gerühmten Wissenschaft der Akademie hätte ich wohl je bei ihr einen Fehler gefunden? Doch wie sonderbar, wir rührend dies ist: *diese* Seite des Wesens meiner Frau hat sich erst in allerletzter Zeit meiner Aufmerksamkeit bemächtigt! Ich sagte, ihre Kenntnisse übertrafen alles, was ich je bei Frauen gesehen habe – aber wo befindet sich das männliche Wesen, das die ganzen weiten Räume der moralischen, physikalischen und mathematischen Wissenschaften durchmessen, mit Erfolg durchmessen hätte? Was ich damals noch nicht sah, jetzt aber klar erkenne, ist der Umstand, daß sich Ligeia geradezu ungeheure und erstaunliche Kenntnisse angeeignet hatte. Immerhin war ich mir zur Genüge ihrer unendlichen Überlegenheit bewußt, so daß ich mich ihrer Führung durch die verworrene Welt der metaphysischen Forschung, der ich während der früheren Jahre unserer Ehe mit Eifer oblag, mit kindlichem Vertrauen überließ. Mit welch gewaltigem Triumph, mit welch lebhaftem Entzücken und allem, was in der Hoffnung an Ätherischem lebt, fühlte ich förmlich, daß sich, wenn sie sich beim Studium wenig bekannter Forschungsgebiete helfend zu mir neigte, allmählich jener köstliche Fernblick auftat, der mir die langen, großartigen und unbetretenen Pfade zum Ziel einer Weisheit zeigte, welche zu erhaben war, um nicht verboten zu sein!

Wie furchtbar muß dann mein Schmerz gewesen sein, als ich meinen gesicherten Erwartungen etliche Jahre später Flügel wachsen und sie davonfliegen sah! Ohne Ligeia glich ich einem im Dunkeln tastenden Kinde. Ihre Gegenwart, ihr Vorlesen allein ließen mir die vielen Rätsel des Übersinnlichen, in welche wir uns versenkten, sofort klarer werden. Um den Strahlenglanz ihrer Augen gebracht, wurden die Buchstaben, die einst wie Gold geschimmert hatten, stumpfer als saturnisches Blei. Und diese Augen strahlten jetzt immer seltener auf die Blätter, in deren Inhalt ich mich vertiefte. Ligeia erkrankte. Ihre stolzen Augen erglühten in einem gar zu verräterischen Glanze, ihre blassen Finger nahmen die durchsichtig-wächserne Farbe des Grabes an, und die blauen Adern auf ihrer hohen Stirn hoben und senkten sich bei der geringfügigsten Erregung ungestüm. Ich sah, daß sie sterben mußte, und rang im Geiste verzweifelt mit dem strengen Azrael. Aber die Kämpfe, die die leidenschaftliche Frau auszufechten hatte, waren noch viel erbitterter als die meinen. Vieles in ihrer ernsten Veranlagung hatte mir den Glauben eingeflößt, daß ihr der Tod ohne seine Schrecken nahen würde: allein, ich irrte. Worte sind unfähig, den trotzigen Widerstand, mit dem sie gegen den Schatten rang, zu kennzeichnen. Ich ächzte vor Qual bei diesem beklagenswerten Schauspiel. Ich hätte sie beschwichtigen, ihr vernünftig zureden mögen – aber vor der Gewalt ihrer wilden Begier zu leben, nur zu leben, wären Trost und gute Worte der Gipfel der Tollheit gewesen. Doch bis zur letzten Minute, bis in die krampfhaften Zuckungen ihres stolzen Geistes ließ sich die äußere Ruhe ihres Benehmens nicht erschüttern. Ihre Stimme wurde immer sanfter, immer leiser – aber ich möchte nicht bei der wilden Bedeutung ihrer gelassen ausgesprochenen Worte verweilen. Mein Geist verwirrte sich, als ich gebannt einer mehr als irdischen Melodie, als ich Hoffnungen und Wünschen lauschen mußte, die kein sterbliches Wesen je vorher gekannt hatte.

Daß sie mich liebte, konnte ich füglich nicht bezweifeln, und ich hätte mir leicht denken können, daß in einer Brust wie der ihren die Liebe nicht als alltägliche Leidenschaft entbrannt wäre. Aber der Tod erst machte mich mit der Stärke ihrer Neigung

vollends vertraut. Lange Stunden meine Hand haltend, pflegte sie vor mir ihr übervolles Herz auszuschütten, dessen mehr als leidenschaftliche Hingabe an göttliche Verehrung grenzte. Womit hatte ich es verdient, mit solchen Geständnissen begnadet zu werden? Womit hatte ich es verdient, dazu verdammt zu sein, meine Geliebte in der Stunde, da sie mir diese Geständnisse machte, zu verlieren? Doch es ist mir unerträglich, mich über diesen Gegenstand zu verbreiten. Laßt mich lediglich sagen, daß ich in Ligeias mehr als weiblicher Hingabe an eine ach! ganz unverdiente, ganz unwürdig verschenkte Liebe endlich die Ursache ihres wilden Verlangens nach dem Leben, das jetzt so schnell entfloh, erkannte. Dieses heftige Verlangen, diesen glühenden Wunsch zu leben – nur zu leben –, kann ich mit Worten nicht malen, bin ich unfähig, in Begriffen auszudrücken.
Um die Mitternachtsstunde, in der sie von mir ging, winkte sie mich bedeutungsvoll heran und ließ mich einige Verse, die sie wenige Tage zuvor gedichtet hatte, wiederholen. Ich gehorchte. Die Verse lauteten folgendermaßen:

Seht! welche Galanacht
Inmitten dieser öden Zeit!
Ein Engelchor in düstrer Tracht
Und einem Meer von Traurigkeit
Sitzt im Theater und beschaut
Ein Drama voller Freud und Leid,
Dieweil aus dem Orchester braut
Gesang der Ewigkeit.

Mimen, geformt nach Gottes Bild,
Wispern und lispeln leis
Und flüchten hierhin, dorthin wild
Wie Puppen, zuckend auf Geheiß,
Von Schemen wüst und ungestalt
In einem tollen Zauberkreis,

Aus deren Kondorflügeln wallt
Schmerz siedend-heiß.

Seid sicher, daß vom wirren Spiel
Vergessen wird kein Wort –
Mit seinem Geschöpf, das ohne Ziel
Gejagt wird fort und fort
Im Reigen, welcher in Geduld
Stets kehrt zum alten Ort –
Mit Wahnsinn viel und dunkler Schuld
Und gräßlichem Seelenmord.

Doch seht, aus leerem Hintergrund
Ein Schatten schiebt sich zuletzt,
Ein blutrot Ding, das dem wirbelnden Rund
Sich ringelt näher jetzt.
Fürwahr, die Mimen munden ihm gut,
Die ärmsten, in Ängsten gehetzt –
und die Engel weinen, weil Menschenblut
Des Wurmes Lefzen benetzt.

Aus – aus die Lichter all – aus!
Und über die wimmelnde Welt
Der Vorhang mit Sturmesgebraus
Schwarz wie ein Bahrtuch fällt.
Die Engel, sie ziehn sich zurück
Mit Mienen, bleich und entstellt:
»Der Mensch« heißt das traurige Stück,
»Eroberer Wurm« sein Held.

»O Gott!« schrie Ligeia leise auf, indem sie, sobald ich geendet, aufsprang und ihre Arme mit einer hektischen Gebärde in die Luft warf, »o Gott, himmlischer Vater! Muß dies unabänderlich so sein? Soll dieser Sieger nie besiegt werden? Sind wir nicht ein Teil und Stück von dir? Wer – wer kennt die Geheimnisse des Willens und seiner Macht? Der Mensch verfällt den Engeln oder sogar dem Tod lediglich durch die Ohnmacht seines schwachen Willens.«

Dann ließ sie, wie erschöpft von Anstrengung, ihre weißen Arme sinken und kehrte feierlich auf ihr Sterbelager zurück. Und während sie ihre letzten Seufzer aushauchte, kamen in Absätzen leise gemurmelte Worte von ihren Lippen. Ich neigte mich über sie und unterschied wiederum die Schlußworte jener Glanvill-Stelle: »Der Mensch verfällt den Engeln oder sogar dem Tod lediglich durch die Ohnmacht seines schwachen Willens.«

Sie starb – ich aber, von meinem Jammer buchstäblich zu Staub zermalmt, konnte die Verödung meines Heims in jener alten und verfallenden Stadt am Rhein nicht länger ertragen. Ich hatte keinen Mangel an dem, was die Welt Reichtum nennt. Leigeia hatte mir weit, weit mehr zugebracht, als dem Los der Sterblichen für gewöhnlich bestimmt ist. Daher kaufte ich mir nach einigen Monaten müden und ziellosen Umherreisens eine Abtei, deren Namen ich nicht nennen will, in einer der wildesten und einsamsten Gegenden Englands und ließ sie teilweise ausbessern. Die düsterschaurige Erhabenheit des Gebäudes, der beinahe wüste Anblick des Besitztums und die vielen schwermütigen und von der Zeit geweihten Erinnerungen, die mit beiden zusammenhingen, stimmten gut zu den Gefühlen äußerster Verlassenheit, welche mich in diesen abgelegenen und menschenarmen Teil des Landes verbannt hatten. Aber während ich das Äußere der Abtei mit ihrem übergrünten Verfall nur wenig ändern ließ, verleitete mich eine kindische Laune oder vielleicht eine schwache Hoffnung, meinen Gram zu erleichtern, dazu, im Innern eine mehr als königliche Pracht zu entfalten. – An dergleichen Torheiten hatte ich schon als Kind Gefallen gefunden, und jetzt suchten sie mich bei meinem vom Kummer geschwächten Geisteszustand wieder heim. Ach, ich fühle es, wie viele Anzeichen beginnenden Wahnsinns in den prunkvollen und phantastischen Wandbehängen, in den kostbaren ägyptischen Schnitzereien, in den tollen Gesimsen und Möbeln, in den irrsinnigen Mustern der mit goldenen Quasten verzierten Teppiche entdeckt worden wären! Ich war zum willenlosen Sklaven des Opiums geworden, und meine Arbeit und meine Anordnungen hatten die Farbe meiner Traumgesichte angenommen. Doch ich darf mich nicht damit aufhalten, diese Narreteien im einzelnen zu schildern. Laßt mich nur von jenem einen auf ewig verfluchten Zimmer sprechen, in welches ich in einem Augenblick geistiger Umnachtung meine Braut, die Nachfolgerin der unvergessenen Ligeia, die blondhaarige und blauäugige Lady Rowena Trevanion von Tremaine, vom Traualtar einführte.

Was die Form und Ausstattung dieses Brautgemachs betrifft, gab es darin nicht den kleinsten Gegenstand, der mir nicht noch klar vor Augen stände. Wo befanden sich die Herzen der stolzen Familie meiner Braut, als sie aus bloßer Goldgier einer Jungfrau und heißgeliebten Tochter erlaubten, die Schwelle eines derart ausgestatteten Zimmers zu überschreiten? Ich sagte bereits, daß ich mich aller Einzelheiten des Zimmers entsinnen könne; aber ich habe schmählich vergessen, was für ein tieferer Sinn darin lag: denn in dieser phantastischen Schaustellung gab es keinen Plan und keinen Anhaltspunkt, der sich meinem Gedächtnis eingeprägt hätte. Das Zimmer befand sich in einem hohen Turme der befestigten Abtei und war fünfeckig und von beträchtlicher Ausdehnung. Das einzige Fenster nahm die ganze Südseite des Fünfecks ein – eine gewaltige Fläche ungeteilten venezianischen Glases, eine einzige bleifarbene Scheibe, welche bewirkte, daß die Strahlen der Sonne oder des Mondes, die durch sie hereindrangen, ein gespenstisches Licht auf die Gegenstände im Innern warfen. Über den oberen Teil dieses gewaltigen Fensters breitete sich das Rankenwerk eines alten Weinstocks, der sich an den massigen Mauern des Turms hin-

aufrankte. Die Decke aus dunkel gebeizter Eiche war ausnehmend hoch, gewölbt und mit reichen Schnitzereien in den tollsten und verstiegensten Formen von halb gotischer, halb druidischer Herkunft verziert. Aus der Nische in der Mitte dieses finsteren Gewölbes hing an einer langgliedrigen goldenen Kette ein mächtiger Räucherkessel herab, der, aus demselben Metall verfertigt und mit sarazenischen Mustern versehen, viele Öffnungen besaß, durch die sich unablässig bunte Flammen gleich lebenden Schlangen heraus- und hineinwanden.
Einige Ottomanen und Kandelaber in morgenländischer Machart standen umher – und da war auch das Bett, das Brautbett in indischem Stil, niedrig, aus geschnitztem Ebenholz und mit einem bahrtuchartigen Betthimmel darüber. In allen Ecken des Zimmers standen riesige Sarkophage aus schwarzem Granit aus den Königsgräbern von Luksor mit ihren altertümlichen Dekkeln voll zeitloser ägyptischer Bildwerke. Doch ach! Die Wandbehänge des Zimmers machten das Hauptstück all dieser Phantastereien aus! Die riesenhaft hohen Wände, die in keinem Verhältnis zum Raum standen, waren von der Decke bis zum Fußboden mit einem schweren und durch seinen weiten Faltenwurf massiv wirkenden Wandteppich verhangen. Dieser Wandteppich bestand aus einem Gewebe, das sich zugleich als Bodenbelag, als Bedeckung der Ottomanen und des Bettes und als Betthimmel wiederholte und als Gardine in malerischem Schwung einen Teil des Fensters in Dunkel hüllte. Dies war ein kostbarer Goldstoff, in unregelmäßigen Abständen über und über mit Arabesken bedeckt, deren Durchmesser etwa einen Fuß betrug und die in Mustern vom tiefsten Schwarz in das Tuch hineingewebt waren. Diese Figuren aber erhielten ihren wahren, arabeskenhaften Charakter erst dann, wenn sie aus einem bestimmten Gesichtswinkel betrachtet wurden. Nach einem jetzt gebräuchlichen, jedoch bis ins fernste Altertum nachweisbaren Verfahren waren sie so gefertigt, daß sie wechselnde Anblicke darboten. Wenn man ins Zimmer trat, glaubte

man in ihnen nur harmlose Absonderlichkeiten zu sehen; schritt man jedoch weiter, so hob sich dieser Eindruck allmählich auf. Auf seinem weiteren Gang durch das Zimmer sah sich der Besucher Schritt für Schritt von einer unendlichen Folge scheußlicher Gestalten umringt, die normannischem Aberglauben oder den lasterhaften Träumen von Mönchen zu entstammen schienen. Die phantastische Wirkung wurde durch einen steten künstlichen Luftzug hinter den Tapeten, der dem Ganzen ein schauerliches und unheimliches Leben verlieh, noch bedeutend gesteigert.

In diesen Räumen, in dieser Brautkammer verbrachte ich mit der Lady von Tremaine die ruchlosen Stunden unseres ersten Ehemonats – verbrachte sie mit nur unwesentlicher Unruhe. Daß sich meine Frau vor meinen düsteren Stimmungen fürchtete, daß sie mir aus dem Wege ging und mich nur wenig liebte, mußte ich wohl begreifen; aber es bereitete mir fast ein Vergnügen. Ich verabscheute sie mit einem Hasse, der eher teuflischen als menschlichen Ursprungs zu sein schien. Meine Erinnerung flüchtete – mit wie innigem Bedauern! – zurück zu Ligeia, der hehren, der schönen, der begrabenen Geliebten! Ich schwelgte in Erinnerungen an ihre Reinheit, ihre Weisheit, ihr hohes, ätherisches Wesen, ihre leidenschaftliche, abgöttische Liebe. Jetzt loderten in meiner Seele wildere und heißere Flammen, als in der ihren gebrannt hatten. Betört von Opiumträumen – denn ich war immer im Banne des Giftes – rief ich laut ihren Namen: sei es in der Stille der Nacht, sei es bei Tage in der Geborgenheit der Bergesklüfte, als ob ich sie, die Verstorbene, mit dem Ungestüm, der heiligen Leidenschaft und verzehrenden Glut meines Verlangens auf den Pfad, den (vielleicht für immer?) sie verlassen, auf die Erde zurückrufen könnte.

Als der zweite Monat der Ehe begann, wurde Lady Rowena von einem plötzlichen Übel befallen, von dem sie sich nur langsam erholte. Das Fieber, welches sie verzehrte, hatte ihr unruhige Nächte bereitet, und im verworrenen Zustande des Halbschla-

fes redete sie von Geräuschen und Bewegungen innerhalb und außerhalb des Turmzimmers, die nach meinem Darfürhalten nur Ausgeburten ihrer erregten Phantasie waren oder durch etwaige übersinnliche Einflüsse des Zimmers selbst hervorgerufen wurden. Allmählich genas sie und fühlte sich schließlich wieder leidlich wohl. Aber schon nach kurzer Zeit warf ein zweiter, heftigerer Anfall sie wieder aufs Krankenlager; und diesmal erholte sich ihr ohnehin geschwächter Körper niemals völlig. Ihre Leiden hatten nach dieser Zeit etwas Beängstigendes – mehr aber noch die Rückfälle, welche sie erlitt, zumal sie der Kunst und den großen Bemühungen ihrer Ärzte Trotz boten. Mit der Verschlimmerung des chronischen Übels, welches sich bei ihr anscheinend so befestigt hatte, daß es durch menschliche Mittel nicht beseitigt werden konnte, steigerte sich, wie ich bemerken mußte, ihre nervöse Reizbarkeit, die nur der geringsten Anlässe bedurfte, um ihr Furcht einzujagen. Wieder sprach sie – und jetzt häufiger und bestimmter – von den leisen Geräuschen und ungewöhnlichen Bewegungen hinter den Tapeten, worauf sie schon früher angespielt hatte.
Eines Nachts gegen Ende September lenkte sie meine Aufmerksamkeit eindringlicher als sonst auf diesen unseligen Umstand. Sie war gerade aus unruhigem Schlummer erwacht, und ich hatte mit Gefühlen der Besorgnis und eines unbestimmten Schreckens beobachtet, wie es in ihrem abgemagerten Gesicht arbeitete. Ich saß auf einer der indischen Ottomanen zur Seite ihres Ebenholzbettes. Sie richtete sich halb auf und sprach in leisem, aber inbrünstigem Flüsterton von Lauten, die sie gerade jetzt hörte (ohne daß ich sie hörte), und von Bewegungen, die sie gerade jetzt sah (ohne daß ich ihrer gewahr wurde). Der Wind sauste hinter der Tapete, und ich wollte ihr erklären (woran ich – ich muß es gestehen – selbst nicht recht glaubte), daß diese kaum wahrnehmbaren Atemzüge und Veränderungen der Figuren an der Wand durch die natürliche Einwirkung des Windes erzeugt würden. Aber eine tödliche Blässe, die sich auf ih-

rem Gesicht ausbreitete, bewies mir sogleich, daß meine Bemühungen, sie zu beruhigen, nutzlos seien. Sie schien ohnmächtig zu werden, und kein Diener befand sich in Rufweite. Ich entsann mich, wo eine Karaffe leichten Weines, den ihr die Ärzte verordnet hatten, abgestellt war, und lief durch das Zimmer, sie zu holen. Als ich mich jedoch gerade unter dem Licht des Räucherkessels befand, nahmen zwei erschreckende Umstände meine Aufmerksamkeit gefangen. Ich hatte gespürt, daß irgendein körperliches, jedoch nicht sichtbares Etwas leicht an mir vorbeigestreift war, und ich sah, daß inmitten des Lichtkreises auf dem goldenen Teppich ein Schatten, ein schwacher, unbestimmter Schatten unirdischer Art lag, so wie man sich vielleicht den Schatten eines Schattens vorstellen würde. Allein ich war von einer übermäßigen Dosis Opium, die ich zu mir genommen, aufs höchste erregt und betrachtete diese Dinge kaum, sprach auch zu Rowena nicht darüber. Als ich den Wein gefunden, durchquerte ich wieder das Zimmer und goß einen Becher voll, den ich der ermattenden Lady an die Lippen hielt. Sie war allerdings wieder etwas zu sich gekommen und nahm das Gefäß selbst, während ich auf eine nahe Ottomane sank und den Blick auf sie richtete. Da geschah es, daß ich deutlich einen leichten Schritt unweit des Bettes auf dem Teppich vernahm. Und eine Sekunde später, als Rowena den Wein an ihre Lippen hob, sah ich oder träumte vielleicht nur, daß wie aus einem unsichtbaren Quell in der Luft des Zimmers drei oder vier große, rubinrot glänzende Tropfen in den Becher fielen. Wenn ich dies sah, Rowena jedenfalls sah es nicht. Sie trank den Wein, ohne zu zögern, und ich unterließ es, ihr von einem Umstand zu sprechen, der, wie ich mir dachte, nach allem eine Ausgeburt meiner durch den Schrecken der Lady, durch das Opium und die späte Stunde krankhaft gesteigerten Phantasie sein mußte.

Indessen konnte ich mir nicht verhehlen, daß unmittelbar nach dem Fall der Rubintropfen im Krankheitszustand meiner Frau

eine rasche Wendung zum Schlimmeren eingetreten war. Und so kam es, daß in der dritten Nacht, die folgte, die Dienerinnen sie für die Gruft vorbereiteten und daß ich eine Nacht später einsam bei der in ihr Totenhemd gehüllten Leiche in dem phantastischen Zimmer saß, das sie als meine Braut empfangen hatte. Wilde, opiumgeborene Visionen umgaukelten mich schattengleich. Mit unruhigem Auge blickte ich auf die Sarkophage in den Ecken des Zimmers, auf die wechselnden Gestalten der Tapete und die bunten, züngelnden Flammen aus dem Räucherkessel mir zu Häupten. Und da ich mich nun der Umstände in einer früheren Nacht entsann, fielen meine Augen auf die Stelle im Lichtkreis des Leuchtkörpers, wo ich die schwache Spur jenes Schattens bemerkt hatte. Er war allerdings nicht da, und freier atmend wandte ich den Blick der bleichen und erstarrten Gestalt auf dem Totenlager zu. Dann überfielen mich tausend Erinnerungen an Ligeia, und das ganze unnennbare Weh, das ich empfunden, als ich *sie* so im Totenhemd gesehen hatte, durchdrang mit der Gewalt einer Sturzflut wieder mein Herz. Die Nacht schwand dahin; und noch immer, bitterer Gedanken an die eine einzig und unendlich Geliebte voll, ließ ich den Blick auf der toten Rowena ruhen.
Es mag Mitternacht oder ein wenig früher oder später gewesen sein (denn auf die Zeit gab ich nicht acht), als mich ein leise gehauchter, jedoch ganz deutlicher Seufzer meinem Träumen entriß. – Ich fühlte, daß er vom Ebenholzbett, vom Totenbett herkam. Ich lauschte in quälend abergläubischem Entsetzen: der Laut wiederholte sich nicht. Ich strengte den Blick an, um eine Regung der Toten zu entdecken; aber nicht das geringste war zu bemerken. Allerdings konnte ich mich nicht gerirrt haben. Ich hatte den Laut, wenn auch nur schwach, vernommen, und mein Herz erwachte in mir wieder zum Leben. Entschlossen und ausdauernd lenkte ich meine ganze Aufmerksamkeit auf den Leichnam. Viele Minuten verrannen, bevor einige Umstände eintraten, die Licht auf das Geheimnis werfen konnten.

Schließlich zeigte es sich, daß eine geringfügige, sehr zarte und kaum wahrzunehmende Röte in die Wangen und die Umgebung der eingesunkenen Äderchen auf den Augenlidern gestiegen war. In unaussprechlichem Entsetzen (die Sprache der Sterblichen kennt kein Wort, das bezeichnend genug wäre, meine Empfindungen auszudrücken) fühlte ich, wie mein Herzschlag aussetzte und meine Glieder erstarrten. Aber ein Gefühl der Pflicht half mir meine Selbstbeherrschung zurückzugewinnen. Ich konnte nicht länger zweifeln, daß wir in unseren Vorbereitungen übereilt gewesen, daß nämlich Rowena noch lebte. Die Wiederbelebungsversuche mußten sofort in Gang gebracht werden. Allein der Turm lag zu weit von der Dienstbotenwohnung entfernt – niemand befand sich in Rufweite –, und ich selbst konnte die Leute nicht holen, ohne den Raum für viele Minuten verlassen zu müssen; doch das wagte ich einfach nicht. Daher plagte ich mich allein damit ab, die noch unsicheren Lebensgeister zurückzurufen. Eine kleine Weile später mußte ich mich jedoch überzeugen, daß ein Rückfall eingetreten war. Die Farbe schwand von Wangen und Lidern und ließ eine Blässe zurück, die mit der des Marmors wetteiferte. Die Lippen schrumpften ein und verkniffen sich im gräßlichen Ausdruck des Todes. Eine abstoßende Steifheit und Kälte dehnte sich im Nu über den ganzen Körper aus. Und unmittelbar darauf trat die Totenstarre mit ihren üblichen Merkmalen wieder ein. Schaudernd sank ich auf das Ruhebett, von dem ich so jählings aufgeschreckt worden war, zurück und überließ mich wieder meinen leidenschaftlichen Wachträumen von Ligeia.
So verrann eine Stunde, als ich (war es möglich?) wiederum eines leisen Geräusches, das aus der Richtung des Totenbettes kam, gewahr wurde. Ich horchte in namenlosem Grauen. Der Laut wiederholte sich: es war ein Seufzer. Wieder trat ich zu der Leiche und sah – sah ein deutliches Erzittern der Lippen. Eine Minute später öffneten sie sich und enthüllten eine Reihe perlweiß blitzender Zähne. Maßloses Erstaunen rang jetzt in mir

mit jener tiefen Scheu, die mich bisher allein beherrscht hatte. Ich spürte, daß mein Auge ermattete, daß mir die Sinne schwanden; und nur mit gewaltsamer Anstrengung bezwang ich mich schließlich so weit, daß ich mich der Aufgabe, die mir die Pflicht nochmals auferlegte, widmen konnte. Jetzt zeigte sich eine gewisse Rötung auf der Stirn, auf den Wangen und am Halse; eine fühlbare Wärme durchdrang den ganzen Leib. Auch war ein leises Pochen des Herzens zu bemerken. Die Lady lebte – und mit verdoppeltem Eifer überließ ich mich der Aufgabe, sie wiederzuerwecken. Ich rieb und badete ihre Schläfen und Hände und unterließ keine Übung, die mich die Erfahrung und mein ausgedehntes Studium medizinischer Werke gelehrt hatten. Jedoch vergebens. Plötzlich wich die Farbe, der Puls setzte aus, die Lippen nahmen den Ausdruck des Todes an, und einen Augenblick später befiel den ganzen Körper jene eisige Starre, jene bleierne Färbung, jenes Einsinken der Kontur samt allen scheußlichen Merkmalen einer Leiche, die seit vielen Tagen im Grabe gelegen hatte.

Und wiederum versank ich in Träume von Ligeia, und wiederum (was Wunder, wenn es mich bei der Niederschrift schaudert?) drang mir ein leichter Seufzer aus der Gegend des Ebenholzbettes ans Ohr. Doch weshalb soll ich die unsäglichen Schrecken jener Nacht bis in alle Einzelheiten beschreiben? Warum soll ich mich damit aufhalten zu berichten, wie sich dieses abscheuliche Schauspiel der Wiederbelebung von Zeit zu Zeit bis zum Anbruch des Morgengrauens wiederholte – wie jeder entsetzliche Rückfall nur einen grimmigeren und unwiderruflicheren Tod anzeigte – wie jeder Todeskampf dem Ringen mit einem unsichtbaren Gegner glich und Gott weiß was für eine phantastische Veränderung im Äußeren des Leichnams heraufbeschwor? Laßt mich zum Schluß eilen.

Der größere Teil der grauenvollen Nacht war verstrichen, und die Totgewesene regte sich wieder – diesmal jedoch weit kraftvoller als zuvor, obwohl diesmal der Zustand ihres Verfalls

erschreckender als jemals vorher gewesen war. Ich hatte es längst aufgegeben, mich abzumühen oder mich auch nur zu bewegen, und blieb steif auf der Ottomane sitzen – als hilflose Beute eines Strudels heftigster Erregungen, wobei eine maßlose Scheu vielleicht das am wenigsten schreckliche, am wenigsten aufreibende meiner Gefühle war. Die Tote – ich wiederhole es – bewegte sich diesmal kraftvoller als zuvor. Mit ungewohnter

Stärke ergossen sich die Farben des Lebens über ihr Antlitz, die Glieder lösten sich, und ich hätte, obwohl die Augenlider streng geschlossen waren und die Binden und Tücher des Grabes der Gestalt ein noch leichenhafteres Aussehen verliehen, träumen können, daß Rowena die Fesseln des Todes vollends abgestreift habe. Aber wenn ich diesem Gedanken damals noch nicht stattgeben konnte, durfte ich zumindest nicht länger zweifeln, als sich die Tote schwankend vom Bett erhob und schwachen Schrittes, mit geschlossenen Augen und allen Anzeichen eines Schlafwandlers in ihrem Totenhemd körperlich und greifbar in die Mitte des Zimmers trat.

Ich erbebte nicht – ich bewegte mich nicht; denn in Verbindung mit ihrer Miene, Gestalt und Haltung stürmte mir ein Wirbel unsäglicher Phantasien durchs Hirn und ließ mich gelähmt, wie in Stein verwandelt, zurück. Ich bewegte mich nicht, hielt nur den Blick immerfort auf die Erscheinung gerichtet. Eine tolle Verwirrung, eine wilde Ratlosigkeit hatte sich meiner Gedanken bemächtigt. Konnte sie, die da vor mir stand, wirklich die lebende Rowena sein? Konnte es überhaupt Rowena sein – die blondhaarige, blauäugige Lady Rowena Trevanion von Tremaine? Doch warum, warum sollte ich daran zweifeln? Die Binde lag ihr schwer um den Mund: aber konnte dies nicht der Mund der atmenden Lady von Tremaine sein? Und die Wangen, auf denen Rosen wie in der Fülle des Lebens blühten – sie konnten wahrlich die schönen Wangen der lebenden Lady von Tremaine sein. Und das Kinn mit seinen Grübchen und allen Anzeichen der Gesundheit: konnte es nicht das ihre sein? – Aber war sie denn während ihrer Krankheit gewachsen? Welch unsäglicher Wahnsinn packte mich bei diesem Gedanken! Ein Sprung – und ich stand vor ihren Füßen. Vor meiner Berührung zurückzuckend, ließ sie das scheußliche Tuch, das ihren Kopf umhüllte, fallen – und im winderfüllten Gemach quollen mächtige Massen langen, verworrenen Haares hervor: es war schwärzer als die Rabenschwinge der Mitternacht. Und jetzt öffnete das Geschöpf vor mir langsam die Augen. »Nun endlich«, rief ich laut, »kann ich – kann ich nicht länger irren: dies sind die großen, die schwarzen, die wilden Augen meiner verlorenen Liebe – der Lady – der Lady Ligeia.«

Der Untergang des Hauses Usher

Son cœur est un luth suspendu;
Sitôt qu'on le touche il résonne.
Béranger

Einen ganzen dumpfen, dunklen und stillen Herbsttag lang war ich unter bedrückend niedriger Wolkendecke durch eine eigentümlich öde Landschaft geritten, bis ich, als die Schatten des Abends herabsanken, das schwermütige Haus Usher vor mir liegen sah. Ich weiß nicht, wie es zuging: aber beim ersten Anblick des Gebäudes wurde mein Herz von unerträglicher Betrübnis erfüllt. Unerträglich, sage ich: denn dieses Gefühl wurde durch keine versöhnende, keine poetische Empfindung gemildert, die dem Geist sonst auch die grausamsten Bilder des Trostlosen oder des Schrecklichen annehmbar zu machen pflegt. Die ganze Szene vor mir – das Haus selbst mit seiner einfachen landschaftlichen Umgebung, die nackten Mauern, die leeren Augenhöhlen gleichenden Fenster, die wenigen geil wachsenden Schilfhalme und weißlichen Stämme vermodernder Bäume – machte mich dermaßen beklommen, daß ich an die Nachwehen schwelgerischer Opiumträume, an das bittere Zurückgleiten in den Alltag und das furchtbare Fallen des Schleiers denken mußte. Dieses Ermatten, Erstarren und Erkranken des Herzens, diese quälende Verdüsterung des Geistes ließen sich durch kein Spiel der Phantasie in ein Gefühl des Erhabenen umwandeln. Woher kam dies – so begann ich zu grübeln – und was konnte mich beim Anblick des Hauses Usher so verstören? Dies war mir ein völlig unlösbares Rätsel; ich vermochte mit den unheilvollen Bildern, die meine Phantasie bevölkerten, nicht fertig zu werden. Ich mußte mich mit dem unbefriedigenden Schluß abfinden, daß es zweifellos Verbindungen einfacher und natürlicher Gegenstände gibt, die uns in der beschriebenen Weise beeinflussen können, ohne daß uns die Macht gegeben ist, diese Zusammenhänge zu ergründen. Ich hielt es durchaus für möglich, daß eine gewisse andere Anordnung der Teile des Bildes genügen würde, den leidigen Gesamteindruck zu verändern oder gar auszulöschen. An diesem Gedanken weiterspinnend, lenkte ich mein Pferd an das abschüssige Ufer des trüben, trostlosen Weihers, dessen spiegelnd glatte Fläche vor dem Hause lag; und es durchschauerte mich noch tiefer als zuvor, als ich darin das fahle Schilf, die gespenstischen Baumstämme und die leeren Augenhöhlen der Fenster umgekehrt noch einmal erblickte.

Dennoch hatte ich vor, einige Wochen in diesem Hause der Schwermut zu verweilen. Sein Besitzer, Roderick Usher, war mir in Kindheitstagen ein lieber Spielgenoß gewesen; aber seit unserer letzten Begegnung waren viele Jahre verflossen. Vor kurzem hatte mich jedoch in einem fernen Teile des Landes ein Brief erreicht – ein Brief Ushers, dessen äußerst dringliche Art lediglich eine persönliche Beantwortung zuließ. Dieser Brief war in offensichtlicher Erregung geschrieben worden. Der Schreiber erwähnte nicht nur eine plötzliche körperliche Erkrankung, sondern auch gewisse seelische Bedrängnisse und äußerte den aufrichtigen Wunsch, mich als seinen besten, ja einzigen Freund wiederzusehen, da er sich von meiner aufheiternden Gesellschaft eine mögliche Linderung seiner Leiden versprach. Die Art, in der dieses und vieles andere gesagt war, sowie die offenbare Herzlichkeit beim Aussprechen dieser Bitte gestattete mir nicht, lange zu zögern; deshalb willfahrte ich auch sofort einem Wunsche, den ich gleichwohl als eine recht sonderbare Aufforderung ansehen mußte.

Obwohl wir einander als Knaben innig zugetan gewesen waren, wußte ich recht wenig von meinem Freunde. Er hatte stets eine übertriebene Zurückhaltung geübt. Allerdings war mir bekannt, daß seine sehr alte Familie seit unvordenklichen Zeiten durch eine Empfindsamkeit des Gemütes ausgezeichnet war, die sich darin offenbarte, daß sie immer wieder erhabene Kunstwerke hervorbrachte; erst in jüngster Zeit hatte sie sich mehrfach nicht nur in der Ausübung einer unaufdringlichen Mildtätigkeit, sondern auch in einer leidenschaftlichen Hingabe an die Probleme der Musik bewährt (wobei freilich die Gesetzmäßigkeiten und leicht faßlichen Schönheiten dieser Kunst vernachlässigt worden waren). Mir war ferner die bemerkenswerte Tatsache zu Ohren gekommen, daß der altehrwürdige Stamm der Usher niemals eine dauernde Seitenlinie hervorgebracht hatte; das heißt, die Familie hatte sich, von wenigen geringen und zeitlich begrenzten Abweichungen abgesehen, immer nur in sich selbst fortgepflanzt. Wenn ich mir vorstellte, daß sowohl das Besitztum als auch seine Bewohner ihre ursprüngliche Wesensart beibehalten und sich im Ablauf der Jahrhunderte womöglich gegenseitig beeinflußt hatten, so schien mir dieses Fehlen einer Seitenlinie und die unablässige Vererbung des Namens vom Vater auf den Sohn zum Anlaß der vollständigen Verschmelzung beider – des Hauses und der Menschen – geworden zu sein; wie denn auch die seltsame und doppelsinnige Bezeichnung »Haus Usher« von der Landbevölkerung so gebraucht wurde, daß man sowohl die Familie als auch ihren Stammsitz darunter verstehen konnte.

Ich sagte bereits, daß mein kindisches Beginnen, in den Pfuhl hinunterzublicken, meinen ersten sonderbaren Eindruck noch vertieft habe. Es kann kein Zweifel bestehen, daß das Bewußtsein des schnellen Anwachsens meiner abergläubischen Furcht – denn wie sollte ich es sonst nennen? – in der Hauptsache dazu diente, diese Furcht nur noch weiter zu steigern. Wie ich seit langem weiß, ist dies das widerspruchsvolle Gesetz aller Gefühle, die auf dem Schrecken beruhen. Und vielleicht ist es auch so zu erklären, daß mein Geist, als ich den Blick vom Spiegelbilde im Weiher wieder auf das Haus richtete, einer wunderlichen Vorstellung erlag – einer geradezu albernen Vorstellung, die ich überhaupt nur erwähne, um die Lebhaftigkeit der mich bedrängenden Gefühle zu kennzeichnen. Ich bildete mir in der Tat ein, daß das Haus und das Besitztum von einer nur ihnen eigentümlichen Atmosphäre umgeben seien. Mit der Himmelsluft keineswegs verwandt, schien diese den vermodernden Bäumen, den grauen Mauern und dem stummen Pfuhl zu entströmen: ein geheimnisvoller, stinkender Dunst von bleierner Färbung, der kaum sichtbar über dem Ganzen lagerte.

Dieses vermeintliche Trugbild von mir abschüttelnd, prüfte ich jetzt das Haus selbst genauer. Der hauptsächliche Eindruck war der, daß es uralt sein mußte. Die Zeiten hatten es in erheblichem Maße entfärbt. Sein ganzes Äußeres war von winzigen Pilzen überzogen, die wie ein feines Netzwerk von den Dachtraufen herabhingen. Dennoch war hier von einem außergewöhnlichen Zerstörungswerk nichts zu bemerken. Kein Teil des Gebäudes war eingestürzt; aber vollkommen erhaltene Partien stachen von der Brüchigkeit der einzelnen Mauersteine eigentümlich ab. Dieser Umstand erinnerte mich an die scheinbare Unversehrtheit alten Holzes, das lange Jahre in einem verlassenen Gewölbe hatte faulen können, ohne durch den Zutritt der Außenluft beeinträchtigt worden zu sein. Aber außer diesem Anzeichen ausgedehnten Verfalls war dem Gemäuer nichts Baufälliges anzumerken. Der Blick eines aufmerksamen Beobachters hätte allerdings einen kaum wahrnehmbaren Riß entdeckt, der in einer Zickzacklinie vom Dach ausgehend über die ganze Fassade lief, bis er sich in den schwarzen Wassern des Pfuhls verlor.

Nachdem ich dies alles zur Kenntnis genommen hatte, ritt ich über einen kurzen Damm zum Hause hinüber. Ein Diener nahm mir das Pferd ab, und ich betrat den gotischen Bogengang der Vorhalle. Ein schweigender Lakai mit geräuschlosem Schritt führte mich von dort durch ein Labyrinth finsterer und verschlungener Gänge zum Studierzimmer seines Herrn. Vieles, was ich unterwegs bemerkte, trug irgendwie dazu bei, die ahnungsbangen Gefühle, von denen ich schon gesprochen, zu vermehren. Obwohl die Gegenstände rundum, die Schnitzereien der Decken, die düsteren Wandbehänge, die Ebenholzschwärze des Estrichs und die wunderlichen Kriegstrophäen, die bei meinem Vorbeigehen rasselten, durchweg mir seit der Kindheit vertraute Dinge waren, befremdete es mich dennoch, was für ungewöhnliche Phantasien so gewöhnliche Dinge in mir auslösten. Auf einer Treppe begegnete ich dem Arzt des Hauses. Sein Gesicht schien mir zugleich Verlegenheit und gemeine Verschlagenheit auszudrücken. Mit scheuem Gruß ging er an mir vorüber. Der Lakai stieß jetzt eine Tür auf und führte mich zu seinem Herrn.

Das Zimmer, das ich betreten hatte, war sehr hoch und geräumig. Die langen und schmalen Spitzbogenfenster waren von dem schwarzen Eichenfußboden so weit entfernt, daß man nicht zu ihnen hinaufreichen konnte. Ein schwaches rötliches Licht drang durch die vergitterten Scheiben herein und erlaubte mir, die auffallenderen Gegenstände ziemlich deutlich zu erkennen. Allerdings bemühte sich das Auge vergeblich, die entfernteren Winkel des Zimmers oder die Nischen des mit Schnitzwerk versehenen Deckengewölbes zu durchdringen. Dunkle Drapierungen hingen an den Wänden. Das Mobiliar war größtenteils kostbar und unbehaglich, im übrigen alt und zerschlissen. Viele Bücher und Musikinstrumente waren ringsumher verstreut, verfehlten es aber, die Szene zu beleben. Ich fühlte, daß ich sorgenschwere Luft atmete. Ein böses und unauslöschliches Dämmerwesen umgab und durchdrang alles.

Als ich eintrat, erhob sich Usher von einem Sofa, auf dem er lang ausgestreckt gelegen hatte, und hieß mich mit so viel Wärme willkommen, daß ich an die künstliche Herzlichkeit eines blasierten Weltmannes denken mußte. Allerdings überzeugte mich ein Blick auf sein Gesicht, daß er es vollkommen ehrlich meinte. Wir setzten uns; und einige Augenblicke lang, in denen kein Wort gesprochen wurde, sah ich ihn teils mitleidig, teils voller Scheu an. Gewiß hatte sich nie zuvor ein Mensch in so kurzer Zeit so schrecklich verändert wie Roderick Usher!

Nur mit Anstrengung wollte es mir gelingen, in dem Geschöpf vor mir den Gefährten meiner frühen Kindheit derzuerkennen. Freilich war sein Äußeres schon immer beme kenswert gewesen. Die leichenhafte Blässe des Antlitzes, das unvergleichlich große und feucht glänzende Auge, die dünnen und sehr bleichen, aber überaus schön geschwungenen Lippen, die zarte Nase in hebräischem Schnitt, doch mit ungewöhnlich breiten Nasenflügeln versehen, das fein geformte Kinn, dessen ungenügendes Hervortreten einen Mangel an Willensstärke anzeigte, das spinnwebgleich weiche Haar – alles dies vermehrt um die ungewöhnliche Breite der Schläfengegend, ergab ein Gesicht, das nicht leicht zu vergessen war. Jetzt aber hatten sich durch bloße Übersteigerung der besonderen Merkmale diese Züge und ihr Ausdruck so weit geändert, daß ich im Ernst zweifelte, wen ich vor mir hätte. Das jetzt so gespenstisch bleiche Antlitz und der wunderbare Glanz des Auges erschreckten und beängstigten mich in äußerstem Maße. Das seidige Haar, das unbehindert hatte wachsen dürfen, fiel oder wogte vielmehr als ein so wirres Gespinst um seine Stirn, daß ich mich des Gedankens, diesem phantastischen Ausdruck sei nichts Menschliches mehr eigen, nicht erwehren konnte.
Im Benehmen meines Freundes machten mich sofort eine gewisse Sprunghaftigkeit und Zwiespältigkeit stutzig. Bald fand ich heraus, daß diese seinen schwachen und erfolglosen Bemühungen entsprangen, ein zur Gewohnheit gewordenes Zittern oder übermäßige Nervosität zu bekämpfen. Auf einiges der Art war ich ja nach seinem Brief und nach Erinnerungen an seine Knabenzeit vorbereitet; auch hatte ich gewisse Schlüsse aus seiner eigentümlichen körperlichen Veranlagung und seiner Gemütsart ziehen können. Sein Verhalten ließ bald Lebhaftigkeit, bald Stumpfheit erkennen. Seine Stimme wechselte rasch von einer zittrigen Unentschiedenheit (wenn die Lebensgeister schliefen) bis zur kühnen Entschlossenheit hinüber. Diesen abgehackten, gewichtigen, hohlen und schleppenden Tonfall,

e, gleichförmige und gutturale Aussprache losen Trinkern oder unheilbaren Opiumes- r höchsten Erregung beobachten.

ıch er vom Zweck meines Besuches, von sei- 'unsche, mich wiederzusehen und von dem ır erwartete. Mit ziemlicher Weitschweifig- keit ließ er sich darüber aus, was er unter seiner Krankheit verstand. Er sagte, sie sei ein angeborenes und ererbtes Leiden, für das es seiner Meinung nach kein Heilmittel gebe. Dagegen fügte er unvermittelt hinzu, es handle sich um eine Affektion der Nerven, die zweifellos bald vorübergehen würde; sie äußere sich in einer Legion widernatürlicher Empfindungen. Einige davon fesselten mich und setzten mich in Erstaunen; aber vielleicht lag dies lediglich daran, wie er sie mir darstellte. Er litt überaus an einer krankhaften Verschärfung der Sinne. Er konnte nur die fadesten Speisen vertragen. Seine Kleider mußten aus einem bestimmten Gewebe verfertigt sein. Die Gerüche sämtlicher Blumen hatten etwas Beklemmendes für ihn, seine Augen wurden selbst durch schwaches Licht gemartert. Schließlich gab es nur wenige Töne (wie etwa den Klang von Saiteninstrumenten), die ihm keinen Schrecken einflößten. Ich fand, daß er von einem gewissen außergewöhnlichen Furchtgefühl förmlich besessen war. »An diesem bedauernswerten Unsinn«, sagte er, »werde, ja muß ich zugrunde gehen. Auf diese und keine andere Weise werde ich einmal enden. Ich fürchte nicht die Ereignisse selbst, die einmal geschehen werden, sondern ihre Begleitumstände. Es schaudert mich bei dem Gedanken an den belanglosesten Vorfall, der sich auf diese unerträgliche seelische Erregung auswirken kann. Mir ist nicht vor wirklichen Gefahren bange, sondern vor ihrem Ergebnis: der Furcht. In diesem entnervten und jammervollen Zustande wird früher oder später die Zeit kommen, da ich Verstand und Leben im Ringen mit dem Schreckgespenst Furcht verliere.«

Noch einen weiteren eigentümlichen Zug seiner geistigen Verfassung lernte ich allmählich und aus seinen halben und leisen Andeutungen kennen. Usher war infolge eines gewissen Aberglaubens an das Haus, das er bewohnte, gebunden. Schon seit vielen Jahren hatte er nicht gewagt, es zu verlassen. Ein Einfluß, von dem er nur in so nebelhaften Ausdrücken sprach, daß ich diese hier nicht wiedergeben kann, habe infolge gewisser Eigentümlichkeiten seines Stammsitzes, wie er mir sagte, nach langer Leidenszeit eine derartige Macht über ihn erlangt, daß das Physische der grauen Mauern und Türme und des trüben Teiches, in den sie hinabblickten, schließlich das Psychische seines Daseins nachhaltig beeinflußt habe.

Allerdings gab er, wenn auch mit Zögern, zu, daß ein großer Teil der Verdunkelung seines Gemütes auf eine viel natürlichere und greifbarere Ursache zurückzuführen sei – auf das schwere und langwierige Siechtum und die sich allmählich ankündigende Auflösung einer zärtlich geliebten Schwester nämlich, seiner einzigen Gefährtin langer Jahre, seiner letzten und einzigen Verwandten auf Erden. Ihr Abscheiden, sagte er in einem mir unvergessenen, bitteren Tone, werde ihn, den Hoffnungslosen und Gebrechlichen, als den Letzten des alten Geschlechtes der Usher zurücklassen. – Während er dies sagte, wandelte Lady Madeline – dies war ihr Name – langsam durch einen entfernten Teil des Zimmers und entschwand, ohne meine Gegenwart beachtet zu haben. Ich betrachtete sie mit geradezu ängstlichem Erstaunen – einem Gefühl, über das ich mir vergeblich Rechenschaft abzulegen suchte. Etwas wie eine Erstarrung bemächtigte sich meiner, während meine Augen ihr nachblickten. Als sich endlich eine Tür hinter ihr geschlossen hatte, suchte mein Blick mit unwillkürlichem Eifer das Gesicht des Bruders; aber er hatte es in den Händen vergraben, und ich sah nur, daß seine abgezehrten Finger viel bleicher waren als sonst und daß leidenschaftliche Tränen unter ihnen hervorrannen.

Die Krankheit der Lady Madeline hatte lange die Kunstfertigkeit der Ärzte getäuscht. Ein anhaltender Erschöpfungszustand, ein allmähliches Hinwelken und häufige, wenn auch vorübergehende Anfälle fast kataleptischen Charakters machten das ungewöhnliche Krankheitsbild aus. Bisher hatte sie der Gewalt der Krankheit tapfer widerstanden und sich nicht zu Bett gelegt; aber in der Nacht nach meiner Ankunft im Hause unterlag sie (wie mir später ihr Bruder in unbeschreiblicher Aufregung erzählte) der vernichtenden Gewalt des Zerstörers. Und ich ahnte, daß das erste Mal, das ich sie gesehen, gleichzeitig das letzte sein würde: die Lady würde mir lebend wohl nicht mehr vor die Augen treten.

An mehreren Tagen, die folgten, wurde ihr Name weder von Usher noch von mir erwähnt. Während dieser Zeit war ich emsig bestrebt, die Schwermut meines Freundes zu mildern. Wir malten und lasen zusammen, oder ich lauschte wie träumend den tollen Improvisationen seiner Gitarre. Und je inniger er mich bei wachsender Vertrautheit in die Geheimnisse seines innersten Wesens einweihte, um so bitterer erkannte ich die Aussichtslosigkeit aller Versuche, ein Gemüt aufzumuntern, dessen angeborene Verdüsterung alle Gegenstände der körperlichen und geistigen Welt, die ihn umgab, unablässig mit trüben Schatten umhüllte.

Ich werde stets an die vielen feierlichen Stunden denken, die ich mit dem Herrn des Hauses Usher allein verbrachte. Dennoch wäre es eine vergebliche Mühe, wenn ich von den Studien oder Beschäftigungen, denen wir – meist unter seiner Führung – oblagen, einen wahren Eindruck vermitteln wollte. Seine nervöse und sehr zerrüttete Vorstellungswelt verlieh allen Dingen einen schwefligen Schimmer. Seine langen improvisierten Grabgesänge werden mir immer in den Ohren klingen. Unter anderm ist mir eine gewisse einzigartige Variation und Paraphrase der wilden Melodie des letzten Walzers von Weber im Gedächtnis haftengeblieben. Von den Gemälden, über denen seine verfeinerte Phantasie brütete und die mit jedem Pinselstrich mehr ins

Unwirkliche ausarteten, so daß ich bei ihrem Anblick um so tiefer erschauerte, als ich den Grund dieses Erschauerns nicht erkannte – von diesen Gemälden, sage ich, könnte ich, wie lebhaft sie mir auch vor Augen stehen, nur einen verschwindend kleinen Teil herausfinden, der sich die Beschreibung durch das Wort gefallen ließe. Durch die äußerste Einfachheit der Mittel, durch die Unmittelbarkeit seiner Bilder erregte und erschreckte er die Aufmerksamkeit. Wenn es je einen Sterblichen gab, der eine Idee zu malen verstand, so war dies Roderick Usher. Jedenfalls beschworen mir in meiner damaligen Lage die reinen Abstraktionen, die der Hypochonder auf die Leinwand zu bannen wußte, ein geradezu unerträgliches Grauen herauf, von dem ich bei Betrachtung der glutvollen, aber allzu greifbaren Träume eines Füßli keinen Hauch verspüren konnte.

Von einem der närrischen, wenn auch weniger ins Gebiet des Abstrakten fallenden Einfälle meines Freundes möge hier eine freilich dürftige Wiedergabe in Worten versucht werden. Ein kleines Bild zeigte das Innere eines unendlich langen, rechteckigen Gewölbes oder Tunnels, der aus niedrigen, glatten weißen Wänden bestand, die weder unterbrochen noch irgendwie geschmückt waren. Gewisse Hinweise in der Ausführung sollten wohl darauf hindeuten, daß diese Höhle in beträchtlicher Tiefe unter der Erdoberfläche lag. In ihrer ganzen Weite war weder ein Ausgang noch eine Fackel oder andere künstliche Lichtquellen zu bemerken; doch ergoß sich eine Flut von Strahlen über das Ganze und tauchte es in einen gespenstischen, unwirklichen Glanz.

Ich habe vorhin von jenem krankhaften Zustand der Gehörnerven gesprochen, die dem Leidenden alle Musik mit Ausnahme gewisser Klangwirkungen von Saiteninstrumenten unerträglich machte. Vielleicht beschränkte er sich deswegen auf die Gitarre, die dem phantastischen Charakter seiner Darbietungen weitgehend gerecht werden konnte. Aber die Inbrunst und Leichtigkeit seiner Improvisationen ist damit noch nicht genügend erklärt. Diese stellten in ihren Tönen und Worten (er begleitete sich nämlich häufig mit gereimten Stegreifdichtungen) das Ergebnis einer angespannten geistigen Sammlung dar, die sich, worauf ich schon vorher hingewiesen habe, nur in besonderen Augenblicken höchster künstlerischer Erregung beobachten ließ. Den Text einer dieser Rhapsodien konnte ich mühelos im Gedächtnis bewahren. Diese mußte mich damals um so mehr beeindrucken, als ich in ihrem geheimen Sinn zum erstenmal zu erkennen glaubte, wie bewußt sich Usher seiner Rolle war, indem er die Vernunft auf ihrem Throne wanken ließ. Die Verse, betitelt »Das Geisterschloß«, lauteten, wenn ich nicht irre, ungefähr so:

In der grünsten unsrer Auen,
Von der Engel Huld bewacht,
Ragte, herrlich anzuschauen,
Einst ein Schloß in stolzer Pracht.
Wo der Fürst Gedanke waltet',
Stand es dort.
Seraph nie die Schwing' entfaltet'
Über einem holdern Ort.

Wunderbare Fahnen wallten
Golden glänzend vom Altan
(Aber dies war in den alten
Zeiten, längst vertan);
Jedes Lüftchen, das sich regte
Am wonnigen Tag,
Süße Wohlgerüche hegte
Von der Wälle Blütenhag.

Wandrer in der holden Gegend
Sahn durch zweier Fenster Glanz
Sich zum Lautenschlag bewegend

Geister in gemessenem Tanz
Um den Thron, drauf ohnegleichen,
Porphyrstarr,
Saß, mit seiner Würde Zeichen
Der des Reiches Herrscher war.

Perlen- und Rubinenschimmer
Glüht' von des Palastes Tor,
Durch das sprühend sprangen immer
Hundert Echos neu hervor,
Und ihr Sang voll süßer Töne
Nah und fern
Pries mit zauberhafter Schöne
Witz und Weisheit ihres Herrn.

Aber im Gewand der Sorgen
Brach der böse Feind ins Land.
Klagt, o klaget, weil kein Morgen
Dämmert ihm, vom Schreck gebannt.
Und es ward des Hauses Glorie .
Traurig entweiht
Zur verblichenen Historie
Einer begrabenen Zeit.

Wehe, durch die rot entflammten
Fenster jetzt die Wandrer sehn
Ein Gelichter von Verdammten
Sich in wüstem Reigen drehn;
Sehen aus dem Tore quellen
Greulicher Gespenster Schar,
Hören ein Gelächter gellen,
Wo einst nur Lächeln war.

Ich erinnere mich genau, daß uns diese Ballade zu Gedankengängen führte, in denen sich eine Meinung Ushers kundtat, die

ich nicht so sehr ihrer Neuheit wegen (denn vor ihm hatten schon andere so gedacht), als wegen der Hartnäckigkeit, mit der er sie vertrat, hier erwähne. Diese Meinung bestand – allgemein gesprochen – in der Vermutung, daß alle pflanzlichen Wesen beseelt seien. In seiner krausen Phantasie hatte dieser Gedanke aber eine weit kühnere Form angenommen und gewissermaßen das ganze Reich des Anorganischen mit eingeschlossen. Mir fehlen die Worte, das ganze Ausmaß dieser Überzeugung und seine ernsthafte Hingabe an sie auszudrücken. Wie ich früher einmal angedeutet habe, hing dieser Glaube mit den grauen Mauersteinen seines Erbsitzes zusammen. Wie er sich einbildete, waren hier alle Bedingungen der Beseeltheit erfüllt – das heißt in der Anordnung der Steine selbst sowie in den vielen Pilzen, die auf ihnen wucherten, in den vermodernden Bäumen der Umgebung und – vor allem – in der so lange ungestörten Dauer und in ihrer Widerspiegelung in den schweigenden Wassern des Weihers. Der Beweis, daß sie beseelt seien, ergebe sich, wie er sagte, daraus (ich erschrak, als ich es ihn aussprechen hörte), daß sich langsam, aber bemerkbar eine eigene Atmosphäre um das Wasser und die Mauern verdichte. Das Ergebnis, fügte er hinzu, sei in jenem stillen, doch lästigen und unheilvollen Einfluß zu erkennen, der die Geschicke seines Geschlechtes seit Jahrhunderten gestaltet und ihn selbst zu dem gemacht habe, der er gegenwärtig sei. Solche Ansichten bedürfen keiner Erklärung, und so sehe auch ich davon ab.
Unsere Bücher – die Bücher, die seit Jahren keinen geringen Teil des Lebens des Siechen ausgemacht hatten, stimmten, wie man sich denken kann, mit seinem phantastischen Wesen genau überein. Wir brüteten zusammen über Werken wie: »Ver-vert et Chartreuse« von Gresset, »Belphegor« von Machiavelli, »Himmel und Hölle« von Swedenborg, »Niels Klims unterirdische Reise« von Holberg, »Handlesekunst« von Robert Flud, Jean D'Indaginé und De la Chambre, »Die Reise ins Blaue hinein« von Tieck und »Sonnenstaat« von Campanella. Ein

Lieblingsband war die Kleinoktavausgabe des »Directorium Inquisitorium« von dem Dominikaner Eymeric de Gironne. Außerdem gab es Stellen bei Pomponius Mela über altafrikanische Satyrn und Bocksfüßler, über denen Usher lange Stunden in Träumen sitzen konnte. Sein höchstes Entzücken erregte jedoch die Lektüre eines überaus seltenen und seltsamen gotischen Quartbandes, des Handbuchs einer vergessenen Kirche, der »Vigiliae Mortuorum secundum Chorum Ecclesiae Maguntinae«.

Ich mußte an das tolle Ritual dieses Werkes und an seinen wahrscheinlichen Einfluß auf den Hypochonder denken, als er mir eines Abends, nachdem er mir das Ableben der Lady Madeline mitgeteilt, seine Absicht offenbarte, ihre Leiche bis zur endgültigen Beisetzung in vierzehn Tagen in einem der zahlreichen Keller innerhalb der Mauern des Hauses aufzubahren. Immerhin war der weltliche Grund, den er für dieses einzig dastehende Vorhaben angab, so geartet, daß ich ihn nicht rügen durfte. Wie er mir versicherte, hatten ihn die ungewöhnliche Krankheit der Verstorbenen, gewisse zudringliche und eifrige Nachfragen ihrer Ärzte und die abgeschiedene Lage des Erbbegräbnisses der Familie zu seinem Entschlusse getrieben. Ich kann nicht leugnen, daß ich, wenn ich an die fatale Miene der Person dachte, der ich am Tage meiner Ankunft auf der Treppe begegnet war, keinen Anlaß sah, mich einer Sache, die ich höchstens als unschädliche und keineswegs widernatürliche Vorsichtsmaßnahme ansah, zu widersetzen.

Auf Ushers Verlangen half ich ihm bei den Vorbereitungen dieser einstweiligen Beisetzung. Nachdem wir die Leiche eingesargt hatten, trugen wir sie gemeinsam zu ihrer Ruhestätte. Das Gewölbe, in welchem wir sie abstellten, war lange verschlossen gewesen, so daß unsere Fackeln, von der drückenden Luft halb erstickt, es nur ungenügend zu erhellen vermochten. Der Raum war klein, moderig feucht und fensterlos; er befand sich ziemlich tief unter dem Gebäudeteil, in welchem mein eigenes

Schlafzimmer lag. Vermutlich war er in fernen feudalen Zeiten als Verlies benutzt worden; später hatte man dort Pulver oder einen anderen leicht entzündlichen Stoff gelagert, da ein Teil seines Fußbodens und das ganze Innere eines langen Bogenganges, der dorthin führte, achtsam mit Kupfer ausgelegt war. Einen ähnlichen Schutz hatte auch die massive eiserne Tür erhalten. Ihr gewaltiges Gewicht brachte, wenn sie sich in ihren Angeln drehte, ein eigentümlich scharfes Knarren hervor.

Nachdem wir an dieser Stätte des Grauens unsere traurige Last auf Böcken abgestellt hatten, schoben wir den teilweise noch unverschraubten Deckel des Sarges zur Seite und betrachteten das Antlitz der Darinliegenden. Erst jetzt schlug eine ergreifende Ähnlichkeit zwischen Bruder und Schwester meine Aufmerksamkeit in Bann; und Usher, der meine Gedanken zu erraten schien, murmelte einige Worte, aus denen ich erfuhr, daß die Tote und er Zwillingsgeschwister gewesen seien und daß Bande zwischen ihnen bestanden hätten, die dem Verstand kaum zugänglich seien. Wir ließen aber unsere Blicke nicht lange auf der Toten ruhen, weil wir sie nicht ohne Schauder ansehen konnten. Das Leiden, das die Lady in der Blüte ihrer Jugend hinraffte, hatte, wie bei allen kataleptischen Erkrankungen üblich, auf Brust und Antlitz einen Hauch schwacher Röte zurückgelassen, und ihr Mund war von jenem verdächtigen Lächeln umspielt, das so schrecklich bei Toten ist. Wir schoben den Deckel zurück, schraubten ihn fest, schlossen die Eisentür und kehrten schweren Herzens in die kaum weniger düsteren Räumlichkeiten im oberen Teile des Hauses zurück.

Nachdem mehrere Tage voll tiefer Betrübnis verflossen waren, begann sich ein sichtlicher Wandel in der Geisteszerrüttung meines Freundes abzuzeichnen. Sein gewohntes Wesen war verschwunden. Seine üblichen Beschäftigungen waren vernachlässigt oder vergessen. Mit hastigem, ungleichem und ziellosem Schritt irrte er von Zimmer zu Zimmer. Die Blässe seines Antlitzes hatte, so weit das möglich war, eine noch geisterhaftere Färbung angenommen. Der Glanz seines Auges war vollends erloschen. Seine Stimme war nicht mehr wie früher gelegentlich heiser, sondern sie hatte einen zitternden Klang angenommen, der eine sinnlose Angst zu verraten schien. Zuzeiten glaubte ich wirklich, daß er mit irgendeinem ihn marternden Geheimnis kämpfe, das er sich vergeblich preiszugeben mühte. Dann wieder konnte ich mir alles nur als die unbegreiflichen Irrungen des Wahnsinns erklären; denn ich sah ihn stundenlang in gespanntester Aufmerksamkeit ins Leere starren, als lausche er einem nicht wahrnehmbaren Geräusch. Kein Wunder, daß mich sein Zustand erschreckte und – beeinflußte. Ich fühlte, daß seine tollen und doch eindrucksvollen Einbildungen langsam, aber merklich eine furchtbare Macht über mich selbst gewannen.

Die volle Gewalt dieser Gefühle bekam ich besonders deutlich zu verspüren, als ich in der siebenten oder achten Nacht nach der Beisetzung der Lady Madeline im Verliese spät zu Bett ging. Der Schlaf mied mich, während Stunde um Stunde verrann. Ich bemühte mich, meine nervöse Stimmung zu meistern, indem ich ihre Gründe zu zerlegen suchte. Ich zwang mich zu dem Glauben, daß meine Gefühle großenteils auf den beunruhigenden Einfluß der düsteren Ausstattung des Zimmers, der dunklen und in Fetzen herabhängenden Wandbehänge, die sich, vom Atem eines beginnenden Sturmes getroffen, ruckweise bewegten und unheimlich um die Verzierungen meines Bettes raschelten, zurückzuführen seien. Aber alle meine Anstrengungen erwiesen sich als fruchtlos. Allmählich wurde ich von Kopf bis Fuß von einem unbezwingbaren Zittern befallen, und schließlich legte sich mir, aus völlig unbegründeter Unruhe entstanden, ein Alp aufs Herz. Diesen mit kräftigem Atemholen von mir abschüttelnd, richtete ich mich in den Kissen auf. Wie gebannt in das undurchdringliche Dunkel des Zimmers starrend, horchte ich, von einem mir unerklärlichen Instinkt getrieben, auf gewisse leise und unbestimmte Laute, die in langen

Zwischenräumen in den Pausen des Sturmes von irgendwoher an mein Ohr drangen. Von einem unbegreiflichen, aber um so unerträglicheren irren Entsetzen übermannt, warf ich mir hastig die Kleider über – denn ich fühlte, daß ich in dieser Nacht keinen Schlaf mehr finden würde – und versuchte, mich aus meiner unwürdigen Lage zu befreien, indem ich mit langen Schritten im Zimmer auf und nieder ging.

Ich hatte den Raum schon mehrere Male durchmessen, als meine Aufmerksamkeit auf ein leichtes Geräusch von einer nahen Treppe her gelenkt wurde. Ich erkannte sogleich den Schritt Ushers. Einen Augenblick später klopfte er sacht an meine Tür und trat, eine Lampe in der Hand, ein. Sein Gesicht war wie gewöhnlich totenbleich; aber eine Art tollen Übermuts flackerte in seinen Augen, und sein ganzes Benehmen trug eine mühsam zurückgehaltene Hysterie zur Schau. Sein Aussehen entsetzte mich. Aber alles war mir lieber als die so lange erduldete Einsamkeit, so daß ich selbst seine Gegenwart als Erleichterung begrüßte.

»Und du hast es nicht gesehen?« fragte er unvermittelt, nachdem er einige Augenblicke schweigend um sich gestarrt hatte, »du hast es wirklich nicht gesehen? Aber warte nur, jetzt sollst du es sehen!« Damit schirmte er seine Lampe behutsam ab, eilte zu einem der Fenster und öffnete es dem Sturme.

Die wüste Gewalt des hereindringenden Windstoßes hätte uns fast zu Boden geworfen. Es war eine zwar stürmische, aber grausig schöne Nacht, deren schaurige Erhabenheit einen Zug phantastischer Größe zeigte. Anscheinend hatte ein Wirbelsturm in unserer unmittelbaren Nähe alle seine Kräfte gesammelt; denn ohne Unterlaß wechselte die Windrichtung. Die außerordentliche Dichte der Wolken – sie hingen so tief herab, daß sie auf den Türmen des Hauses zu lasten schienen – hinderte uns nicht, die rasche Bewegung zu erkennen, mit der sie gegeneinander andrängten, ohne in die Weite zu entgleiten.

Wahrlich, selbst ihre außerordentliche Dichte hinderte uns nicht, dies zu erkennen; doch waren weder Mond noch Sterne zu sehen, und kein Blitz flammte hernieder. Dagegen glommen die Unterseiten der ungeheuren bewegten Dampfmassen sowie alle Gegenstände umher im unirdischen Licht einer schwach phosphoreszierenden und deutlich sichtbaren gasartigen Ausdünstung, die das ganze Haus einhüllte.
»Du darfst – du sollst dies nicht sehen«, sagte ich schaudernd zu Usher, indem ich ihn mit sanfter Gewalt zu einem Stuhle führte. »Diese Erscheinungen, die dich beunruhigen, sind natürliche elektrische Phänomene – oder Sumpfgase, die aus diesem Weiher stammen. Laß uns das Fenster schließen! Die Luft ist kühl und könnte deiner Gesundheit schaden. Hier habe ich einen deiner Lieblingsromane. Ich werde jetzt vorlesen, und du mußt mir zuhören. Auf diese Weise werden wir zusammen diese schreckliche Nacht verbringen.«
Der altertümliche Band, der mir in die Hände gekommen, war der »Mad Trist« von Sir Launcelot Canning. Wenn ich ihn als Lieblingsbuch Ushers bezeichnet hatte, war dies nur ein trauriger Scherz gewesen; denn tatsächlich fand ich wenig in der barocken und phantasielosen Weitschweifigkeit dieses Buches, was dem hohen Gedankenflug meines Freundes entsprochen hätte. Aber es war das einzige Buch, daß ich unmittelbar zur Hand hatte; auch hoffte ich dunkel, daß die Aufregung des Hypochonders selbst durch den tollen Unsinn, den ich zu lesen beabsichtigte, gelindert werden könne; denn die Geschichte der Geisteskrankheiten ist reich an derartigen Widersprüchen. Und wenn ich nach der überaus gespannten Miene urteilte, mit der er den Worten der Erzählung lauschte oder zu lauschen schien, konnte ich mich zum Erfolg meiner Absicht beglückwünschen.
Ich war zu der bekannten Episode gekommen, wo Ethelred, der Held des »Trist«, nach einem vergeblichen Versuch, auf friedliche Weise in die Behausung des Einsiedlers zu gelangen, dazu

übergeht, Gewalt anzuwenden. Hier lauten die Worte der Erzählung, wie man sich erinnern wird, folgendermaßen:

»Und Ethelred, welcher ein gar mannhaft Herz im Busen trug und obendrein gekräftigt war von der Macht des vorher genossenen Weines, stand davon ab, mit dem Eremiten, der halsstarrig und boshaft war, noch länger zu verhandeln. Da er den Regen auf seinen Schultern fühlte und den Ausbruch eines Unwetters besorgte, hob er sogleich seine Keule und machte sich in der bretternen Tür ein Loch für seine gepanzerte Hand. Und dann zog und zerrte und riß er alles kräftiglich auseinander, daß das Geräusch des dumpf krachenden, trockenen Holzes weithin durch den Wald schallte und widerhallte.«

An dieser Stelle schrak ich empor und hielt einen Augenblick inne; denn mir schien (obgleich mir nur meine erregte Phantasie einen Streich gespielt haben konnte), daß ich aus irgendeinem entfernten Teil des Hauses ein unbestimmtes Geräusch vernommen hätte, das seinem Wesen nach dem von Sir Launcelot geschilderten Krachen und Brechen auffallend glich, ja ein dumpfes und ersticktes Echo davon hätte sein können. Ohne Zweifel erregte nur dieses zufällige Zusammentreffen meine Aufmerksamkeit; denn inmitten des Rasselns der Fensterläden und des Rauschens des noch immer anschwellenden Sturmes hätte der Laut an sich kaum etwas Besonderes oder Beunruhigendes gehabt. Ich fuhr also in der Erzählung fort:

»Aber der gute Held Ethelred, welcher jetzt durch die Tür eintrat, verwunderte und entrüstete sich gewaltig, als er kein Anzeichen des bösen Eremiten bemerkte. Statt dessen ersah er einen Drachen von schuppiger und wunderbarer Gestalt mit einer feurigen Zunge, welcher als Wächter vor einem goldenen Palast mit silbernem Estrich ruhte. An der Mauer hing ein Schild aus schimmerndem Erz, der die Inschrift trug:

›Gekrönt als Sieger trittst du hier ein,
Erschlag den Drachen – der Schild ist dein.‹

Und Ethelred hob seine Keule und schlug den Drachen auf den Kopf, so daß dieser vor ihm niederfiel und seinen verpesteten Odem aushauchte. Dabei stieß er einen so schrecklichen, schrillen und durchdringenden Schrei aus, daß sich Ethelred am liebsten die Ohren mit den Händen zugehalten hätte; denn einen so fürchterlichen Laut hatte er niemals vorher vernommen.«
Hier machte ich, von einem Gefühl jähen Erstaunens übermannt, wiederum eine Pause; denn es bestand kein Zweifel, daß ich in diesem Augenblick (aus welcher Richtung, hätte ich unmöglich sagen können) ein leises und fernes, aber schrilles, langgedehntes und seltsam knarrendes Geräusch hörte, das genau dem entsprach, was mir meine Phantasie als das von dem Erzähler beschriebene widernatürliche Geschrei des Drachens heraufbeschworen hatte.
Wie betroffen ich auch durch das zweite sonderbare Zusammentreffen und durch tausend widerspruchsvolle Gefühle, in denen maßloses Erstaunen und Entsetzen überwogen, sein mochte, so behielt ich noch genug Geistesgegenwart, daß ich es vermeiden konnte, die Nervosität meines Freundes durch eine Bemerkung darüber zu reizen. Ich war keinesfalls sicher, daß er die bewußten Geräusche wirklich gehört hatte; allerdings war in den letzten Minuten in seinem ganzen Gebaren ein sichtlicher Wechsel eingetreten. Aus seiner ursprünglichen Lage mir gegenüber hatte er seinen Stuhl allmählich immer weiter herumgerückt, so daß er jetzt mit dem Gesicht zur Tür saß. Ich konnte daher nur wenig von seinen Zügen erkennen, obwohl das Zittern seiner Lippen zu verraten schien, daß er unhörbare Laute murmelte. Sein Kopf war auf die Brust herabgesunken; doch wußte ich, daß er nicht schlief. Denn sein Auge war, wie ich von der Seite sehen konnte, weit und starr geöffnet. Auch widersprach seine Körperhaltung dieser Möglichkeit; denn er wiegte sich in einer sachten und einförmigen Bewegung hin und her. Nachdem ich dies alles mit raschem Blick erfaßt hatte, las ich in der Erzählung Sir Launcelots weiter:

»Und da der Recke nun der grimmen Wut des Drachens entronnen war, entsann er sich des ehernen Schildes. Um den Bann, welcher auf diesem lag, zu brechen, stieß er die Leiche aus dem Wege und trat mutig über den silbernen Estrich des Palastes auf die Stelle zu, wo der Schild an der Wand hing. Dieser wartete aber sein Kommen nicht ab, sondern fiel mit einem gewaltigen und furchtbar klirrenden Getöse zu seinen Füßen auf den Estrich nieder.«

Kaum waren diese Silben meinen Lippen entfahren, als ich einen deutlichen, metallisch klirrenden, wenn auch gedämpften Laut hörte, als ob tatsächlich in diesem Augenblick ein eherner Schild auf einen silbernen Estrich gefallen wäre. Die Nerven völlig verlierend, schnellte ich empor; aber die einförmig wiegende Bewegung Ushers dauerte fort. Ich rannte zu dem Stuhle, auf dem er saß. Seine Augen waren starr geradeaus gerichtet, und in seinem steinernen Gesicht regte sich nichts. Als ich ihm aber die Hand auf die Schulter legte, ging ein heftiges Zucken durch seine ganze Gestalt. Ein wehes Lächeln umspielte seine Lippen, und ich sah, daß er leise, hastige und schnatternde Worte hervorstieß, als ob er sich meiner Gegenwart nicht bewußt wäre. Als ich mich dicht über ihn beugte, wurde mir endlich die ganze entsetzliche Bedeutung seiner Worte offenbar.

»Und ich hätte es nicht gehört? ... Ja doch, ich höre es und habe es stets gehört... lange... lange... viele Minuten... viele Stunden... viele Tage habe ich es gehört... Aber ich wagte es nicht... oh, habe Mitleid mit mir armem Tropf... ich wagte nicht zu sprechen. Wir haben sie lebend in ihr Grab gelegt! – Sagte ich nicht schon, daß meine Sinne geschärft seien? Jetzt aber sage ich dir, daß ich ihre ersten schwachen Bewegungen im Sarg gehört habe. Ich habe sie gehört... es ist viele, viele Tage her... und doch habe ich nicht gewagt... habe ich nicht gewagt zu sprechen. Jetzt aber in dieser Nacht... ha ha... Ethelred... das Aufbrechen der Tür des Eremiten... der Todesschrei des Drachen und das Klirren des Schildes... sage lieber: das Bre-

chen des Sarges, das Knarren der eisernen Torflügel ihres Gefängnisses und ihr Ringen im kupferbeschlagenen Bogengang des Gewölbes! Ach, wohin soll ich jetzt fliehen? Wird sie nicht gleich hier sein? Kommt sie nicht, mich für meinen Eifer zu schelten? Habe ich nicht schon ihren Schritt auf der Treppe gehört? Erkenne ich nicht den schweren und furchtbaren Schlag ihres Herzens? Wahnsinniger!« Damit sprang er wie rasend auf die Füße und schrie in abgehackten Silben, als ob er in diesem Ausbruch seine ganze Seele dahingäbe: »Wahnsinniger! Ich sage dir, daß sie jetzt hier vor der Tür steht!«

Als hätte die übermenschliche Kraft dieser Worte einen Zauber bewirkt, klafften die mächtigen Ebenholzflügel der gewaltigen alten Tür, auf die der Sprecher deutete, langsam auseinander. Es war ein Werk des tobenden Sturmes – aber die hohe, in Leichentücher gehüllte Gestalt der Lady Madeline Usher stand auf der Schwelle. Blut schimmerte auf ihren weißen Gewändern – und jedes Glied ihrer abgezehrten Gestalt kündete von ihrem verzweifelten Kampfe. Einen Augenblick blieb sie bebend und sich langsam wiegend auf der Schwelle stehen – dann sank sie mit einem leisen Stöhnen schwer auf ihren Bruder; in ihrem wilden und jetzt unwiderruflichen Todeskampf riß sie ihn mit sich nieder – einen Leichnam, das Opfer der von ihm geahnten Schrecken.

Entsetzt floh ich aus dem Zimmer und aus dem Hause. Der Sturm tobte in vollem Zorn, als ich den alten Damm überquerte. Plötzlich schoß ein grausiges Licht den Weg entlang, und ich wandte mich zurück, um zu sehen, von wo es ausging; denn hinter mir befanden sich nur das große Haus und sein Schatten. Es war der Schein des blutrot untergehenden Vollmondes, der hell durch den einst kaum wahrnehmbaren Spalt fiel, der, wie ich zu Anfang sagte, vom Dach des Gebäudes in einer Zickzacklinie bis zu seinen Grundfesten lief. Während meines Hinstarrens erweiterte sich der Spalt zusehends. Ein wütender Hauch des Wirbelsturmes fegte hindurch. Sogleich zeigte sich mir die ganze Scheibe des Gestirns. Mir schwindelte, als ich sah, wie die gewaltigen Mauern zerbarsten. Dann erklang ein langes und wüstes Gebrüll wie von tausend Wassern, und der tiefe und düstere Pfuhl zu meinen Füßen schloß sich schwarz und schweigend über den Trümmern des Hauses Usher.

William Wilson

Was sag' ich – was vom grimmigen Gewissen,
Dem Schreckgespenst auf meinem Pfad?
W. Chamberlayne's Pharonnida

Erlaubt mir, mich einstweilen William Wilson zu nennen. Das weiße Blatt hier vor mir darf nicht mit meinem wahren Namen verunreinigt werden. Schon allzusehr hat dieser als Gegenstand der Verachtung, des Grauens und Widerwillens gedient. Wurde nicht etwa seine mit nichts zu vergleichende Verworfenheit von empörten Winden bis an die Grenzen der Welt getragen? O du am meisten Geächteter aller Geächteten: bist du nicht schon jetzt tot für die Erde, für ihre Blumen und Ehren, für ihr erhabenes Streben? Und hängt nicht eine dichte, dunkle und grenzenlose Wolke für immer zwischen deinen Hoffnungen und dem Himmel?

Auch wenn ich könnte, so möchte ich mich hier nicht über meine letzten Jahre voll unsäglichen Jammers und unsühnbarer Verbrechen aussprechen. In diesem Zeitabschnitt, in diesen letzten Jahren wuchs meine Schmach plötzlich ins Ungemessene – und ich will hier nur aufschreiben, wie dies geschehen konnte. Im allgemeinen werden die Menschen nur ganz allmählich schlecht. Mich aber verließen alle Tugenden auf einmal – wie ein Mantel, den man abwirft. Mit einem einzigen Riesenschritt trat ich aus einem Zustand vergleichsweise geringfügiger Bosheit in einen anderen über, vor dem selbst die Ungeheuerlichkeiten eines Heliogabal verblassen. Welcher Zufall, welches alleinige Begebnis eine so üble Wirkung hervorbrachte – das ertragt mit mir, indem ich es euch mitteile. Schon naht der Tod mir, und der Schatten, den er vorauswirft, übt einen besänftigenden Einfluß auf meine Seele aus. Jetzt, da ich das finstere Tal durchschreite, erfüllt mich ein Sehnen nach dem Verständnis, fast hätte ich gesagt dem Mitleid meiner Mitmenschen. Gern würde ich sie glauben machen, daß ich gewissermaßen ein Sklave von Umständen geworden sei, die sich menschlicher Einwirkung entziehen. Mir läge viel daran, daß sie in den einmaligen Geschehnissen, die ich ihnen vorzutragen beabsichtige, gleichsam eine Oase des Geschickes inmitten einer Wüste von Verirrungen sähen. Ich wünschte, daß sie zugäben – und sie müssen es zugeben –, daß ungeachtet alles dessen, was es je an Versuchungen gegeben hat, noch nie ein Mensch so versucht wurde wie ich, jedenfalls nie so vollends erlag. Und geschah dies deshalb, weil noch nie zuvor so gelitten wurde? Habe ich nicht wahrlich in einem Traume gelebt? Und muß ich nicht jetzt als Opfer eines gräßlichen Geheimnisses, des tollsten aller irdischen Trugbilder, sterben?

Ich entstamme einem Geschlecht, das sich zu allen Zeiten durch seine Begabung mit Phantasie und seine leicht erregbare Gemütsart auszeichnete. Schon in frühester Kindheit bewies sich, daß ich den Charakter meiner Familie vollauf ererbt hatte. Je älter ich wurde, um so stärker entwickelte er sich in mir und gab aus vielen Gründen meinen Freunden Anlaß zu ernster Besorgnis, während er mir selbst zum Schaden gereichte. Ich ergab mich dem Eigensinn und den ungebärdigsten Launen und wurde zum Spielball unbeherrschter Leidenschaften. Meine Eltern, die willensschwach und mit den gleichen Geburtsfehlern behaftet waren wie ich, konnten nichts gegen meine verwerflichen Neigungen ausrichten. Einige schwache und verkehrt eingeleitete Bemühungen in dieser Hinsicht hatten nur ihre vollständige Niederlage und infolgedessen meinen ungeschmälerten Triumph zur Folge. So kam es, daß meine Stimme zum Hausgesetz wurde; in einem Alter, da die meisten Kinder noch nicht einmal dem Gängelband entwachsen sind, konnte ich schon über mich selbst bestimmen und vollkommen nach eigenem Ermessen handeln.

Die frühesten Erinnerungen an meine Schulzeit sind mit einem weitläufigen Gebäude im elisabethanischen Stil verbunden, das in einer nebligen englischen Landstadt mit vielen riesenhaften, knorrigen Bäumen und uralten Häusern lag. Diese altehrwürdige Stadt schien wie aus Träumen zu stammen und hatte etwas Besänftigendes für den Geist. Indem ich dies jetzt niederschreibe, verspüre ich wieder die erquickende Kühle ihrer tiefschattigen Alleen, atme den Duft ihrer tausend Gesträuche ein und erzittere beim tiefen, dumpfen Schlage der Turmuhr, die mit ihrem verdrossenen Ton allstündlich die friedlich dämmernde Stille durchbrach, in die der mit gotischem Maßwerk verzierte Turm eingebettet ruhte.

Es bereitet mir so viel Vergnügen, wie ich jetzt überhaupt noch zu empfinden vermag, mich der Schule und allem, was damit zusammenhängt, bis ins kleinste zu erinnern. Man wird mir in meiner ach nur allzu wirklichen Notlage verzeihen, wenn ich mich der Schwäche hingebe, mir durch die Beschreibung weiterer Einzelheiten eine freilich nur geringe und flüchtige Erleichterung zu verschaffen. Diese an sich lächerlichen Belanglosigkeiten erlangen für mich eine besondere Bedeutung, weil sie mit einer Zeit und mit einem Schauplatz verknüpft sind, wo mir jene ersten und unbestimmten Mahnungen des Schicksals, das mich später so völlig in seine Schatten hüllte, erteilt wurden. So laßt mich denn ihrer gedenken!

Das Haus war – ich sagte es schon – alt und unregelmäßig gebaut. Das Grundstück war sehr ausgedehnt und von einer hohen und festgefügten Backsteinmauer umgeben, die oben mit einer Schicht Mörtel und Glassplittern bedeckt war. Sie begrenzte, einer Gefängnismauer ähnlich, unser Reich. Wir durften sie nur dreimal in der Woche durchschreiten. Einmal am Sonnabendnachmittag, wenn wir in geschlossener Marschordnung, von zwei Aufsehern begleitet, kurze Spaziergänge durch die benachbarten Felder unternahmen, und zweimal am Sonntag, wenn wir in derselben Weise zum Morgen- und Abendgottesdienst in die Stadtkirche geführt wurden. In dieser versah unser Schulleiter das Amt des Predigers. Mit wie tiefer Verwunderung und Fassungslosigkeit pflegte ich ihn von unserer fernen Bank auf der Empore zu betrachten, wie er mit langsamem, abgezirkeltem Schritt zur Kanzel hinaufstieg! Dieser Geistliche mit der so beflissen wohlwollenden Miene, im glänzenden, feierlich wallenden Priesterkleid und mit der so sorgsam gepuderten, steifen Riesenperücke – konnte dies derselbe sein, der kurz vorher mit saurem Gesicht und von Tabak beschmutztem Rock, ein Lineal in der Hand, den drakonischen Gesetzen der Schule Geltung verschaffte? O ungeheuerlicher und durch nichts zu erklärender Widerspruch!

In einer Ecke der gewaltigen Mauer dräute ein noch gewaltigeres Tor. Es war mit eisernen Riegeln verrammelt und von gezackten eisernen Lanzen gekrönt. Welch ehrfürchtige Schauer flößte es uns ein! Von den drei schon erwähnten Ein- und Ausgängen abgesehen, wurde es niemals geöffnet; geschah dies, so erschloß sich uns beim Knarren seiner mächtigen Angeln eine Welt des Geheimnisses, manch ernstes Gespräch und manche noch ernstere Betrachtung veranlassend!

Das ausgedehnte Grundstück war unregelmäßig gestaltet und hatte mehrere geräumige Nischen und Winkel. Drei oder vier der größten davon machten unseren Spielplatz aus. Dieser war eingeebnet und mit feinem, hartem Kies bedeckt. Ich kann mich noch gut erinnern, daß weder Bäume noch Bänke oder sonstige Gegenstände darauf standen. Natürlich befand er sich hinter dem Hause. Vor ihm lag ein kleines Beet, das mit Buchsbäumen und anderem Strauchwerk bepflanzt war; dies war ein geheiligter Bezirk, den wir nur aus besonderen Anlässen betreten durften, so zum Beispiel bei der ersten Ankunft oder beim endgültigen Abschied von der Schule, aber auch, wenn wir zu den Weihnachts- oder Sommerferien, von Verwandten oder Freunden eingeladen, ihn leichten Herzens durcheilten.

Aber das Haus! – Was für ein seltsames altes Gebäude war es doch! Für mich geradezu ein verwunschenes Schloß! Seine

Windungen, seine unverständlichen Unterteilungen nahmen wahrlich kein Ende. Es war schwer, in einem bestimmten Augenblick mit Sicherheit anzugeben, in welchem seiner zwei Geschosse man sich soeben befand. Von jedem Zimmer führten in jedes andere mindestens drei oder vier Stufen hinauf oder hinunter. Ferner gab es zahllose, geheimnisvolle Seitengänge, die immer wieder in sich selbst zurückkehrten, so daß die Vorstellungen, die wir uns von dem gesamten Gebäude machten, sich von unseren Vorstellungen der Unendlichkeit nicht wesentlich unterschieden. In den fünf Jahren meines dortigen Aufenthaltes konnte ich nie genau sagen, an welcher abgelegenen Stelle der kleine Schlafsaal lag, den ich mit einigen achtzehn oder zwanzig anderen Schülern teilen mußte.

Das Unterrichtszimmer war der größte Raum im Hause oder – wie mir damals schien – in der ganzen Welt. Es war sehr lang, schmal und bedrückend niedrig, mit gotischen Spitzbogenfenstern und eichener Decke ausgestattet. In einem seiner abgeschiedenen, dunklen Winkel befand sich ein Verschlag von acht oder zehn Fuß im Geviert, der während der Schulstunden das »Allerheiligste« unseres Schulleiters, Hochwürden Dr. Bransbys, bildete. Er war fest gebaut und hatte eine ungefüge Tür. Wir hätten uns eher umbrigen lassen, als daß wir gewagt hätten, sie in Abwesenheit des Schulmeisters zu öffnen. In anderen Winkeln befanden sich noch zwei ähnliche Verschläge, denen wir zwar weniger Verehrung, aber immer noch eine genügende Scheu entgegenbrachten. Einer davon war das Katheder des Lateinlehrers, der andere das des Englisch- und Mathematiklehrers. Kreuz und quer im Raume standen unzählige Bänke und Pulte, vom Alter geschwärzt und vom Zahn der Zeit angenagt; sie waren zum Überfluß mit zerlesenen Büchern vollgehäuft und so mit Initialen, ganzen Namen, ulkigen Figuren und anderen Spuren des Messers versehen, daß man sich nicht mehr vorstellen konnte, wie sie in längst vergangenen Tagen einmal ausgesehen haben mochten. Ein großer Eimer mit Wasser stand an

dem einen, eine Uhr von ungeheuren Ausmaßen am anderen Ende des Raumes.
Von den massiven Mauern dieser ehrwürdigen Anstalt umschlossen, verbrachte ich – freilich ohne Langeweile oder Widerwillen – das dritte Jahrfünft meines Daseins. Das schöpferische Hirn des Kindes bedarf der Außenwelt nicht, um angeregt oder unterhalten zu werden; und die scheinbar trostlose Einförmigkeit des Schullebens barg stärkere Erregungen, als mir in der reiferen Jugend das Wohlleben oder im vollen Mannesalter das Verbrechen bescheren konnten. Dennoch muß ich feststellen, daß meine geistige Entwicklung dort im Zeichen des Ungewöhnlichen, ja des Überspannten stand. Im allgemeinen lassen die Ereignisse der Frühzeit im späteren Leben nur sehr unbestimmte Vorstellungen zurück. Da ist alles von Schatten und Nebel umhüllt, und nur schwach und undeutlich kann man sich an kleine Freuden und maßlos übertriebene Ängste erinnern. Bei mir aber ist dies gänzlich anders bestellt. Schon in der Kindheit muß ich mit der Vollkraft des Erwachsenen zu fühlen imstande gewesen sein; denn was davon noch heute in meinem Gedächtnis lebt, ist dort so tief und unauslöschlich eingeprägt wie die Inschriften karthagischer Denkmünzen.
Und doch – wie wenig Denkwürdiges gab es, nach Meinung der Menge, im Grunde dort! Das Erwachen am Morgen, der Befehl zum Schlafengehen am Abend, die Prüfungen und Deklamationen, die regelmäßig wiederkehrenden freien Nachmittage und Spaziergänge, der Spielplatz mit seinem Lärm, seiner Kurzweil und seinen Intrigen – alles dies, wie durch einen Taschenspielertrick des Geistes lange vergessen, schloß eine Fülle von Empfindungen, ein Meer von Geschehnissen und eine Welt der vielfältigsten leidenschaftlichen und aufwühlenden Erregungen in sich ein. »O le bon temps, que ce siècle de fer!«
Wahrlich, die Heftigkeit, die Begeisterung und die Herrschsucht, die mein Wesen auszeichneten, räumten mir unter meinen Mitschülern bald eine bevorzugte Stellung ein; und allmäh-

lich gelang es mir, alle, die nicht wesentlich älter waren als ich, mir untertänig zu machen – mit einer Ausnahme allerdings. Diese Ausnahme war ein Schüler, der, obwohl nicht mit mir verwandt, den gleichen Tauf- und Vatersnamen trug wie ich – ein an sich wenig bemerkenswerter Umstand; denn trotz meiner vornehmen Abstammung trug ich einen jener Alltagsnamen, die nach lange geübtem Brauch zum rechtskräftigen Besitz des Pöbels geworden zu sein scheinen. In dieser Erzählung habe ich mich William Wilson genannt – ein erfundener Name, der meinem richtigen Namen recht ähnlich ist. Mein Namensvetter erkühnte sich als einziger und unter allen, die nach dem Schulausdruck unsere »Clique« bildeten, bei den Klassenaufgaben und beim Spiel und Geraufe des Sportplatzes mit mir zu wetteifern, den blinden Glauben an meine Worte und die Unterwerfung unter meinen Willen zu verweigern, das heißt, sich in jeder Beziehung in meine schiedsrichterliche Machtbefugnis einzumischen. Wenn es einen äußersten und unbedingten Despotismus gibt, kann es nur der sein, den ein Meisterhirn über die schwächeren Geister seiner jugendlichen Gefährten ausübt. Wilsons Auflehnung gegen meinen Willen war für mich ein Anlaß zur größten Verlegenheit; dies um so mehr, als ich ihn, obwohl ich mir angelegen sein ließ, seine Ansprüche in der Öffentlichkeit großsprecherisch abzukanzeln, heimlich fürchtete. Ich mußte die Gleichwertigkeit mit mir, die er so spielend behauptete, für einen Beweis seiner tatsächlichen Überlegenheit halten; denn ich hatte mich dauernd zu wehren, daß ich ihm nicht unterlag. Aber sowohl seine Überlegenheit über mich als auch nur seine Gleichwertigkeit mit mir wurden niemandem außer mir selbst bewußt; unsere Kameraden schienen von unverständlicher Blindheit geschlagen zu sein, daß sie nichts davon merkten. Wie er sich mit mir maß, wie er mir Widerstand leistete, und wie er insbesondere meine Pläne frech und beharrlich zu durchkreuzen suchte – alles dies spielte sich mehr im geheimen als in der Öffentlichkeit ab. Er schien von dem marternden Ehrgeiz und dem leidenschaftlichen Geltungsbedürfnis, die mich befähigten, eine glänzende Rolle zu spielen, vollkommen frei zu sein. Man hätte glauben können, daß er nur aus einer wunderlichen Laune, mir zuwiderzuhandeln, mich zu verblüffen und zu beleidigen, zu dieser Nebenbuhlerschaft angeregt worden sei. Es gab jedoch Zeiten, da ich erstaunt, gedemütigt und voller Wut erkennen mußte, daß er in seine Schmähungen, Beleidigungen oder Widerreden eine höchst unpassende und mir höchst unwillkommene Zuneigung hineinmengte. Dieses seltsame Verhalten konnte ich mir nur als Auswirkung eines vollendeten Eigendünkels erklären, der das plump vertrauliche Wesen von gönnerhaftem Wohlwollen und Bevormundung annahm.

Vielleicht war es ausgerechnet dieser Zug im Benehmen Wilsons, der im Zusammenhang mit unserer Namensgleichheit und dem puren Zufall, daß er an demselben Tag wie ich in die Schule eingetreten war, unter den höheren Klassen die Meinung aufkommen ließ, wie seien Brüder. Jene älteren Schüler pflegen die Angelegenheiten der jüngeren nicht besonders genau unter die Lupe zu nehmen. Ich habe schon gesagt oder hätte zumindest sagen sollen, daß Wilson mit meiner Familie nicht im entferntesten Grade verwandt war. Wären wir indessen Brüder gewesen, so hätten wir unbedingt auch Zwillinge sein müssen; denn durch einen Zufall erfuhr ich nach Verlassen der Anstalt, daß mein Namensvetter am 19. Januar 1813 geboren war – ein ziemlich sonderbares Zusammentreffen, wenn man bedenkt, daß dies der Tag meiner eigenen Geburt ist.

Es mag eigenartig anmuten, daß ich trotz der beständigen Unruhe, in die mich die Rivalität Wilsons versetzte, und ungeachtet seines unerträglichen Widerspruchsgeistes ihn schließlich doch nicht hassen konnte. Gewiß hatten wir täglich Streit miteinander; wenn er mir dabei öffentlich die Siegespalme überließ, verstand er es dennoch, mich fühlen zu lassen, daß eigentlich er sie verdiene. Gleichwohl besaß ich so viel Stolz und er so viel echte Würde, daß wir stets, wie man sagt, »miteinander redeten«. Andererseits lag in unseren Charakteren so viel Verwandtes, daß unsere Gefühle, wenn uns nicht unsere besondere Lage daran gehindert hätte, zur Freundschaft hätten reifen können. Tatsächlich fällt es mir schwer, meine wirklichen Empfindungen ihm gegenüber zu erklären oder auch nur in Worte zu kleiden. Diese bildeten ein buntscheckiges und in sich widerspruchsvolles Gemisch aus etwas ärgerlicher Erbitterung, die noch nicht Haß zu nennen war, etwas Wertschätzung, viel Hochachtung, viel Furcht und einem Übermaß unbehaglicher Neugier. Dem Moralisten muß ich gestehen, daß Wilson und ich die unzertrennlichsten Gefährten waren.

Ohne Zweifel war unser ungewöhnliches Verhältnis daran schuld, daß meine vielen teils offenen, teils versteckten Angriffe gegen ihn in Foppereien ausarteten, die schmerzten, ohne ihren harmlosen Anstrich zu verlieren – nicht aber in ernsthafte und entschiedene Feindschaft. Meine Bemühungen in dieser Richtung waren freilich keinesfalls immer von Erfolg gekrönt, wie scharfsinnig ich meine Pläne auch ausgeheckt hatte; denn mein Namensvetter besaß jene anspruchslose und gelassene Härte, die sich zwar der Schärfe ihrer eigenen Scherze erfreut, selbst aber einer Achillesferse ermangelt und es glattweg ablehnt, sich auslachen zu lassen. Tatsächlich konnte ich nur eine einzige verwundbare Stelle an ihm entdecken, die in einer vielleicht durch ein angeborenes Leiden verursachten Eigenart bestand und daher von jedem Gegner, der nicht so völlig am Ende seines Witzes angelangt war wie ich, geschont worden wäre. Mein Nebenbuhler litt an einer Schwäche der Kehl- oder Rachenorgane, die es ihm verbot, seine Stimme jemals über ein ganz leises Flüstern zu erheben. Ich versäumte nicht, diesen Fehler nach Kräften auszunutzen, um mir einen kläglichen Vorteil über ihn zu verschaffen.

Wilson rächte sich dafür auf vielerlei Weise. So bediente er sich etwa eines drastischen Spaßes, der mich in maßlose Aufregung versetzte. Wie es sein Scharfsinn überhaupt zum ersten Male herausgefunden hatte, daß mich etwas so Belangloses in Harnisch bringen konnte, ist ein Rätsel, das ich nicht zu lösen vermochte. Als er jedoch meine Schwäche entdeckt hatte, machte er sich sofort eine Gewohnheit daraus, mich damit aufzuziehen. Ich hatte mich stets über meinen unfeinen Familiennamen und meinen gewöhnlichen, wenn nicht plebejischen Vornamen geärgert. Diese beiden Worte waren Gift in meinen Ohren. Schon als am Tage meiner Ankunft in der Anstalt ein zweiter William Wilson auftauchte, nahm ich Anstoß an ihm, weil er diesen Namen trug. Der Name wurde mir jedoch doppelt zum Ekel, weil ein Fremder ihn trug, der so zur Ursache seiner zwiefachen Wiederholung werden würde. Dadurch, daß sich dieser Fremde dauernd in meiner Nähe befand, mußten seine Angelegenheiten im üblichen Ablauf des Schulbetriebs infolge dieses verruchten Gleichklanges der Namen oft unvermeidlich mit den meinen verwechselt werden.

Das so entstandene Gefühl meines Verdrusses wuchs mit jedem Umstand, der dazu angetan war, eine körperliche oder geistige Ähnlichkeit zwischen mir und meinem Rivalen aufzuzeigen. Ich hatte damals noch nicht die bemerkenswerte Tatsache entdeckt, daß wir gleichen Alters waren; ich sah immerhin, daß wir von gleicher Größe waren, und mir fiel auf, daß wir auch in den allgemeinen Umrissen der Gestalt und in den Gesichtszügen eine außerordentliche Ähnlichkeit besaßen. Ferner wurmte mich das in den oberen Klassen aufgekommene Gerücht, daß wir miteinander verwandt seien. Mit einem Wort: Nichts konnte mich – obwohl ich es sorgfältig verbarg – mehr verdrießen als eine Anspielung auf unsere körperliche und geistige Ähnlichkeit oder unsere gleiche Lage. Allerdings hatte ich tatsächlich nicht den geringsten Grund, annehmen zu müssen, daß – von dieser Verwandtschaftsgeschichte und von Wilson selbst abgesehen – diese Ähnlichkeit von unseren Mitschülern bemerkt, geschweige erörtert worden wäre. Daß er selbst sie in ihrem ganzen Ausmaß – ebenso unbeirrt wie ich – bemerkte, war offensichtlich; daß er aber darin ein so fruchtbares Feld für seine Quälereien finden sollte, kann ich, wie ich schon sagte, nur seinem ungewöhnlichen Scharfsinn zuschreiben.

Er sah es darauf ab, mich in Sprache und Gebärden genau nachzuahmen – und diese Rolle verstand er bewunderungswürdig zu spielen. Was meine Kleidung anging, war dies ein leichtes; mühelos eignete er sich meinen Gang und mein allgemeines Benehmen an – ungeachtet seines angeborenen Sprachfehlers versicherte er sich sogar meiner Stimme. Meine lauteren Töne blieben ihm zwar versagt; doch war die Tonlage die gleiche. Und sein eigentümliches Flüstern wurde buchstäblich zum Echo meiner eigenen Stimme.

Wie sehr mich dieses ausgezeichnete Porträt – von einer Karikatur kann ich beim besten Willen nicht sprechen – peinigte, will ich hier nicht zu schildern versuchen. Dabei tröstete mich nur das eine, daß diese Nachahmung anscheinend nur von mir selbst erkannt wurde und daß mir allein das wissende und eigentümlich spöttische Lächeln meines Namensvetters galt. Befriedigt davon, daß er die beabsichtigte Wirkung in meinem Gefühl hervorgebracht hatte, schien er innerlich über den Hieb, den er mir versetzt hatte, zu lachen; doch blieb er dem öffentlichen Beifall gegenüber, den der Erfolg seiner abgefeimten Bemühungen so leicht hätte hervorrufen können, gleichgültig. Daß die Mitschüler seine Absicht und die Meisterschaft, die er in ihrer Ausführung bewies, tatsächlich nicht bemerkten und an seinem Spott infolgedessen nicht teilnehmen konnten, war mir viele bange Monate lang ein Rätsel, das ich nicht zu lösen vermochte.

Vielleicht lag es an der allmählichen Steigerung seiner Kopie, die diese nicht so ohne weiteres erkennen ließ; noch wahrscheinlicher verdankte ich meine Sicherheit der vollendeten Kunst des Kopisten, der die Einzelheiten verachtete – die das einzige sind, was die stumpfen Beschauer in der Malerei sehen können – und statt dessen zu meiner eigenen Beachtung und Betrübnis nur den Geist des Originals wiedergab.

Ich habe schon öfter von der widerlichen Art der Bevormundung, die er sich mir gegenüber herausnahm, sowie von seiner häufigen aufdringlichen Durchkreuzung meines Willens gesprochen. Diese nahm oft den leidigen Charakter eines erteilten Rates an, der sich allerdings nur auf Andeutungen und Winke beschränkte. Ich nahm dies mit einem Widerwillen hin, der sich mit den Jahren vermehrte. Heute, da diese Dinge so weit zurückliegen, muß ich gerechterweise anerkennen, daß die Ratschläge meines Nebenbuhlers niemals so verfehlt oder töricht waren, wie es seinem unreifen Alter und seiner scheinbaren Unerfahrenheit entsprochen hätte. Sein sittliches Empfinden, ja seine allgemeinen Fähigkeiten und seine Lebensklugheit waren weit schärfer ausgeprägt als die meinen. Ich könnte heute ein besserer und somit glücklicherer Mensch sein, wenn ich die Ratschläge, die mir in diesem vielsagenden Flüstertone erteilt wurden, den ich damals von Herzen haßte und bitter verachtete, weniger oft zurückgewiesen hätte.

Wie die Dinge lagen, empörte ich mich auf die Dauer immer heftiger gegen seine widerwärtige Beaufsichtigung und verübelte ihm von Tag zu Tag offener, was ich für seinen unerträglichen Hochmut hielt. Ich sagte schon, daß meine Gefühle für ihn in den ersten Jahren unseres Zusammenseins als Mitschüler leicht hätten zur Freundschaft reifen können; dagegen ähnelten sie in den letzten Monaten meines Aufenthaltes in der Anstalt, obgleich sich seine aufdringliche Art ohne Zweifel etwas gemäßigt hatte, in demselben Verhältnis wirklichem Haß. Wie ich annehme, wurde dies ihm selbst bei einer Gelegenheit offenbar, woraufhin er mich mied oder mich wenigstens zu meiden vorgab.

Wenn ich mich recht erinnere, so geschah es um diese Zeit, daß ich in einer heftigen Auseinandersetzung mit ihm, in der er seine Zurückhaltung mehr als üblich aufgegeben und mit einer

Offenheit, die seinem Wesen eher fremd war, gesprochen und gehandelt hatte, in seiner Stimme, seiner Miene und allgemeinen Haltung ein Etwas entdeckte oder zu entdecken glaubte, das mich anfangs erschreckte, dann aber aufs höchste fesselte; denn es beschwor mir unbestimmte Gesichte meiner frühesten Kindheit herauf – wilde, wirre und bedrückende Erinnerungen aus einer Zeit, in der mein Erinnerungsvermögen noch nicht vorhanden war. Ich kann diese mich bedrängenden Gefühle nicht besser beschreiben, als wenn ich sage, daß ich mich nur schwer des Gedankens erwehren konnte, das Wesen, das hier vor mir stand, in einer unendlichen Ferne meiner Vergangenheit bereits gekannt zu haben. Das Trugbild verblaßte jedoch schneller, als es gekommen war, und ich erwähne diese Sache hier überhaupt nur, um den Zeitpunkt meines letzten dortigen Gesprächs mit meinem seltsamen Nebenbuhler genau bestimmen zu können.

Das weitläufige, alte Haus mit seinen zahllosen Unterteilungen besaß mehrere geräumige Säle, die miteinander verbunden waren; in diesen schlief die Mehrheit der Schüler. Allerdings gab es – wie in einem so ungeschickt errichteten Gebäude nicht anders denkbar – viele kleine Winkel und Nischen, die sich aus einer solchen Bauweise ergeben hatten. Diese hatte Dr. Bransby in seiner aufs Wirtschaftliche gerichteten Sinnesart in Schlafräume umgewandelt; obgleich man sie höchstens als Verschläge ansprechen konnte, ließ sich doch jeweils eine einzige Person darin unterbringen. Eine dieser Kammern war von Wilson bewohnt.

Eines Nachts gegen Ende meines fünften Schuljahres und unmittelbar nach dem oben erwähnten Zwist erhob ich mich, nachdem ich mich überzeugt hatte, daß alles fest schlief, von meinem Lager. Eine Lampe in der Hand tragend, schlich ich durch ein Labyrinth enger Gänge von meinem Schlafsaal zur Kammer meines Rivalen. Ich hatte mir schon lange einen üblen Schabernack von der Art ausgedacht, die sich bisher als so ganz und gar erfolglos gezeigt hatte. Jetzt aber wollte ich mein Vorhaben ausführen, und ich war entschlossen, ihn das ganze Ausmaß der Bosheit, die mich erfüllte, auf einmal verspüren zu lassen. Als ich vor seiner Kammer angelangt war, stellte ich die Lampe, die ich abgeschirmt hatte, vor der Tür nieder und trat lautlos ein. Ich tat einen Schritt vorwärts und lauschte dem Geräusch seiner ruhigen Atemzüge. Als ich mich davon überzeugt hatte, daß er schlief, wandte ich mich um, ergriff die Leuchte und näherte mich erneut seinem Bette. Dichte Vorhänge umgaben es; diese zog ich, wie es meinem Plane entsprach, leise und vorsichtig auf und richtete den hellen Schein der Lampe auf das Gesicht des Schläfers, den ich gleichzeitig anblickte. Plötzlich fühlte ich, wie mir das Blut in den Adern zu Eis erstarrte. Schwer schlug mir das Herz, meine Knie wankten, und ein gegenstandsloses, aber um so unheimlicheres Grauen fiel mich an. Ich rang nach Luft und neigte die Lampe noch tiefer über sein Gesicht. Waren dies – waren dies wirklich die Züge William Wilsons? Natürlich sah ich, daß sie es waren; dennoch schüttelte mich ein Fieberschauer, als ich mir vorstellte, sie seien es nicht. Was war denn Besonderes an ihnen, worüber ich so in Aufregung geraten konnte? Noch immer starrte ich darauf hin, während mir unzählige zusammenhanglose Gedanken durch das Hirn wirbelten. Nein, so – so sah er bestimmt nicht aus, wenn er wach war! Derselbe Name! Derselbe Umriß der Gestalt! Derselbe Ankunftstag in der Schule! Dazu seine beharrliche und unsinnige Nachahmung meines Ganges, meiner Stimme, meiner Gewohnheiten, meiner Gebärden! War es menschenmöglich, daß das, was ich hier sah, weiter nichts war als das Ergebnis einer lange geübten, hämischen Nachäfferei? Schaudernd vor Angst löschte ich die Lampe, ging schweigend aus dem Zimmer und verließ augenblicklich die Hallen der alten Lehranstalt, um nie wieder dahin zurückzukehren.

Nach einer Zwischenzeit von etlichen Monaten, die ich daheim lediglich in eitlem Nichtstun verbrachte, ging ich als Schüler

nach Eton. Die kurze Ruhepause hatte genügt, meine Erinnerungen an die Vorfälle in Dr. Bransbys Haus abzuschwächen oder wenigstens die Gefühle, mit denen ich ihrer gedachte, in eine andere Richtung zu lenken. Die Wirklichkeit – das Tragische des Dramas bestand nicht mehr. Ich befand mich nunmehr in der Lage, die Zuverlässigkeit meiner Sinne anzuzweifeln, und gedachte des Falles überhaupt nur selten, es sei denn, daß ich mich über das Ausmaß menschlicher Leichtgläubigkeit gewundert und über die lebhafte Phantasie, die ich ererbt, gelächelt hätte. Diese skeptische Einstellung wurde im übrigen durch die Lebensweise, die ich in Eton führte, eher noch verstärkt. Der Strudel gedankenloser Narrheit, in dem ich dort jählings und bedenkenlos versank, wusch alles bis auf eine vage Erinnerung hinweg, verschlang mit einem Male alle festen und gediegenen Eindrücke und ließ nur die Erinnerung an die seichtesten Belanglosigkeiten meines früheren Daseins zurück.
Ich beabsichtige indessen nicht, hier ein Bild meiner dortigen unseligen Verworfenheit zu zeichnen – einer Verworfenheit, die die Gesetze herausforderte, indem sie der Wachsamkeit der Anstalt ein Schnippchen schlug. Drei Jahre voller Ausschweifungen, ohne jeglichen Nutzen verbracht, hatten mir nur lasterhafte Gewohnheiten eingeimpft und sich auch in erheblichem Maße auf meine leibliche Entwicklung ausgewirkt, als ich nach einer Woche geistloser Zerstreuungen eine kleine Gesellschaft der zügellosesten Studenten in meine Wohnung einlud. Wir trafen uns zu später Nachtzeit, da unser Gelage bis in die Morgenstunden ausgedehnt werden sollte. Der Wein floß in Strömen; auch fehlte es nicht an anderen, vielleicht noch gefährlicheren Versuchungen, so daß sich bereits ein grauer Streif der Dämmerung am östlichen Himmel zeigte, als unser wahnwitziger Taumel seinen Höhepunkt erreicht hatte. Vom Kartenspiel und Trunke erhitzt, wollte ich eben einen Trinkspruch ausbringen, der eine weit über das Übliche hinausgehende Lästerung enthielt, als ich durch das heftige Aufstoßen der Haustür

und die eifrige Stimme eines Dieners von draußen unterbrochen wurde. Er sagte, daß mich eine Person, die in großer Eile zu sein scheine, in der Halle zu sprechen wünsche.
Beschwingt vom Weine, wie ich es war, begrüßte ich die unerwartete Störung eher als eine angenehme Überraschung. Ich taumelte sofort hinaus und stand nach wenigen Schritten in der Vorhalle des Hauses. In diesem kleinen und niedrigen Raume gab es keine Lampe; das einzige Licht, das er erhielt, war der matte Schimmer der Morgendämmerung, die durch ein halbkreisförmiges Fenster hereinfiel. Als ich den Fuß über die Schwelle setzte, unterschied ich die Gestalt eines jungen Mannes von ungefähr meiner eigenen Größe, der einen weißen wollenen Hausrock nach der neuesten Mode trug wie ich selbst. Dies konnte ich bei dem mangelnden Licht gerade noch feststellen; seine Gesichtszüge ließen sich dagegen nicht sicher erkennen. Er kam sogleich eilig auf mich zu, griff mit einer Gebärde gereizter Ungeduld nach meinem Ärmel und flüsterte mir die Worte »William Wilson«! ins Ohr. Im Augenblick war ich völlig nüchtern.
Im Auftreten des Fremden sowie im Zucken seines Zeigefingers, den er zwischen meine Augen und das Licht hob, lag etwas, was mich mit unerklärlichem Staunen erfüllte; jedoch war dies nicht der Grund meiner heftigen Erregung. Dieser bestand vielmehr in seiner inhaltsschweren, feierlichen Mahnung, in den eigentümlich leisen, herausgezischten Worten und vor allem in der Art, im Klang, in der Tonlage dieser wenigen einfachen und vertrauten, aber geflüsterten Silben – so daß mich tausend Erinnerungen an vergangene Tage bedrängten und mir wie ein elektrischer Schlag durchs Herz gingen. Bevor ich meine Sinne wiedererlangte, war er gegangen.
Obgleich dieses Begebnis nicht verfehlte, meine verworrene Phantasie lebhaft zu beeindrucken, war seine Wirkung auf mich dennoch nicht von langer Dauer. Einige Wochen lang überließ ich mich angestrengtem Nachdenken und hüllte mich in eine

Wolke krankhafter Grübeleien ein. Ich unternahm nicht den Versuch, mich über die Identität des merkwürdigen Wesens, das sich so hartnäckig in meine Angelegenheiten einmischte und mich mit seinen geflüsterten Ratschlägen quälte, hinwegzutäuschen. Aber wer war nun eigentlich dieser Wilson? Woher kam er? Was waren seine Absichten? Auf keine dieser Fragen konnte ich mir eine befriedigende Antwort geben; ich erfuhr lediglich über ihn, daß ein plötzlicher Vorfall in seiner Familie seinen Abgang aus Dr. Bransbys Lehranstalt am Nachmittag des Tages veranlaßt hatte, an dem ich selbst entlaufen war. Nach kurzer Zeit gab ich es jedoch auf, mir über diesen Gegenstand Gedanken zu machen, weil meine ganze Aufmerksamkeit auf meine bevorstehende Abreise nach Oxford gelenkt war. Dorthin begab ich mich bald, von meinen Eltern, die in ihrer Eitelkeit keine Ausgaben scheuten, mit üppigsten Mitteln und einem Jahreswechsel ausgestattet, der es mir erlaubte, der mir schon so vertraut gewordenen Verschwendungssucht, in der ich es mit den stolzesten Erben der reichsten Grafentümer Großbritanniens aufnehmen konnte, nach Herzenslust zu frönen.

Solchermaßen auf die Bahn des Lasters verwiesen, sah ich mein ererbtes Wesen in verdoppelter Glut auflodern und verachtete, vom Wahnwitz meiner Ausschweifungen verblendet, selbst die vom Anstand gezogenen Grenzen. Es wäre jedoch unangemessen, wenn ich betreffs dieser Verirrungen bei Einzelheiten verweilen wollte. Laßt es damit bewenden, daß ich die größten Verschwender übertrumpfte und daß ich nicht nur einer Anzahl Narreteien zu Namen verhalf, sondern der langen Liste der Laster, die damals an dieser zügellosesten Hochschule Europas im Schwange waren, nicht wenig neue hinzufügte.

Man wird mir freilich kaum glauben wollen, daß ich die Anforderungen meines vornehmen Standes völlig außer acht ließ und mich mit den niedrigsten Künsten berufsmäßiger Spieler vertraut machte. In dieser verwerflichen Wissenschaft zum Meister geworden, begann ich sie gewohnheitsmäßig auszuüben, um mein ohnehin unerhörtes Einkommen auf Kosten der Schwachköpfe unter meinen Studiengenossen noch zu vermehren. Dies war tatsächlich so; und die ganze Maßlosigkeit dieses Verstoßes gegen jedes männliche und ehrenhafte Empfinden war wohl hauptsächlich der Grund, daß ich ungestraft so verfahren konnte. Wer von meinen liederlichsten Kumpanen hätte nicht lieber seinen eigenen Sinnen mißtraut, als den närrischen, wilden und großherzigen William Wilson, den nobelsten und freisinnigsten Scholaren Oxfords, derartiger Gaunerstücke zu verdächtigen? Behaupteten doch seine Schmarotzer von ihm, daß seine unbesonnenen Streiche nur seiner Jugend und hemmungslosen Phantasie zuzuschreiben, daß seine Verirrungen zwar unnachahmliche Launen, daß seine schwärzesten Laster nur toller und unbekümmerter Überschwang seien.

Auf diesem Wege war ich jetzt zwei Jahre lang erfolgreich vorwärtsgeschritten, als ein junger, erst kürzlich in den Adelsstand erhobener Emporkömmling namens Glendinning an der Universität erschien; es hieß, daß er so reich sei wie Herodes Atticus und seine Reichtümer ebenso mühelos erworben habe. Ich fand bald heraus, daß er ein Trottel war, und merkte ihn mir natürlich als geeignetes Objekt für meine Machenschaften vor. Ich verleitete ihn wiederholt zum Spiel und ließ ihn nach bewährter Spielermethode anfangs beträchtliche Summen gewinnen, um ihn später um so sicherer in meine Netze verstricken zu können. Nachdem meine Pläne ausgereift waren, traf ich ihn mit der bestimmten Absicht, daß diese Begegnung endgültig und entscheidend sei, in der Wohnung eines Studiengenossen, Mr. Prestons, der, mit uns beiden befreundet, nicht entfernt ahnte, was ich beabsichtigte, wie ich der Gerechtigkeit halber zugeben muß. Um der Sache ein besseres Gesicht zu geben, hatte ich es fertiggebracht, eine Gesellschaft von einigen acht oder zehn Herren zu vereinigen. Außerdem war ich geflissentlich darauf bedacht, daß nur wie zufällig und überdies auf ausdrücklichen Wunsch meines erwählten Opfers gespielt würde. Um eine häß-

liche Sache kurz zu machen: Keiner der gemeinen Kniffe, die bei dergleichen Gelegenheiten im Gebrauch sind, war vernachlässigt worden, so daß es nachgerade wie ein Wunder erscheint, daß es immer noch Blödiane gibt, die auf dergleichen hereinfallen.
Unsere Sitzung hatte sich weit in die Nacht ausgedehnt, und schließlich hatte ich so geschickt zu manövrieren verstanden, daß Glendinning mein einziger Spielpartner wurde. Überdies wurde Ecarté, mein Lieblingsspiel, gespielt. Die übrige Gesellschaft, am Fortschreiten unseres Spiels interessiert, hatte die eigenen Karten niedergelegt und umstand uns gaffend. Der Emporkömmling, der auf meine Veranlassung vorher reichlich gezecht hatte, mischte, gab und spielte mit einer wilden Nervosität, die ich nur teilweise seinem Rausch zuschreiben konnte. In kanz kurzer Zeit schuldete er mir bereits eine bedeutende Summe. Nach einem tiefen Zug Portwein tat er genau das, was ich kühl vorausberechnet hatte: er schlug vor, unsere ohnehin übermäßig hohen Einsätze zu verdoppeln. Mit scheinbarem Widerstreben und erst nach einer wiederholen Weigerung meinerseits und ärgerlichen Worten seinerseits gab ich schließlich nach, wobei ich mir einen Anschein von Verschnupftheit zu geben wußte. Das Ergebnis zeigte natürlich, daß mir die Beute bereits hilflos im Netz zappelte: in weniger als einer Stunde hatte er seine Spielschuld vervierfacht. Sein Gesicht hatte schon seit einer Weile die durch den Wein hervorgebrachte Röte verloren; jetzt aber sah ich zu meinem Erstaunen, daß es sich mit einer wahrhaft erschreckenden Blässe bedeckt hatte. Zu meinem Erstaunen, sage ich. Bei meinen eifrigen Nachforschungen war mir Glendinning als unermeßlich reicher Mann geschildert worden; die Beträge, die er bis jetzt verloren hatte, konnten ihn, obwohl sie an sich ungeheuer waren, meiner Meinung nach keineswegs so ernstlich erschüttern, geschweige denn so tief beeindrucken. Daß er von dem soeben hinuntergegossenen Wein berauscht war, war der erste Gedanke, der sich bereitwillig bei

mir einstellte; und schon beschloß ich, um in den Augen meiner Genossen meinen Ruf zu wahren, eine Fortsetzung des Spiels kategorisch abzulehnen, als mir einige Bemerkungen der Gesellschaft in meinem Rücken und ein Aufschrei Glendinnings, der seine tiefste Verzweiflung bekundete, zu verstehen gaben, daß ich ihn unter Umständen, die ihn selbst vor den bösen Ränken eines Teufels bewahrt hätten, indem sie ihm das Mitleid aller eintrugen, vollends ruiniert hatte.

Es läßt sich schwer sagen, wie ich mich jetzt hätte verhalten sollen. Die beklagenswerte Lage meines Opfers hatte eine allgemeine peinliche Niedergeschlagenheit hervorgerufen, und einige Augenblicke lang herrschte Totenstille. Währenddessen fühlte ich, wie mir unter den Blicken des Vorwurfs und der Verachtung, welche die weniger Verderbten unter den Anwesenden auf mich warfen, die Wangen zu brennen begannen. Ich bin sogar bereit einzugestehen, daß mir durch die plötzliche und überraschende Unterbrechung, die jetzt erfolgte, für den Augenblick eine unerträgliche Last vom Herzen fiel. Die schweren, breiten Flügeltüren des Zimmers wurden ungestüm aufgerissen, so daß wie mit einem Zauberschlage sämtliche Kerzen erloschen. Im Schein ihrer verglimmenden Dochte ließ sich gerade noch erkennen, daß ein Fremder hereingekommen war, der ungefähr so groß wie ich und dicht in einen Mantel gehüllt war. Inzwischen war es vollkommen dunkel geworden, und wir konnten nur noch fühlen, daß er in unserer Mitte stand. Ehe sich noch ein einziger von der maßlosen Verblüffung, in die uns dieses ungehörige Verhalten gestürzt hatte, erholen konnte, drang uns die Stimme des Eindringlings ins Ohr.

»Meine Herren«, sagte er in leisem, klarem und nie vergessenem Flüstertone, der mir durch Mark und Bein ging, »ich brauche mich wegen meines Benehmens nicht zu entschuldigen; denn ich erfülle damit nur eine selbstverständliche Pflicht. Sie sind zweifelsohne über den wahren Charakter des Herrn, der Lord Glendinning heute abend im Ecarté einen hohen Betrag abgewonnen hat, nicht zur Genüge unterrichtet. Ich will Ihnen daher einen Wink geben, wie Sie sich diesen so nötigen Aufschluß schnell und bequem verschaffen können. Untersuchen Sie mit Muße das Innenfutter seines linken Ärmelaufschlages und die verschiedenen Päckchen, die Sie in den recht geräumigen Taschen seines bestickten Hausrockes finden.«

Während er sprach, war es so still, daß man imstande gewesen wäre, eine Stecknadel zur Erde fallen zu hören. Nach diesen Worten verließ er uns so plötzlich, wie er hereingetreten war. Kann ich – muß ich meine Gefühle beschreiben? Muß ich sagen, daß ich sämtliche Qualen der Verdammten empfand? Allerdings blieb mir zur Überlegung nur wenig Zeit. Viele Hände griffen derb nach mir; schnell war für Licht gesorgt. Man durchsuchte meine Kleider. Im Futter meines Ärmels fand man alle Bilderkarten, die im Ecarté von Bedeutung sind, in den Taschen meines Rockes eine Anzahl Päckchen – Fälschungen der bei unseren Zusammenkünften verwandten Kartenspiele von der Art, wie sie mit einem Fachausdruck als ›gezinkt‹ bezeichnet werden; die hohen Karten sind an den Schmalseiten, die niedrigen an den Breitseiten leicht nach außen gerundet. Bei dieser Vorkehrung wird der Betrogene, der wie üblich das Spiel der Länge nach abhebt, unweigerlich eine hohe Karte für seinen Partner abheben; dahingegen hebt der Spieler, der der Breite nach abhebt, gewißlich keine Karte ab, die irgendwie für sein Opfer zählt.

Wenn diese Entdeckung eine allgemeine Empörung ausgelöst hätte, hätte mich dies weniger betroffen als das verächtliche Schweigen und der gelassene Hohn, mit dem man sie aufnahm.

»Mr. Wilson«, sagte unser Gastgeber, indem er sich bückte, um einen vor seinen Füßen liegenden Mantel aus kostbarem Rauchwerk aufzuheben, »dies ist Ihr Eigentum.« (Da es kalt war, hatte ich beim Verlassen meiner Wohnung einen Mantel über meinen Hausrock geworfen und beim Eintritt ins Spielzimmer abgelegt.) »Ich nehme an, daß es überflüssig wäre, wenn wir auch hier noch suchen wollten« – dabei betrachtete er mit bitterem Lächeln die Falten des Kleidungsstückes –, »um einen weiteren Beweis Ihrer Kunstfertigkeit zu erlangen. Wir sind wirklich zur Genüge damit versehen. Hoffentlich sehen Sie die Notwendigkeit ein, Oxford – in diesem Augenblick jedenfalls meine Wohnung – zu verlassen.«

Gedemütigt und in den Staub getreten, wie ich es war, hätte ich diese höhnische Sprache wahrscheinlich mit einer heftigen Aufwallung beantwortet, wenn meine Aufmerksamkeit nicht auf eine erschreckende Tatsache gelenkt worden wäre. Mein Mantel war aus einer seltenen Pelzart; wie selten, wie über die Maßen kostbar sie war, wage ich nicht einmal auszusprechen. Der Mantel war ferner nach meinem eigenen Entwurf angefertigt worden; denn in so belanglosen Dingen war ich wählerisch wie der albernste Geck. Als mir daher Mr. Preston den Mantel, den er unweit der Tür vom Fußboden aufgehoben hatte, überreichte, bemerkte ich zu meinem grenzenlosen Erstaunen, daß der meine bereits über meinem Arm hing (wohin ich ihn zweifellos selbst in Gedanken gelegt hatte) und daß der andere bis ins kleinste sein genaues Gegenstück war. Das sonderbare Wesen, das mich in so unheilvoller Weise bloßgestellt hatte, war, wie ich mich entsann, in einen Mantel gehüllt gewesen, während sämtliche Teilnehmer unserer Gesellschaft ohne solchen erschienen waren. Ich raffte mich zusammen, nahm den Mantel aus Prestons Arm, hängte ihn unauffällig über meinen eigenen und verließ mit einem spöttisch herausfordernden Blick die Wohnung.

Am nächsten Morgen vor Tagesgrauen floh ich, ein Opfer des Entsetzens und der Schande, wie gehetzt von Oxford nach dem Kontinent.

Ich floh vergebens. Mein Unstern folgte mir im Triumphe und bewies mir, daß seine geheimnisvolle Herrschaft über mich erst jetzt wirklich begonnen hatte. Kaum hatte ich in Paris Fuß gefaßt, als ich einen neuen Beweis des mir so widerwärtigen Anteils, den Wilson an meinen Angelegenheiten nahm, erhielt. Jahre entschwanden, in denen ich niemals eine Erleichterung verspürte. Verruchter! In wie unpassendem Moment, doch mit welch gespenstischem Eifer trat er in Rom zwischen mich und das Ziel meines Ehrgeizes! Dann in Wien, in Berlin, in Moskau! Wo hätte ich nicht bittere Ursache gehabt, ihn aus Herzensgrund zu verfluchen? Vor dieser geheimnisvollen Tyrannei floh ich zuletzt in panischem Entsetzen wie vor der Pest – doch selbst bis zu den Grenzen der Erde floh ich vergebens!

Und wieder, immer wieder mußte ich mir die Fragen stellen: »Wer ist er – woher kommt er – was sind seine Absichten?« Allein ich konnte keine Antwort darauf finden. Und nun forschte ich mit ängstlichem Spürsinn nach den Formen, den Methoden, den Grundzügen seiner unverfrorenen Überwachung. Aber hier gab es nur wenige Anhaltspunkte, aus denen ich Schlüsse ziehen konnte. Es war allerdings beachtenswert, daß er in den vielerlei Fällen, bei denen er sich mir in den Weg stellte, dies lediglich tat, um Pläne zu vereiteln oder Unternehmungen zu stören, die bei restloser Durchführung bitteres Unglück ausgelöst hätten. Welch klägliche Rechtfertigung für eine so selbstgerecht angemaßte Autorität! Welch klägliche Entschädigung für ein so beharrliches und beleidigendes Beschneiden meines natürlichen Rechtes auf Handlungsfreiheit! Auch mußte es mir auffallen, daß es mein Peiniger während einer sehr langen Zeit (in der er gewissenhaft und mit wundersamer Geschicklichkeit seine Grille der Gleichheit mit meiner Kleidung aufrecht erhielt) in seiner Gewohnheit, meinen Willen zu durchkreuzen, zu derartiger Vollendung gebracht hatte, daß ich seine Gesichtszüge niemals erkennen konnte. Wilson mochte sein, wer er wollte: dies war zumindest der Gipfel der Narrheit und Tücke! Konnte er auch nur für einen Augenblick annehmen, daß ich in dem Mahner von Eton, dem Zerstörer meiner Ehre von Oxford – in ihm, der in Rom meinen Ehrgeiz, in Paris meine Rache, in Neapel meine glühende Liebe, in Ägypten meine vermeintliche Habsucht vereitelt hatte –, in meinem Erzfeind und bösen Geist nicht jenen William Wilson meiner Schulzeit erkannte, den Namensvetter, den Kameraden, den Nebenbuhler – den gehaßten und gefürchteten Nebenbuhler bei Dr. Bransby? Unmöglich! – Doch laßt mich zur letzten bedeutsamen Szene dieses Dramas eilen.

Bisher war ich seiner Herrschermacht unterlegen. Das Gefühl tiefer Scheu, mit dem ich den untadeligen Charakter, die überlegene Klugheit, die scheinbare Allgegenwart und Allmacht Wilsons zu betrachten gewohnt war, verband sich mit einem Gefühl reiner Angst, das mir außer anderen Zügen seines Wesens seine Anmaßung einflößte. Dies hatte sich bis jetzt so ausgewirkt, daß ich von meiner eigenen vollkommenen Schwäche und Hilflosigkeit überzeugt war, so daß ich mich, wenn auch mit Widerstreben, seinem entschiedenen Willen unterwarf. In jüngster Zeit hatte ich mich aber völlig dem Wein ergeben, der einen betörenden Einfluß auf meine ererbte Gemütsart ausübte und mich jener Bevormundung gegenüber immer unduldsamer machte. Ich begann zu murren – zu zögern – mich aufzulehnen. War es wirklich nur Einbildung, was mich zu dem Glauben verleitete, daß sich durch Vermehrung meiner eigenen Stärke die meines Peinigers verringern müsse? Sei dies, wie ihm wolle – jedenfalls begann ich jetzt in mir eine heiße Hoffnung zu nähren und rang mich zu dem unerbittlichen und verzweifelten Entschluß durch, nicht länger sein Sklave sein zu wollen.

Es war in Rom während des Karnevals 18.., wo ich einem Maskenball im Palast des neapolitanischen Herzogs Di Broglio beiwohnte. Hemmungsloser als sonst hatte ich mich den Freuden des Weines hingegeben, und die erstickende Luft der überfüllten Säle machte mich unerträglich gereizt. Die Mühe, mit der ich mir einen Weg durch das Labyrinth der Menge bahnte, trug nicht wenig dazu bei, mich aus der Fassung zu bringen; denn ich suchte mit Unruhe – laßt mich nicht sagen, aus welchem würdelosen Anlaß – nach der jugendlich heiteren und schönen Gattin des alten kindischen Narren Di Broglio. Mit bedenkenlosem Vertrauen hatte sie mir das Geheimnis ihrer Maske verraten. Sobald ich sie erspäht hatte, beeilte ich mich, in ihre Nähe zu gelangen. In diesem Augenblick spürte ich, wie sich eine leichte Hand auf meine Schulter legte, und ich hörte das nie vergessene, leise verruchte Flüstern an meinem Ohr.

In einer Anwandlung tollen Zornes wandte ich mich sogleich dem Manne zu, der sich mir in den Weg gestellt hatte, und packte ihn wild am Kragen. Er war wie erwartet in ein dem meinen ganz ähnliches Gewand gekleidet – einen spanischen Mantel aus blauem Samt mit karmesinrotem Gürtel, in dem ein Rapier stak. Eine Maske aus schwarzer Seide bedeckte vollständig sein Gesicht.

»Schuft!« keuchte ich wütend, wobei jede Silbe, die ich hervorstieß, meinem Zorn neue Nahrung gab, »Schuft – Betrüger – verdammter Schurke! Du sollst – du sollst mich nicht in den Untergang hetzen! Folge mir oder ich steche dich auf der Stelle nieder!« Ihn unaufhaltsam mit mir reißend, bahnte ich mir den Weg zu einem kleinen, an den Ballsaal anstoßenden Vorzimmer.

Beim Eintreten stieß ich ihn wütend von mir, so daß er gegen die Wand taumelte. Dann schloß ich die Tür mit einem Fluch und gebot ihm, vom Leder zu ziehen. Er zauderte eine Sekunde; dann stieß er einen leisen Seufzer aus, zog schweigend den Degen und nahm Verteidigungsstellung ein.

Der Zweikampf war nur kurz. Ich war erregt wie ein Tobsüchtiger und verspürte in meinem Arm die Kräfte von Tausenden. In wenigen Sekunden drängte ich ihn durch meine bloße Stärke gegen die hölzerne Wandverkleidung, wo er vollends in meiner Gewalt war. Dann hob ich den Degen und stieß ihm die Waffe in rasender Wut wieder und immer wieder durchs Herz.

In diesem Augenblick bewegte sich die Klinke der Tür. Ich eilte hinzu, um den Eindringling abzuweisen, und kehrte gleich dar-

auf zu meinem sterbenden Widersacher zurück. Aber welche menschliche Sprache vermag die Verwunderung, das Entsetzen zu beschreiben, die mich bei dem Anblick, der sich mir jetzt bot, befielen? Der kurze Augenblick hatte genügt, eine Veränderung in der Ausstattung des Zimmers zu bewirken. Ein großer Spiegel – so schien es mir wenigstens in meiner ersten Ver-

wirrung – stand jetzt an einer Stelle, wo vorher kein solcher gewesen war. Und als ich voller Grausen auf ihn zuschritt, trat mir mein eigenes Spiegelbild, obschon bleich und blutbedeckt, schwankend entgegen.
So schien es, sagte ich, aber so war es nicht. Er war es – mein Gegner Wilson, der in den Zuckungen des Todes vor mir stand. Sein Mantel und seine Maske lagen da, wohin er sie geworfen hatte. Kein Faden seines Kleides – kein Zug seines Gesichtes, die nicht in vollkommener Identität meine eigenen gewesen wären! Es war Wilson; doch sprach er jetzt nicht mehr im Flüsterton, und ich hätte mir einbilden können, daß ich es selbst sei, der diese Worte sagte:
»Du hast gesiegt, und ich gebe mich geschlagen. Doch bist auch du fortan tot – tot für die Welt, für den Himmel und alle Hoffnungen! In mir hast du gelebt – nun sieh in meinem Tode an diesem Bild, das das deine ist, wie völlig du dich selbst ermordet hast!«

Der Mann in der Menge

Ce grand malheur, de ne pouvoir être seul
La Bruyère

Von einem gewissen deutschen Buche hat man zutreffend gesagt: »Es läßt sich nicht lesen.« Es gibt Geheimnisse, die sich nicht ausplaudern lassen. Menschen sterben bei Nacht in ihren Betten, pressen die Hände ihrer geisterhaften Beichtväter, blicken ihnen jammervoll in die Augen – und sterben mit Verzweiflung im Herzen und einem Krampf in der Kehle, weil sich ihre gräßlichen Geheimnisse nicht aussprechen lassen. Mitunter belädt sich das Gewissen mit einer furchtbaren Last, die sich erst im Grabe abwerfen läßt. So geschieht es, daß das innerste Wesen jedweden Verbrechens unenthüllt bleibt.
Als sich vor nicht langer Zeit ein Herbstabend auf London herabsenkte, saß ich an einem der großen Bogenfenster des Kaffeehauses D. Ich hatte einige Monate krank gelegen, befand mich aber jetzt im Zustand der Rekonvaleszenz; ich war in einer jener glückseligen Stimmungen, die so völlig das Gegenteil des »Ennui« sind: Stimmungen kühnster Begierden, wenn der Schleier vor dem inneren Auge zerreißt – das ἀχλυς ἣπρὶν ἐπῆευ – und der Verstand sich wie elektrisiert über seinen alltäglichen Horizont weit erhebt wie die lebhafte und doch lautere Vernunft eines Leibniz über die wirre und oberflächliche Rhetorik eines Gorgias. Schon das Atmen war eine Lust, und selbst Dinge, die an sich der Anlaß zu Schmerzen sind, bereiteten mir ein wirkliches Vergnügen. Ich nahm an allem ein gelassenes, aber neugieriges Interesse. Eine Zigarre im Mundwinkel und eine Zeitung im Schoß, hatte ich mir den größeren Teil des Nachmittags damit vertrieben, Zeitungsannoncen nachzusinnen, die gemischte Gesellschaft im Saale zu studieren und durch die verräucherten Scheiben auf die Straße hinauszuspähen.

Es ist eine Hauptverkehrsader der Stadt, und sie war während des ganzen Tages sehr belebt gewesen. Sobald aber das Dunkel hereinbrach, nahm der Verkehr von Minute zu Minute noch zu. Als die Laternen aufflammten, drängten sich zwei dichte und ununterbrochene Menschenströme an der Tür vorüber. Zu dieser Abendstunde war ich nie vorher in einer ähnlichen Lage gewesen; daher erfüllte mich das brausende Meer der Köpfe mit einer köstlichen und neuartigen Erregung. Ich gab es schließlich ganz auf, mich um die Dinge innerhalb des Lokals zu kümmern, sondern überließ mich völlig der Betrachtung des Straßenbildes.

Zuerst nahmen meine Beobachtungen einen mehr abstrakten und verallgemeinernden Charakter an. Ich sah die Passanten als Masse und stellte sie mir in ihren Gesamtbeziehungen vor. Aber bald ging ich zu den Einzelheiten über und beobachtete mit peinlicher Aufmerksamkeit die unzähligen Verschiedenheiten der Gestalt, der Kleidung, des Ganges, des Gesichtes und des Mienenspiels dieser Menschen.

Weitaus die Mehrzahl der Vorübergehenden trug ein selbstzufriedenes, geschäftsmäßiges Wesen zur Schau und schien nur daran zu denken, sich einen Weg durch das Gewühl zu bahnen. Ihre Brauen waren zusammengezogen, und ihre Augen schweiften lebhaft umher. Wenn sie von anderen Passanten angestoßen wurden, gaben sie keine Ungeduld zu erkennen, sondern brachten ihre Kleider in Ordnung und hasteten weiter. Andere, ebenfalls in stattlicher Zahl, waren rastlos in ihren Bewegungen, hatten gerötete Gesichter und sprachen mit sich selbst und gestikulierten, als ob sie sich im dichtesten Gedränge gerade besonders einsam vorkämen. Wenn sie am Weitergehen gehindert wurden, stellten sie plötzlich ihr Gemurmel ein, gestikulierten aber mit verdoppeltem Eifer und warteten mit einem abwesenden und etwas überbetonten Lächeln auf den Lippen darauf, daß die Personen, von denen sie aufgehalten wurden, ihren Weg fortsetzten. Wurden sie angestoßen, so verneigten sie sich umständlich vor den Leuten, die sie angestoßen hatten, und wußten sich, wie es schien, vor Verlegenheit nicht zu lassen. – Diese beiden großen Gruppen wiesen außer dem Gesagten keine besonderen Merkmale auf. Ihre Kleidung war von der Art, die man zutreffend als »anständig« bezeichnet. Ohne Zweifel waren sie Adlige, Kaufleute, Rechtsanwälte, Handelsleute und Börsenjobber – die Spitzen und die Masse der Gesellschaft – teils müßige, teils rührige Menschen, die unter eigener Verantwortung ihre Geschäfte leiteten. Sie erregten meine Aufmerksamkeit nicht sonderlich.

Die Klasse der Angestellten war nicht zu verkennen, und hier unterschied ich zwei bemerkenswerte Gruppen. Da gab es zunächst die jüngeren Angestellten der im Augenblick florierenden Unternehmen – junge Herren in knapp sitzenden Anzügen, mit glänzenden Schuhen, geöltem Haar und hochmütig geschürzten Lippen. Abgesehen von einer gewissen Gewandtheit im Auftreten, die in Ermangelung eines besseren Ausdrucks als »Tintenkuli-Allüren« zu bezeichnen wäre, schien mir ihr Gebaren ein genauer Abklatsch dessen zu sein, was vor zwölf oder achtzehn Monaten der »letzte Schrei« gewesen war. Sie trugen die abgelegte Eleganz der Vornehmen zur Schau – besser läßt sich diese Klasse wohl nicht beschreiben.

Die Gruppe der höheren Angestellten gediegener Firmen – die »biederen alten Knaben« – war nicht zu verwechseln. Man konnte sie an ihren bequem gearbeiteten schwarzen oder braunen Röcken und Beinkleidern, ihren weißen Halsbinden und Westen, ihren breiten, soliden Schuhen und dicken Gamaschen erkennen. – Sie hatten mehr oder weniger kahle Köpfe, von denen die Ohren infolge der komischen Gewohnheit, den Federhalter dort einzuklemmen, ein wenig abstanden. Ich bemerkte, daß sie ihre Hüte immer mit beiden Händen aufsetzten oder abnahmen und Uhren trugen, die an kurzen goldenen Ketten von plumper, altmodischer Form hingen. Sie hatten ein gekünstelt

ehrbares Auftreten – wenn Ehrbarkeit überhaupt gekünstelt sein kann.
Ferner gab es viele Personen von flottem Äußeren, die ich mühelos als zur Zunft der Taschendiebe gehörig erkannte; mit diesen sind ja alle großen Städte verseucht. Ich betrachtete sie sehr eingehend und konnte es kaum verstehen, wie sie von wirklichen Herren für ihresgleichen gehalten werden sollten. Ihre weiten Manschetten und ihr übertrieben freimütiges Gebaren verrieten sie auf der Stelle.
Die Spieler, deren ich nicht wenige herausfand, waren noch leichter zu erkennen. Sie trugen die unterschiedlichsten Anzüge, von dem des gewissenlosen Taschenspielers mit samtener Weste, buntem Tüchlein, vergoldeten Ketten und Filigranknöpfen bis zu dem des betont schmucklosen Geistlichen, der ja den wenigsten Verdacht erregen konnte. Überdies waren sie durch ihre gedunsenen, dunkelfarbigen Gesichter, ihre trüb verschleierten Augen und blassen zusammengepreßten Lippen gekennzeichnet. Es gab noch zwei weitere Merkmale, woran man sie immer erkennen konnte: ihre gedämpfte Stimme im Gespräch und ihr ungewöhnliches Talent, den Daumen im rechten Winkel von den übrigen Fingern abzuspreizen. – Sehr oft konnte ich in der Gesellschaft dieser Bauernfänger eine weitere Gruppe von Männern beobachten, die zwar etwas anders gekleidet, im übrigen aber Vögel vom gleichen Gefieder waren. Man konnte sie als Personen bezeichnen, die von ihrer Schläue lebten. Sie schienen sich in zwei getrennten Heerhaufen auf die Öffentlichkeit zu stürzen – nämlich als Dandys und als Militärs. Jene sind hauptsächlich durch ihre langen Locken und ihr Lächeln, diese durch ihre verschnürten Röcke und ihre finstere Miene gekennzeichnet.
Wenn ich auf der Stufenleiter der sogenannten Gesellschaft hinabstieg, so boten sich meiner Betrachtung noch dunklere und tiefere Dinge dar. Ich sah jüdische Hausierer, deren Habichtsaugen aus Gesichtern, die sonst nur kriecherische Demut

zeigten, funkelten; robuste, berufsmäßige Straßenbettler, welche ihre Genossen feineren Gepräges, die, nur von ihrer Verzweiflung getrieben, bei Nacht auf Almosen ausgingen, mit scheelen Blicken ansahen; gebrechliche, todbleiche Invaliden, deren letztes Stündlein nahe zu sein schien und die sich humpelnd und schlotternd durch die Menge wanden, allen flehentlich ins Gesicht blickend, als suchten sie einen möglichen Trost, eine verlorene Hoffnung darin; schüchterne junge Mädchen, die nach langer Arbeitszeit spät in ein freudloses Heim zurückkehrten und eher weinend als entrüstet vor den Blicken der Rüpel zurückschraken, deren unmittelbarer Berührung sie nicht einmal ausweichen konnten; Dirnen aller Arten und Jahrgänge: die unzweideutige Schönheit in der Blüte ihrer Weiblichkeit, an Lukians Statue gemahnend, die außen aus parischem Marmor, innen aber aus Unrat besteht; die widerlichste und hoffnungslos verlorene Leprakranke in Lumpen; die verrunzelte, geschminkte und mit Juwelen behängte alte Vettel mit einem letzten Versuch, sich jugendlich zu gebärden; das halbe Kind mit unentwickelten Formen, das jedoch durch lange Anpassung zur Meisterin jener verruchten Koketterie ihres Gewerbes geworden ist und vor Ehrgeiz glüht, mit den älteren Genossinnen im Laster zu wetteifern; zahllose unbeschreibliche Trunkenbolde: einige in Lumpen, torkelnd und lallend, mit zerschundenen Gesichtern und glanzlosem Blick; andere in nicht zerrissenen, aber beschmutzten Kleidern, mit leicht schwankendem Gang, dikken, sinnlichen Lippen und gutmütig dreinblickenden roten Gesichtern; wieder andere in Stoffe gekleidet, die einst gut gewesen und sogar peinlich sauber gebürstet waren; noch andere mit unnatürlich festem und federndem Schritt, deren Gesichter entsetzlich bleich und deren wild blickende Augen gerötet waren und die auf ihrem Weg durch die Menge mit zitternden Fingern nach allem griffen, was in ihren Bereich kam; Pastetenhändler; Gepäckträger; Kohlentrimmer; Straßenkehrer; Leierkastenmänner; Affenführer; Balladenkrämer, und zwar Text-

verkäufer und Sänger; abgerissene Handwerker und erschöpfte Arbeiter aller Art – ein lärmendes und wimmelndes Durcheinander, das das Ohr verletzte und dem Auge wehtat.
Je mehr die Nacht hereinbrach, um so tiefer wurde auch das Interesse, das ich an dem Straßenbild nahm; denn es änderte sich nicht allein das Wesen der Menge (ihre gefälligeren Züge verloren sich allmählich mit dem gesitteten Teil der Bevölkerung, während sich ihre gröberen Merkmale deutlicher hervorhoben, da die späte Stunde allen möglichen Abschaum aus seinen Höhlen hervorgelockt hatte), sondern jetzt hatten auch die Strahlen der Gaslaternen, die sich anfangs schwach gegen den sterbenden Tag gewehrt, schließlich den Sieg errungen und das Ganze in ihr grelles, glänzendes Licht getaucht. Alles war ein schimmerndes Dunkel geworden – wie jenes Ebenholz, mit dem man den Stil Tertullians verglichen hat.
Die phantastischen Lichtwirkungen verleiteten mich dazu, einzelne Gesichter zu studieren. Wenn mir auch die Schnelligkeit, mit der die beleuchtete Menge an dem Fenster vorüberflutete, nicht erlaubte, auf jedes Gesicht mehr als einen Blick zu werfen, so schien ich doch in meiner damaligen besonderen Gemütsstimmung selbst in der kurzen Dauer dieses einen Blickes die Geschichte langer Jahre ablesen zu können.
Die Stirn an die Scheibe gepreßt, lag ich dem Studium der Menge ob, als ein Gesicht in mein Blickfeld geriet (es gehörte einem verlebten alten Manne von etwa fünfundsechzig oder siebzig Jahren) – ein Gesicht, das wegen der absoluten Eigenart seines Ausdrucks sogleich meine ganze Aufmerksamkeit erregte. Nichts auch nur entfernt Ähnliches hatte ich je gesehen. Mein erster Gedanke war, wie ich mich erinnere, daß Retzsch, hätte er ihn gesehen, ihn seinen eigenen gemalten Verkörperungen des Teufels weit vorgezogen hätte. Als ich mich darum bemühte, das in dieser ersten kurzen Minute Erschaute zu zergliedern, formten sich krause und widerstreitende Gedanken in meinem Hirn; ich glaubte große Willenskraft, Vorsicht, Knausrigkeit,

Raffgier, Gefühlskälte, Heimtücke, Blutdurst, Triumph, Lustigkeit, maßlosen Schrecken und große, ja grenzenlose Verzweiflung zu erkennen. Ich war wunderlich erregt, entsetzt und bezaubert. »Welche schreckliche Geschichte«, sprach ich zu mir, »ist in dieser Brust geschrieben!« Dann übermannte mich der heftige Wunsch, diesen Mann im Auge zu behalten, mehr über ihn zu erfahren. Eilig warf ich mir den Mantel über, griff nach Hut und Stock und ging hinaus auf die Straße, wo ich mir in der Richtung, die ich ihn hatte nehmen sehen, einen Weg durch die Menge bahnte; denn er war bereits verschwunden. Mit einiger Mühe fand ich ihn schließlich wieder und folgte ihm dicht auf den Fersen, sorglich darauf bedacht, seine Aufmerksamkeit nicht auf mich zu lenken.

Jetzt bot sich mir eine günstige Gelegenheit, sein Äußeres genau zu betrachten. Er war klein, sehr hager und offenbar sehr gebrechlich. Seine Kleider waren zerlumpt und schmierig; wenn er jedoch mitunter in den hellen Schein einer Laterne geriet, konnte ich feststellen, daß seine Wäsche, wenn auch beschmutzt, von feinem Gewebe war. Wenn mich mein Auge nicht täuschte, entdeckte ich durch einen Riß seines zugeknöpften und sichtlich aus zweiter Hand stammenden Mantels einen Diamanten und einen Dolch. Diese Beobachtungen steigerten meine Neugier, und ich beschloß, dem Fremden zu folgen, wohin er sich auch wenden würde.

Die Nacht war jetzt völlig herabgesunken, und über der Stadt hing ein dicker, feuchter Nebel, der allmählich in einen kräftigen Dauerregen überging. Dieser Witterungswechsel hatte eine große Wirkung auf die Menge, die in neue, heftige Bewegung geriet und unter einem Gewimmel von Regenschirmen Zuflucht suchte. Das Wogen, Drängen und Summen schwoll um das Zehnfache an. Ich selbst kümmerte mich nicht sonderlich um den Regen – ein altes Fieber, das in meinen Gliedern lauerte, ließ mich die Nässe eher als etwas gefahrvoll Angenehmes empfinden. Ich band mir ein Taschentuch vor den Mund

und gab nicht nach. Eine halbe Stunde lang setzte der Greis unter Mühen seinen Weg auf der großen Verkehrsader fort. Hier mußte ich unmittelbar auf seinen Fersen bleiben, wenn ich ihn nicht aus den Augen verlieren wollte. Da er sich niemals umdrehte, konnte er mich nicht gewahren. Dann bog er in eine Nebenstraße ein, die, obschon reichlich belebt, keinen so großen Verkehr zeigte wie die Hauptstraße, die wir hinter uns gelassen hatten. Hier änderte sich sein Verhalten auffällig. Er ging langsamer und weniger zielbewußt als vorher, wie zögernd. Wiederholt überquerte er die Straße ohne sichtlichen Zweck, und das Gedränge war noch immer so dicht, daß ich unmittelbar hinter ihm bleiben mußte. Die Straße war lang und schmal, und fast eine ganze Stunde schritt er in ihr dahin. Die Passanten hatten sich allmählich ungefähr bis auf eine Zahl vermindert, wie man sie um die Mittagszeit auf dem Broadway unweit des Parks anzutreffen pflegt: so ungeheuer ist der Unterschied zwischen der Bevölkerungsziffer Londons und der der belebtesten amerikanischen Stadt. Ein nochmaliges Abbiegen führte uns auf einen hell erleuchteten und von Leben wimmelnden Platz. Wiederum änderte sich das Verhalten des alten Mannes. Sein Kinn sank auf die Brust herab, während seine Augen unter gerunzelter Stirn die Leute rundum, die seinen Schritt hemmten, anblitzten. Standhaft und unerschütterlich verfolgte er seinen Weg. Um so mehr war ich überrascht, als er nach der Überquerung des Platzes umkehrte und seine Schritte nochmals zurücklenkte. Und noch mehr befremdete es mich, daß er mehrere Male hintereinander den gleichen Weg zurücklegte, wobei er mich einmal, als er sich mit einer schroffen Wendung umdrehte, fast entdeckt hätte.

Mit dieser Betätigung brachte er eine weitere halbe Stunde zu, nach deren Ablauf wir weit weniger von Passanten aufgehalten wurden als zuvor. Der Regen fiel schnell, die Luft kühlte sich ab, und die Leute zogen sich in ihre Wohnungen zurück. Mit einer Gebärde der Ungeduld betrat der Wanderer eine verhält-

nismäßig einsame Nebenstraße. Diese eilte er ungefähr eine Viertelmeile weit mit einer Geschwindigkeit hinunter, die ich bei einem so alten Manne nicht einmal im Traum für möglich gehalten hätte, und es kostete mich Anstrengung, ihm zu folgen. Einige Minuten später erreichten wir einen großen, belebten Basar, mit dessen Örtlichkeiten der Fremde wohl vertraut zu sein schien und wo er wiederum, indem er sich ohne ein besonderes Ziel seinen Weg durch den Schwarm der Käufer und Verkäufer bahnte, sein früheres Gebaren zeigte.
Während der ungefähr anderthalb Stunden, die wir an diesem Platz verbrachten, mußte ich, um in seiner Nähe zu bleiben, viel Vorsicht walten lassen, wenn ich nicht seine Aufmerksamkeit erregen wollte; glücklicherweise trug ich Gummiüberschuhe und konnte mich völlig geräuschlos bewegen. Nicht ein einziges Mal bemerkte er, daß ich ihn beobachtete. Er trat in verschiedene Läden ein, fragte nirgends nach einem Preise, sprach überhaupt kein Wort und starrte nur wild und ausdruckslos alle Gegenstände an. Ich war nunmehr über sein Betragen äußerst erstaunt und mehr denn je entschlossen, mich nicht von ihm zu trennen, bevor ich nicht einige Klarheit über ihn gewonnen hätte.
Als eine Uhr laut die elfte Stunde schlug, verließen die Leute in Eile den Basar. Ein Ladenbesitzer, der sein Gitter vorlegte, stieß den Alten an, und im gleichen Augenblick sah ich, daß er von Kopf bis Fuß erschauerte. Er lief auf die Straße zurück, spähte einen Augenblick ängstlich umher und durcheilte sodann mit unglaublicher Behendigkeit viele winklige und menschenleere Gassen, bis wir wiederum auf die große Verkehrsader hinaustraten, von der wir ausgegangen waren – die Straße des Hotels D. Sie bot jetzt nicht mehr den gleichen Anblick wie vorher. Sie war zwar noch immer von den Gaslaternen hell beschienen; aber der Regen fiel heftig herab, und nur wenige Menschen ließen sich sehen. Der Fremde erbleichte. Mit finsterem Gesicht ging er die vormals so belebte Straße ein paar Schritte

hinauf, bog dann seufzend in der Richtung des Flusses ab, tauchte in einem Labyrinth von Gäßchen unter und kam bei einem der großen Theater wieder zum Vorschein. Die Vorstellung war gerade zu Ende, und das Publikum drängte durch die Pforten ins Freie. Der Alte schien förmlich aufzuatmen, während er sich in die Menge stürzte; mir schien, als habe sich seine gequälte Miene in gewissem Grade aufgeheitert. Wieder sank sein Kopf auf die Brust herab; er war ganz so, wie ich ihn zuerst gesehen hatte. Ich bemerkte, daß er die Richtung einschlug, die die Mehrzahl der Theaterbesucher nahm; aber alles in allem bemühte ich mich vergebens, seine unberechenbare Handlungsweise zu verstehen.

Je weiter er dahinschritt, um so mehr schmolz der Trupp zusammen, und sein früheres Unbehagen und schwankendes Verhalten traten wieder hervor. Eine Zeitlang blieb er einer Gruppe von zehn oder zwölf Zechbrüdern dicht auf den Fersen; aber von diesen verlor sich einer um den anderen, bis nur noch drei in einer engen und düsteren Gasse, die wenig belebt war, zusammenblieben. Der Fremde hielt inne und schien für einen Augenblick in Gedanken verloren. Sodann folgte er mit allen Anzeichen der Erregung eilig einem Wege, der uns an die Peripherie der Stadt führte – in Gegenden, die von denen, welche wir durchschritten hatten, sehr verschieden waren. Es war das geräuschvollste Viertel Londons, wo alles den üblen Anschein bedauerlichster Armut, verzweifeltsten Verbrechens zeigte. Im schütteren Licht einer der spärlichen Lampen neigten sich hohe, alte und von Gewürm zerfressene Holzbauten ihrem Verfall entgegen; sie waren so wunderlich kreuz und quer gestellt, daß man kaum einen Durchgang erkennen konnte. Die Pflastersteine, von geil wuchernden Gräsern aus ihren Betten gehoben, lagen aufs Geratewohl umher. Fürchterlicher Schmutz gor in den Rinnsteinen. Die Luft war von Trostlosigkeit geschwängert. Während wir jedoch weitergingen, lebten menschliche Laute wieder auf, und zuletzt konnten wir ganze

Scharen der verkommensten Bevölkerung Londons einhertaumeln sehen. Die Lebensgeister des Alten flackerten wie eine Lampe kurz vor dem Erlöschen noch einmal empor. Noch einmal wurde sein Schritt federnd. Als wir um eine Ecke bogen, drang uns plötzlich eine wahre Lichtflut in die Augen: wir befanden uns vor einem der gigantischen Vorstadttempel der Trunksucht – einem der Paläste des Dämons Alkohol.
Es war kurz vor Anbruch des Tages; aber ein Haufe wüster Zechgesellen drängte noch durch den protzigen Eingang hinein und heraus. Mit einem leisen Freudenschrei bahnte sich der Alte einen Weg ins Innere, zeigte sogleich wieder sein früheres Gehaben und schritt ohne sichtliches Ziel durch das Gewühl hin und her. Jedoch nicht lange; denn ein Drängen nach den Türen ließ erkennen, daß der Wirt für die Nacht schließen wollte. Es war mehr als Verzweiflung, was ich jetzt im Gesicht des merkwürdigen Wesens, das ich so ausdauernd studiert hatte, beobachten konnte. Aber er schwankte nicht auf seinem Wege, sondern lenkte seine Schritte sogleich mit wilder Entschlossenheit in das Herz des mächtigen London zurück. Lange floh er so in Eile dahin, während ich ihm in fassungslosem Erstaunen folgte – gewillt, eine Nachforschung, von der ich nunmehr geradezu besessen war, um keinen Preis einzustellen. Währenddessen ging die Sonne auf; und als wir wieder jenen belebtesten Platz der volkreichen Stadt, die Straße des Hotels D., erreicht hatten, bot diese ein Bild menschlicher Betriebsamkeit dar, das kaum hinter dem des Abends zurückstand. Und hier – lange Zeit – inmitten des von Augenblick zu Augenblick anwachsenden Tumults setzte ich die Verfolgung des Fremden beharrlich fort. Er aber ging wie gewohnt auf und nieder und verließ den ganzen Tag über den Wirrwarr dieser Straße nicht. Und als die Schatten des zweiten Abends herabsanken und ich zu Tode ermattet war, trat ich plötzlich vor den Wanderer hin und blickte ihm starr ins Antlitz. Er achtete meiner nicht, sondern setzte seinen feierlichen Gang fort, während ich, der Verfolgung ein

Ende machend, in Gedanken versunken stehenblieb. »In diesem alten Manne«, sprach ich endlich, »sind das Urbild und der Geist des tiefsten Verbrechens verkörpert. Er weigert sich, allein zu sein. *Er ist der Mann der Menge.* Es wird vergeblich sein, ihm zu folgen; denn ich werde über ihn und seine Taten nichts mehr erfahren. Das böseste Herz der Welt ist ein dickeres Buch als der ›Hortulus animae‹, und vielleicht ist es eine der großen Gnaden Gottes, daß ›es sich nicht lesen läßt‹.«

Der Doppelmord in der Rue Morgue

Welches Lied die Sirenen sangen oder wie Achill sich nannte,
als er sich unter den Weibern verbarg, sind zwar
knifflige Fragen, aber sie sind nicht jeder Mutmaßung unzugänglich.
Sir Thomas Browne

Jene geistigen Fähigkeiten, die man als die analytischen bezeichnet, sind ihrer Art nach der Analyse kaum zugänglich. Wir können sie nur nach ihren Wirkungen abschätzen. Unter anderem wissen wir von ihnen, daß sie für den, der sie in ungewöhnlich hohem Maße besitzt, einen Quell reinsten Entzückens bilden. Wie sich der Starke seiner physischen Kräfte erfreut und mit Vorliebe Übungen ausführt, die seine Muskeln in Tätigkeit setzen, so frohlockt der Analytiker bei der Betätigung jener geistigen Kräfte, deren Ziel es ist, Geheimnisse zu entschleiern. Selbst die trivialsten Beschäftigungen verschaffen ihm einen Genuß, wenn dabei sein Talent erprobt wird. Vor allem schätzt er Rätsel, Scherzfragen und Geheimschriften, bei deren Lösung er jeweils einen Grad von Scharfsinn zeigt, der dem gewöhnlichen Verstand geradezu übernatürlich erscheint. Seine auf Grund einer exakten Methode erreichten Ergebnisse muten daher wie Eingebungen an.

Die Befähigung zum Lösen von Rätseln wird möglicherweise durch das Studium der Mathematik gefördert – besonders aber durch den höchsten Zweig dieser Wissenschaft, der mit rückwirkenden Schlüssen arbeitet und daher ungerechtfertigterweise als Analyse an sich bezeichnet wird. Bloßes Berechnen ist aber noch kein Analysieren. Ein Schachspieler tut zum Beispiel das eine, ohne sich sonderlich um das andere zu kümmern. Daraus folgt, daß das Schachspiel in seiner Einwirkung auf das Denkvermögen gründlich mißverstanden wird.

Ich will hier keine Abhandlung schreiben, sondern nur eine

recht merkwürdige Erzählung mit einigen aufs Geratewohl angestellten Beobachtungen einleiten. Ich nehme daher die Gelegenheit wahr und behaupte, daß die höchsten Kräfte des denkenden Verstandes beim einfachen Damespiel viel entscheidender und nutzbringender zur Anwendung kommen als beim ausgetüftelten Schachspiel. Da bei diesem Spiel die Figuren vielerlei eigentümliche Bewegungen von verschiedenem und veränderlichem Wert ausführen, wird das, was nur kompliziert ist – ein recht häufiger Irrtum –, mit Tiefe verwechselt. An die Aufmerksamkeit werden hier gewaltige Anforderungen gestellt. Wenn sie auch nur für einen Augenblick nachläßt, so wird etwas übersehen, woraus sich ein Nachteil oder sogar der Verlust des Spiels ergibt. Da die möglichen Züge nicht nur vielartig, sondern auch ineinander verwickelt sind, entstehen solche Versehen öfters: In neun von zehn Fällen ist es daher der Spieler mit der größeren Konzentrationsfähigkeit, der über den scharfsinnigeren Gegner triumphiert. Dagegen ist beim Damespiel, dessen Züge einfach sind und nur wenig wechseln, die Gelegenheit, etwas zu übersehen, eingeschränkt. Dadurch, daß die Aufmerksamkeit also sozusagen unbeschäftigt bleibt, wird hier der mit dem größeren Scharfsinn begabte Spieler die Vorteile einheimsen. Um weniger abstrakt zu sein: Denken wir uns eine Partie dieses Spieles, bei der die Steine auf vier Damen zusammengeschmolzen sind, ein Nachlassen der Aufmerksamkeit also nicht angenommen werden kann. Natürlich kann der Sieg bei sonst gleichwertigen Spielern nur durch einen besonders ausgesuchten Zug entschieden werden, der dem stärkeren Denkvermögen zuzuschreiben ist. Der üblichen Hilfsmittel beraubt, versetzt sich der Analytiker in den Geist seines Gegners, identifiziert sich mit ihm und erkennt so nicht selten die einzigen und wirklich oft lächerlich einfachen Mittel, mit denen er den anderen zu Fehlern oder falschen Berechnungen verleiten kann.

Man hat schon längst beobachtet, daß das Whistspiel die berechnenden Kräfte des Verstandes günstig zu beeinflussen vermag. Man kennt Menschen von überragender Begabung, denen dieses Spiel ein schier unaussprechliches Vergnügen bereitete, während sie das Schachspiel als wertlos verwarfen. Ohne Zweifel gibt es nichts, was die analytische Fähigkeit in ähnlich hohem Grade betätigt. Der beste Schachspieler der Christenheit wird nichts weiter sein als eben der beste Schachspieler; im Whist tüchtig sein, heißt jedoch, Erfolg in allen wichtigen Unternehmungen haben, wo der Geist mit dem Geiste ringt. Unter Tüchtigkeit verstehe ich hier die vollkommene Beherrschung des Spiels, die sich sämtlicher Hilfsmittel, aus denen sich erlaubte Vorteile ziehen lassen, zu bedienen weiß. Diese Hilfsmittel sind zahlreich und vielfältig; sie ruhen nicht selten in Bewußtseinstiefen, die für den gewöhnlichen Verstand völlig unzugänglich sind. Wer aufmerksam zu beobachten versteht, wird auch über ein gutes Erinnerungsvermögen verfügen. So weit mag der konzentrationsfähige Schachspieler auch im Whist seinen Mann stehen, da die Spielregeln von Hoyle, die auf dem rein Mechanischen des Spiels beruhen, völlig ausreichen und allgemein verständlich sind. Besitzt also jemand ein gutes Gedächtnis und spielt er im übrigen »nach dem Buche«, so vereinigt er in sich schon alles, was nach der üblichen Auffassung einen guten Spieler ausmacht. Aber die Geschicklichkeit des Analytikers zeigt sich erst in Dingen, die außerhalb des Bereiches der Regeln liegen. Er stellt schweigend eine Unmenge Beobachtungen an und zieht daraus seine Schlüsse. Vielleicht tun das auch seine Mitspieler; zur Erlangung möglichst weitgehender Erkenntnisse kommt es jedoch weniger auf die Fähigkeit an, Schlüsse zu ziehen, als auf den Wert der Beobachtungen. Vor allem muß man wissen, was man zu beobachten hat. Unser Spieler legt sich keinerlei Beschränkung auf. Obwohl es sich nur um das Spiel handelt, darf er ferner nichts außer acht lassen, was sich außerhalb desselben begibt. Er prüft den Gesichtsausdruck seines Partners und vergleicht ihn genau mit dem sämtlicher Gegenspieler. Er beobachtet, wie jeder Spieler die Karten in seiner Hand ordnet, und liest an seinem Blick ab, wie er Trumpf an Trumpf und eine hohe Karte neben die andere steckt. Beim fortschreitenden Spiel vermerkt er jede Veränderung im Gesichtsausdruck eines Spielers, und eine Fülle von Erkenntnissen fließt ihm zu, indem er aus dem wechselnden Mienenspiel Sicherheit oder Erschrecken, Siegesbewußtsein oder Enttäuschung abliest. Aus der Art, wie ein Stich aufgenommen wird, ersieht er, ob der entsprechende Spieler Aussicht auf einen weiteren Stich in der gleichen Farbe hat. Das Ausspielen einer Finte errät er aus dem Blick, mit dem sie auf den Tisch geworfen wird. Ein zufälliges oder unbedachtes Wort, das versehentliche Fallenlassen oder Umwenden einer Karte mit dem Ausdruck der Scheu oder Unbekümmertheit, die ihr Verbergen begleitet, das Zählen der Stiche und ihre Anordnung, Verlegenheit, Unschlüssigkeit, Spieleifer und Beklommenheit – alles dies liefert seinem scheinbar intuitiven Verstehen Anzeichen vom wahren Stande der Dinge. Wenn die ersten zwei oder drei Runden gespielt sind, weiß unser Mann mit vollkommener Sicherheit, was für Karten jede Hand enthält, und fortan spielt er die seinen mit solcher Bestimmtheit aus, als hätte die ganze übrige Gesellschaft die ihrigen mit der Bildseite nach oben auf den Tisch gelegt.

Die Fähigkeit zum analytischen Denken darf nicht mit gewöhnlicher Klugheit verwechselt werden. Denn während der Analytiker notwendig klug ist, verrät der Kluge oft ein bemerkenswertes Unvermögen für die Analyse. Die folgernde und berechnende Kraft, durch die sich die Klugheit zu offenbaren pflegt und für die die Phrenologen – irrigerweise, wie ich vermute – ein besonderes Organ bestimmt haben, da sie sie für eine ursprüngliche Fähigkeit hielten, ist so oft bei Personen beobachtet worden, deren Verstand an Blödheit grenzt, daß die allgemeine Aufmerksamkeit der Schriftsteller darauf hingelenkt wurde. Zwischen der Klugheit und dem Talent zur Analyse besteht in der Tat – bei übrigens durchaus analogem Charakter – ein größerer Unterschied als zwischen der Phantasie und der Einbildungskraft. Man wird nämlich bemerken, daß die Klugen stets Phantasie, die mit Einbildungskraft Begabten durchweg das Talent zur Analyse besitzen.

Die hier folgende Erzählung wird dem Leser gewissermaßen als Erläuterung dieser eben aufgestellten Behauptungen erscheinen.

Als ich das Frühjahr und einen Teil des Sommers 18.. in Paris verbrachte, wurde ich mit einem gewissen Monsieur C. Auguste Dupin bekannt. Dieser junge Herr entstammte einer ausgezeichneten, ja glänzenden Familie, war aber durch eine Reihe von Mißgeschicken so vollends verarmt, daß die Energie seines Charakters erlag und er darauf verzichtete, sich in der Welt umzusehen oder etwas zur Wiedergewinnung seines Vermögens zu unternehmen. Seine Gläubiger waren anständig genug, ihm einen kleinen Rest seiner ererbten Güter zu belassen. Die Zinsen daraus ermöglichten es ihm auf Grund strikter Sparsamkeit, sich das zum Leben Notwendige zu beschaffen, ohne seinen Annehmlichkeiten nachzutrauern. Tatsächlich waren die Bücher sein einziger Luxus; doch sind diese in Paris leicht zu bekommen.

Wir begegneten uns zum ersten Male in einem kleinen Buchladen in der Rue Montmartre, wo uns der Zufall, daß wir beide nach einem äußerst seltenen und merkwürdigen Buche suchten, näher zusammenführte. Wir sahen uns immer wieder. Ich nahm tiefen Anteil an seiner Familiengeschichte, die er mir mit aller Offenheit, der sich der Franzose überläßt, wenn es sich um sein eigenes Ich handelt, weitschweifig darlegte. Außerdem setzte mich seine ungeheure Belesenheit in Erstaunen. Vor allem fühlte ich mich aber durch die wilde Glut und Lebhaftigkeit seiner Phantasie angesprochen. Ich empfand, daß mir bei dem, was ich in Paris suchte, seine Gesellschaft von außerordentlichem Wert sein könnte, und gestand ihm dies ehrlich ein. So wurde schließlich ausgemacht, daß wir während meines Aufenthaltes in der Stadt eine gemeinsame Wohnung nehmen würden. Da meine wirtschaftlichen Verhältnisse nicht ganz so verworren waren wie die seinen, konnte ich für Miete und Einrichtung eines wunderlichen alten Hauses aufkommen, das unseren phantastisch-düsteren Stimmungen entsprach. Eines Aberglaubens halber, um den wir uns nicht kümmerten, hatte es lange unbewohnt gestanden und ging in einer abgelegenen und einsamen Gegend des Faubourg St. Germain seinem endgültigen Verfall entgegen.

Wenn der Welt unsere dortige Lebensweise bekannt geworden wäre, hätte man uns für Verrückte – allerdings für harmlos Verrückte – gehalten. Unsere Abgeschlossenheit war vollkommen. Wir empfingen keine Besucher. Ich hatte die Lage unserer Einsiedelei vor meinen Bekannten sorgfältig geheimgehalten, und Dupin hatte schon seit vielen Jahren jeden Verkehr in Paris aufgegeben. So lebten wir ganz für uns allein.

Eine besondere Schrulle meines Freundes – anders kann ich es wirklich nicht nennen – bestand darin, daß er die Nacht um ihrer selbst willen liebte. Dieser wie allen seinen übrigen Absonderlichkeiten fügte ich mich ohne Widerstreben. Überhaupt ließ ich mich von seinen tollen Launen willenlos treiben. Die dunkle Gottheit wollte natürlich nicht immer bei uns sein; aber wir konnten uns ihre Gegenwart vortäuschen. Sobald der Morgen dämmerte, schlossen wir die schweren Fensterläden unseres alten Hauses und zündeten ein paar Kerzen an, die, mit starken Duftstoffen versehen, nur noch schwache und geisterhafte Strahlen auszusenden vermochten. Mit ihrer Hilfe ließen wir uns in unsere Traumwelt entrücken – lasen, schrieben oder plauderten miteinander, bis uns die Uhr anzeigte, daß die Stunde der wirklichen Dunkelheit gekommen war. Dann gingen wir Arm in Arm auf die Straße hinaus, die Gespräche des Tages fortzusetzen, und streiften bis zu später Stunde umher, indem wir inmitten der wilden Lichter und Schatten der volk-

reichen Stadt die ins Blaue schweifende geistige Verzückung suchten, die nur stille Betrachtung gewähren kann.
Zu diesen Zeiten mußte ich bei Dupin eine eigentümliche analytische Fähigkeit erkennen, die mich zur Bewunderung hinriß; allerdings hätte ich mich bei seinem hohen Geistesflug schon auf dergleichen gefaßt machen müssen. Es schien ihm einen lebhaften Genuß zu bereiten, sie auszuüben, und er scheute sich auch nicht, das ihm daraus erwachsende Wohlbehagen einzugestehen. Mit leisem Kichern rühmte er sich mir gegenüber, daß die meisten Menschen für ihn Fenster in der Brust trügen, und er bewies solche Behauptungen, indem er eine genaue und erschreckende Kenntnis meiner Person bekundete. In solchen Augenblicken benahm er sich kalt und abweisend; sein Blick war ausdruckslos. Seine Stimme aber, für gewöhnlich ein wohlklingender Tenor, stieg zum Diskant hinauf, der, von seiner bewußten und deutlichen Aussprache abgesehen, als Zeichen von Gereiztheit hätte gelten können. Wenn ich ihn in diesen Stimmungen beobachtete, mußte ich an den alten Glauben von der Doppelseele denken und empfand ein besonderes Vergnügen dabei, mir einen doppelten – einen schaffenden und einen zergliedernden, auflösenden – Dupin vorzustellen.
Man möge hieraus aber ja nicht schließen, daß ich eine mystische oder phantastische Geschichte schreiben wolle. Was ich hier über den Franzosen gesagt habe, war nichts als der Ausfluß eines erregbaren, vielleicht auch krankhaften Geistes. Vom Wesen seiner Beobachtungen in solchen Zeiten kann ich am besten einen Eindruck vermitteln, wenn ich ein Beispiel davon gebe.
Eines Nachts schlenderten wir eine lange, schmutzige Straße in der Gegend des Palais Royal entlang. Wir waren beide in Gedanken vertieft, so daß wir seit mindestens einer Viertelstunde keine Silbe miteinander gesprochen hatten. Plötzlich ließ Dupin diese Worte vernehmen:
»Schließlich ist er nur ein kleiner Kerl und würde sich bestimmt besser für das ›Théâtre des Variétés‹ eignen!«

»Zweifellos«, antwortete ich unwillkürlich und bemerkte – so tief war ich in Sinnen verloren – zuerst nicht, auf welche ungewöhnliche Weise sich der Sprecher in meine Gedanken eingeschaltet hatte. Einen Augenblick später fiel es mir auf, und nun war mein Erstaunen groß.

»Dupin«, sagte ich ernst, »das geht über meinen Verstand. Ich gebe ohne weiteres zu, daß ich erstaunt bin und meinen Sinnen kaum trauen kann. Wie konnten Sie nur wissen, daß ich an ihn dachte, an –« Hier hielt ich absichtlich inne, um mich zu vergewissern, daß er meine Gedanken richtig erraten hatte.

»An Chantilly«, sagte er. »Warum halten Sie inne? Sie sagten sich doch, daß ihn seine ausnehmend kleine Gestalt zur Tragödie untauglich mache.«

Genau dies war der Gegenstand meiner Betrachtungen gewesen. Chantilly, vormals ein Schuster der Rue St. Denis, hatte sich, vom Bühnenwahnsinn ergriffen, in der Rolle des Xerxes in Crébillons Tragödie versucht und war für seine Bemühungen jämmerlich ausgepfiffen worden.

»Sagen Sie mir in Gottes Namen«, rief ich aus, »was für eine Methode ist es – wenn es eine solche gibt –, die es Ihnen erlaubt, in meine Seele einzudringen?« In Wirklichkeit war ich noch viel verblüffter, als ich zeigen wollte.

»Der Obsthändler«, erwiderte mein Freund, »veranlaßte Sie zu dem Schluß, daß die Größe des Sohlenflickers für den Xerxes et id genus omne nicht ausreiche.«

»Der Obsthändler! Sie setzen mich in Erstaunen! Ich kenne keinen Obsthändler!«

»Der Mann, der Sie anstieß, als wir vor etwa einer Viertelstunde in diese Straße einbogen.«

Jetzt entsann ich mich, daß mich wirklich ein Obsthändler, der einen großen Korb Äpfel auf dem Kopfe trug, fast umgeworfen hätte, als wir von der C...straße in die Hauptstraße, in der wir uns befanden, einbogen. Was das aber mit Chantilly zu tun haben sollte, war mir ganz unbegreiflich.

Scharlatanerie war meinem Freunde Dupin völlig fremd. »Ich will es Ihnen erklären«, sagte er. »Damit Sie aber alles genau verstehen, wollen wir den Verlauf Ihrer Überlegungen von dem Augenblick, als ich Sie ansprach, bis zu der Begegnung mit dem Obsthändler zurückverfolgen. Die hauptsächlichsten Glieder der Kette sind: Chantilly, Orion, Dr. Nichols, Epikur, Stereotomie, die Pflastersteine, der Obsthändler.«

Es gibt nur wenige Menschen, die sich nicht irgendwann einmal damit unterhalten hätten, die Schritte zurückzuverfolgen, durch die ihr Verstand zu bestimmten Schlüssen gelangt war. Diese Beschäftigung ist überaus anregend; wer sich zum erstenmal damit abgibt, ist verblüfft, wie unendlich fern und zusammenhanglos der Ausgangspunkt und das Ziel erscheinen. Wie groß muß aber erst mein Erstaunen gewesen sein, als ich den Franzosen so sprechen hörte und zugeben mußte, daß sich wirklich alles so verhielt. Er fuhr fort:

»Wir hatten, wenn ich mich recht erinnere, gerade in dem Augenblick, als wir die C...straße verließen, von Pferden gesprochen. Dies war unser letzter Gesprächsgegenstand. Als wir in diese Straße einbogen, rannte ein Obsthändler mit einem großen Korb auf dem Kopfe an uns vorbei und drängte Sie auf einen Haufen Pflastersteine, die dort an einer Stelle, wo der Bürgersteig ausgebessert werden sollte, aufgeschichtet lagen. Sie traten auf eins der losen Bruchstücke, glitten aus, verrenkten sich leicht den Fuß, schienen ärgerlich oder verdrossen zu sein, brummten ein paar Worte vor sich hin, drehten sich noch einmal nach dem Steinhaufen um und gingen schweigend weiter. Ich achtete nicht sonderlich auf Ihre Handlungen – doch ist mir das Beobachten neuerdings zur Notwendigkeit geworden.

Sie hielten den Blick auf den Boden gesenkt, indem Sie verärgert auf die Löcher und Risse im Pflaster sahen – ich entnahm daraus, daß Sie noch immer an die Steine dachten –, bis wir die kleine Lamartinegasse erreichten, die versuchsweise mit über-

einandergreifenden, festgefügten Blöcken gepflastert ist. Hier hellte sich Ihr Gesicht auf, und als Sie die Lippen bewegten, zweifelte ich nicht daran, daß Sie das Wort ›Stereotomie‹ murmelten, eine etwas schmeichelhafte Bezeichnung für diese Art der Pflasterung. Ich wußte, daß Sie das Wort ›Stereotomie‹ nicht aussprechen konnten, ohne an die Atome und somit an die Lehre Epikurs zu denken. Da ich nun, als wir uns neulich über diesen Gegenstand unterhielten, darauf hinwies, wie eigentümlich und wie wenig beachtet die vagen Vermutungen des edlen Griechen durch die neue Nebular-Kosmogonie bestätigt wurden, dachte ich mir, daß Sie die Augen jetzt unweigerlich zum großen Nebel des Orion erheben würden, und wartete geradezu darauf. Sie blickten zum Himmel hinauf; jetzt war ich davon überzeugt, daß ich Ihren Schritten richtig gefolgt war.
In der beißenden Kritik über Chantilly, die gestern im ›Musée‹ erschien, zitierte der Spötter, indem er sich eine unselige Anspielung auf die Namensänderung des Schusters beim Anlegen des Kothurns erlaubte, eine lateinische Zeile, über die wir öfter gesprochen haben. Sie lautet:

›Perdidit antiquum litera prima sonum.‹

Ich hatte Ihnen erzählt, daß sich die Stelle auf Orion, den man früher Urion schrieb, beziehe. Auf Grund einiger Scherze, die im Zusammenhang mit dieser Erklärung gemacht wurden, konnte ich annehmen, daß Sie es nicht vergessen hätten. Mir war daher völlig klar, daß Sie die beiden Ideen Orion und Chantilly unfehlbar miteinander verbinden würden. Daß Sie es wirklich taten, erkannte ich an dem Lächeln, das Ihre Lippen umspielte. Sie dachten daran, wie die Kritik den armen Schuhflikker verrissen hatte. Bis dahin waren Sie gebeugt gegangen; jetzt aber richteten Sie sich zu voller Größe auf. Ich war demnach sicher, daß Sie über die kleine Gestalt Chantillys nachdachten. An dieser Stelle unterbrach ich Ihre Überlegungen, indem ich

bemerkte, daß Chantilly in der Tat ein kleiner Kerl sei und besser daran täte, zum ›Théâtre des Variétés‹ zu gehen.« –
Wenig später bekamen wir eine Abendausgabe der »Gazette des Tribunaux« zu sehen, in der folgender Artikel unsere Aufmerksamkeit auf sich lenkte:
AUFSEHENERREGENDER DOPPELMORD. – Heute morgen gegen drei Uhr wurden die Einwohner des Quartiers St. Roch durch furchtbare Schreie aus dem Schlaf geschreckt. Diese drangen anscheinend aus dem vierten Stock eines Hauses der Rue Morgue, das, wie in der Gegend bekannt ist, einzig und allein von einer Madame L'Espanaye und ihrer Tochter, Mademoiselle Camille L'Espanaye, bewohnt wurde. Nach einer Verzögerung, die auf den vergeblichen Versuch, auf normalem Wege Einlaß zu erlangen, zurückzuführen war, erbrach man die Haustür mit einem Brecheisen, woraufhin acht oder zehn Nachbarn in Begleitung zweier Gendarmen eindrangen. Um diese Zeit hatte das Geschrei bereits aufgehört. Als die Leute jedoch zum ersten Treppenabsatz hinaufstürmten, ließen sich zwei oder mehr Stimmen in zornigem Wortwechsel unterscheiden, die aus dem oberen Teile des Hauses zu kommen schienen. Als man den zweiten Absatz erreicht hatte, verstummten auch diese Laute, und nun blieb alles völlig still. Die Gruppe verteilte sich und eilte von Raum zu Raum. In einem großen Hinterzimmer des vierten Stockwerks, dessen verschlossene Tür aufgebrochen werden mußte, bot sich ein Anblick, der die Anwesenden mit Verwunderung und Entsetzen erfüllte.
Der Raum befand sich in der wüstesten Unordnung; das Mobiliar war demoliert und in allen Richtungen umhergeworfen. Aus einer Bettstelle waren die Betten herausgenommen und in der Mitte des Zimmers auf den Fußboden geschleudert worden. Auf einem Stuhl lag ein mit Blut beschmiertes Rasiermesser. Auf dem Kamin wurden zwei oder drei lange, dicke Flechten grauer Menschenhaare, ebenso mit Blut befleckt und anscheinend samt den Wurzeln herausgerissen, aufgefunden. Über den

Fußboden verstreut lagen vier Goldstücke, ein Topasohrring, drei große Silberlöffel, drei kleinere Alpakalöffel und zwei Beutel, die fast viertausend Franken in Gold enthielten. Die Schubfächer des Schreibtisches, der in einer Ecke stand, waren herausgezogen und anscheinend durchwühlt, obwohl noch viele Gegenstände darin zurückgeblieben waren. Unter dem Bett – nicht unter der Bettstelle – wurde eine kleine eiserne Kassette entdeckt. Sie war offen, der Schlüssel stak noch im Schlosse. In der Kassette befanden sich nur einige alte Briefe und belanglose Papiere.

Von Madame L'Espanaye fehlte jede Spur; als man jedoch im Kamin eine ungewöhnliche Menge Ruß entdeckte, forschte man im Schornstein nach und zog – man kann es nur mit Grausen berichten – die Leiche der Tochter hervor, die kopfabwärts ein erhebliches Stück durch die enge Öffnung hinaufgeschoben worden war. Der Körper war noch warm. Bei der Untersuchung ließen sich viele Hautabschürfungen feststellen, die ohne Zweifel von der Gewalt, mit der die Leiche hineingestoßen und herausgezogen worden war, herrührten. Das Gesicht zeigte zahlreiche tiefe Kratzwunden; der Hals wies dunkle Quetschungen und tiefe Spuren von Fingernägeln auf, als sei die Tote erdrosselt worden.

Nach gründlicher Durchsuchung aller Teile des Hauses ohne weitere Entdeckungen begab sich die Gruppe in einen kleinen gepflasterten Hof hinter dem Gebäude, wo der Leichnam der alten Dame lag. Ihre Kehle war derart durchschnitten, daß bei dem Versuch, sie aufzuheben, der Kopf abfiel. Kopf und Rumpf waren grauenhaft verstümmelt, der Rumpf in einer Weise, daß er kaum noch menschlich aussah. Wie wir annehmen, fehlt bis jetzt jeder Anhaltspunkt für die Aufklärung dieses grausigen Geheimnisses. –

Die Ausgabe des nächsten Tages brachte zusätzliche Einzelheiten.

DIE TRAGÖDIE IN DER RUE MORGUE. – Im Zusammenhang mit

dieser außergewöhnlichen und entsetzlichen Affäre (das Wort »Affäre« ist in Frankreich noch nicht so abgegriffen wie bei uns) wurden viele Leute verhört, ohne daß bis jetzt ein Licht in das Dunkel gefallen wäre. Wir lassen das gesamte Zeugenmaterial im Wortlauf folgen.

Pauline Dubourg, Wäscherin, sagt aus, daß sie die beiden Verstorbenen seit drei Jahren gekannt habe, da sie während dieser Zeit ihre Wäsche besorgte. Die alte Dame und ihre Tochter schienen sich gut zu verstehen, waren sehr zärtlich zueinander. Sie waren pünktliche Zahler. Zeugin konnte nichts darüber aussagen, wie und wovon sie lebten. Glaubt, daß sich Madame L'Espanaye ihren Lebensunterhalt durch Wahrsagerei verdient habe. Sie stand im Rufe, Geld auf die Seite gelegt zu haben. Zeugin traf nie andere Personen im Hause, wenn sie Kleidungsstücke abholte oder zurückbrachte. War überzeugt, daß keine Dienstboten beschäftigt wurden. Außer im vierten Stock schien es im ganzen Hause kein Mobiliar zu geben.

Pierre Moreau, Tabakhändler, sagt aus, daß er seit vier Jahren gelegentlich kleine Mengen Rauch- und Schnupftabak an Madame L'Espanaye verkauft habe. Wurde im Viertel geboren und hat immer dort gewohnt. Die Verstorbene und ihre Tochter bewohnten das Haus, in dem ihre Leichen gefunden wurden, seit sechs Jahren. Vorher lebte ein Juwelier dort, der die oberen Räume an verschiedene Personen weitervermietete. Das Haus war Eigentum der Madame L'Espanaye. Sie war unzufrieden über den Mißbrauch, den ihr Mieter mit dem Grundstück trieb, und zog selbst dort ein, weigerte sich jedoch, einen Teil des Hauses zu vermieten. Die alte Dame war kindisch. Zeuge hat in den sechs Jahren die Tochter einige fünf- oder sechsmal gesehen. Die beiden Frauen führten ein ausgesprochen zurückgezogenes Leben und standen in dem Rufe, Geld zu haben. Zeuge hatte von Nachbarn sagen hören, daß Madame L'Espanaye wahrsage, glaubte es aber nicht. Hatte nie jemand durch die Tür gehen sehen bis auf die alte Dame und ihre Tochter, ein-

oder zweimal einen Dienstmann und acht- oder zehnmal einen Arzt.
Viele andere Personen, sämtlich Nachbarn, sagten das gleiche aus. Von einem regelmäßigen Verkehr im Hause konnte keine Rede sein. Es war nicht bekannt, ob Madame L'Espanaye und ihre Tochter verwandtschaftliche Bindungen hatten. Die Fensterläden der Vorderfront wurden nur selten geöffnet, die nach der Rückseite blieben mit Ausnahme des großen Hinterzimmers im vierten Stock stets geschlossen. Das Haus war gut gebaut und noch nicht sehr alt.
Isidore Muset, Gendarm, sagt aus, daß er um drei Uhr morgens zu dem Hause gerufen worden sei und einige zwanzig oder dreißig Personen an der Haustür vorgefunden habe, die sich um Einlaß bemühten. Zeuge brach die Tür schließlich mit einem Seitengewehr – nicht mit einem Brecheisen – auf. Fand dabei wenig Widerstand, weil die zwei Türflügel weder oben noch unten verriegelt waren. Die Schreie klangen fort, bis die Tür aufgesprengt war, und verstummten dann plötzlich. Es schien, als seien sie von einer oder mehreren Personen in höchster Not ausgestoßen worden; denn sie waren laut und langgezogen, nicht kurz und hastig. Zeuge übernahm die Führung nach oben. Als man den ersten Treppenabsatz erreicht hatte, hörte er zwei Stimmen, die laut und zornig miteinander stritten; die eine Stimme war barsch, die andere schriller und äußerst seltsam. Zeuge konnte ein paar Worte der ersten Stimme, die einem Franzosen gehörte, unterscheiden. Verstand die Worte »Sacré« und »Diable«. Die schrille Stimme gehörte einem Ausländer. Zeuge war nicht sicher, ob sie von einem Mann oder einer Frau herrührte. Konnte nicht verstehen, was gesprochen wurde, nahm aber an, es sei Spanisch gewesen. Zeuge schilderte den Zustand des Zimmers und der Leichen wie in unserer gestrigen Ausgabe.
Henri Duval, ein Nachbar, von Beruf Silberschmied, sagt aus, daß er zu den Leuten gehört habe, die zuerst in das Haus ein-

drangen. Bestätigt im ganzen die Aussage Musets. Nachdem man den Eintritt erzwungen hatte, schloß man die Tür wieder, um die Menge, die sich trotz der späten Stunde rasch angesammelt hatte, nicht einzulassen. Die schrille Stimme gehörte nach Ansicht des Zeugen einem Italiener. War sicher, daß es sich nicht um Französisch handelte. War dagegen nicht sicher, daß es eine männliche Stimme war. Es könnte die Stimme einer Frau gewesen sein. Zeuge kannte die italienische Sprache nicht. Konnte die Worte nicht unterscheiden, schloß aber aus dem Tonfall, daß der Sprecher ein Italiener gewesen sei. Zeuge kannte Madame L'Espanaye und ihre Tochter. Hatte sich mit beiden oft unterhalten. War überzeugt, daß die schrille Stimme keiner der Toten gehörte.

Odenheimer, Gastwirt. Dieser Zeuge gab seine Aussage freiwillig ab. Da er nicht Französisch sprach, wurde er von einem Dolmetscher verhört. Er ist aus Amsterdam gebürtig. Ging zur Zeit der Schreie an dem Hause vorüber. Sie dauerten mehrere, vielleicht zehn Minuten. Sie waren laut und langgezogen, gequält und schrecklich. Zeuge gehörte zu den Leuten, die in das Haus eindrangen. Erhärtete die früheren Aussagen bis auf einen Punkt. Konnte die gesprochenen Worte nicht unterscheiden. Sie waren laut, hastig und ungleich – anscheinend in Angst oder Zorn gesprochen. Die Stimme war heiser – eher heiser als schrill. Zeuge konnte es nicht eine schrille Stimme nennen. Die barsche Stimme sagte mehrmals »Sacré«, »Diable« und einmal »Mon Dieu«.

Jules Mignaud, Bankier, von Firma Mignaud et Fils, Rue Deloraine. – Ist der ältere Mignaud. Madame L'Espanaye besaß etwas Vermögen. Sie hatte in seiner Bank im Frühjahr 18.. (vor acht Jahren) ein Konto eröffnet. Leistete häufig Einzahlungen in kleinen Beträgen. Hatte nie etwas abgehoben bis drei Tage vor ihrem Tode, als sie in Person die Summe von viertausend Franken anforderte. Dieser Betrag wurde in Gold ausgezahlt und ein Kassenbote mit dem Gelde in ihr Haus geschickt.

Adolphe Lebon, Kassenbote bei Mignaud et Fils, sagt aus, daß er am fraglichen Tage gegen Mittag Madame L'Espanaye mit den viertausend Franken, die in zwei Beuteln enthalten waren, in ihr Haus begleitet habe. Mademoiselle L'Espanaye öffnete die Tür und nahm ihm einen der Beutel ab, während er den anderen der alten Dame aushändigte. Dann verbeugte er sich und ging. Sah um diese Zeit keinen Menschen auf der Straße. Es ist eine Nebenstraße und sehr einsam.
William Bird, Schneider, sagt aus, daß er zu den Leuten gehört habe, die in das Haus eindrangen. Ist Engländer. Hat zwei Jahre in Paris gelebt. War einer der ersten, die die Treppe hinaufstiegen. Hörte die streitenden Stimmen. Die barsche Stimme war die eines Franzosen. Konnte mehrere Worte verstehen, kann sich aber jetzt nicht mehr an alles erinnern. Zugleich ließ sich ein Geräusch hören, als ob mehrere Personen miteinander rängen – ein kratzendes, schurrendes Geräusch. Die schrille Stimme war sehr laut, lauter als die barsche Stimme. Ist sicher, daß es nicht die Stimme eines Engländers war. Schien die eines Deutschen zu sein. Könnte eine Frauenstimme gewesen sein. Zeuge versteht nicht Deutsch.
Vier der obengenannten Zeugen, die nochmals aufgerufen wurden, sagten aus, daß die Tür des Zimmers, worin die Leiche von Mademoiselle L'Espanaye gefunden wurde, von innen verschlossen gewesen sei, als man sie erreicht habe. Es herrschte völlige Stille; weder ein Ächzen noch sonstige Geräusche ließen sich hören. Als die Tür gewaltsam geöffnet wurde, war niemand zu sehen. Die Fenster des Hinter- sowohl wie die des Vorderzimmers waren heruntergelassen und von innen verriegelt. Eine Tür zwischen den beiden Zimmern war eingeklinkt, aber nicht abgeschlossen. Die Tür, die vom Vorderzimmer auf den Korridor führte, war verschlossen; der Schlüssel stak innen. Ein kleines, nach vorn gelegenes Zimmer im vierten Stock, gleich am Anfang des Korridors, war offen, die Tür angelehnt. Dieses Zimmer war mit alten Betten, Kisten und so weiter ange-

füllt. Sie wurden sorgfältig abgerückt und durchsucht. Es gab nicht einen einzigen Gegenstand im Hause, der nicht Zoll für Zoll genau untersucht worden wäre. In den Kaminen wurde mit Besen gefegt. Das Haus hatte vier Stockwerke und Mansarden. Eine Falltür auf dem Dach war zugenagelt und schien seit Jahren nicht geöffnet worden zu sein. Die Zeitspanne, die zwischen dem ersten Vernehmen der streitenden Stimmen und dem Aufbrechen der Tür verstrich, wurde von den Zeugen verschieden geschätzt. Die einen gaben nur drei, die anderen sogar fünf Minuten an. Die Tür ließ sich nur mit Schwierigkeit öffnen.

Alfonzo Garcia, Leichenbestatter, sagt aus, daß er in der Rue Morgue wohne. Ist geborener Spanier. Gehörte zu den Leuten, die in das Haus eindrangen. Stieg nicht die Treppe hinauf, weil er nervös ist und die Folgen der Aufregung fürchtete. Hörte die streitenden Stimmen. Die barsche Stimme war die eines Franzosen. Konnte nicht verstehen, was er sagte. Die schrille Stimme war die eines Engländers – ist davon überzeugt. Versteht die englische Sprache nicht, urteilt aber nach dem Tonfall.

Alberto Montani, Zuckerbäcker, sagt aus, daß er sich unter den ersten befunden habe, die die Treppe hinaufstiegen. Hörte die bewußten Stimmen. Die barsche Stimme war die eines Franzosen. Unterschied mehrere Worte. Der Sprecher schien Vorwürfe zu machen. Konnte die Worte der schrillen Stimme nicht verstehen. Sie sprach schnell und ungleich. Zeuge hält sie für die Stimme eines Russen. Erhärtet die allgemeine Aussage. Ist Italiener. Hat nie mit einem gebürtigen Russen gesprochen.

An dieser Stelle bekundeten mehrere Zeugen, die nochmals aufgerufen wurden, daß die Kamine sämtlicher Zimmer im vierten Stock zu eng waren, einem menschlichen Wesen Durchlaß zu gewähren. Unter Besen wurden jene zylindrischen Bürsten verstanden, wie die Schornsteinfeger sie gebrauchen. Diese Besen wurden in allen Schornsteinen des Hauses hinauf-

und heruntergezogen. Es gibt keine Hintertreppe, über die sich jemand entfernt haben könnte, während die Leute die Treppe hinaufeilten. Der Körper von Mademoiselle L'Espanaye war so fest in den Schornstein eingekeilt, daß vier oder fünf Männer ihre Kräfte vereinigen mußten, um ihn herauszuziehen.

Paul Dumas, Arzt, sagt aus, daß er gegen Tagesanbruch gerufen worden sei, die Leichen zu besichtigen. Zu dieser Zeit lagen beide auf der Matratze der Bettstelle in dem Zimmer, wo Mademoiselle L'Espanaye gefunden wurde. Die Leiche der jungen Dame war erheblich zerkratzt und geschunden. Der Umstand, daß sie in den Kamin hinaufgestoßen worden war, erklärt zur Genüge diese Erscheinungen. Die Kehle wies durch Reibung verursachte Wundstellen auf. Mehrere tiefe Kratzwunden, zugleich mit einer Reihe bläulicher Male, befanden sich unmittelbar unter dem Kinn und schienen durch den Druck von Fingern entstanden zu sein. Das Gesicht war gräßlich verfärbt, die Augen aus ihren Höhlen herausgetreten. Die Zunge war an mehreren Stellen durchgebissen. Eine breite Quetschung, höchstwahrscheinlich durch den Druck eines Knies verursacht, fand sich in der Magengrube. Nach Ansicht des Monsieur Dumas war Mademoiselle L'Espanaye von einer oder mehreren Personen erwürgt worden. Die Leiche der Mutter war grauenhaft verstümmelt. Sämtliche Knochen des rechten Armes und Beines waren mehr oder weniger zerschmettert. Das linke Schienbein und alle linksseitigen Rippen waren sehr zersplittert. Der ganze Körper wies Quetschwunden auf und war verfärbt. Wie diese Verletzungen zustande gekommen seien, konnte der Zeuge nicht angeben. Eine schwere hölzerne Keule oder eine dicke Eisenstange, ein Stuhl, irgendeine große, schwere und stumpfe Waffe, von der Hand eines sehr kräftigen Mannes geführt, könnten derartige Wirkungen hervorgebracht haben. Keinesfalls hätte eine Frau mit einer beliebigen Waffe solche Verletzungen erzielen können. Der Kopf der Verstorbenen war, als der Zeuge ihn sah, vollends vom Rumpf abgetrennt und

ebenfalls stark zerschmettert. Der Hals war anscheinend mit einem scharfen Instrument – vielleicht einem Rasiermesser – durchschnitten worden.
Alexandre Etienne, Chirurg, wurde mit Monsieur Dumas zur Besichtigung der Leichen gerufen. Bestätigte Aussage und Ansichten des Monsieur Dumas.
Obwohl noch mehrere Zeugen vernommen wurden, kam weiter nichts von Belang zutage. Ein so rätselhafter und in allen Einzelheiten verwirrender Mord wurde, wofern es sich überhaupt um einen Mord handelt, nie vorher in Paris begangen. Die Polizei tappt völlig im dunkeln: ein in derartigen Fällen ganz ungewöhnliches Vorkommnis. Tatsächlich ist nicht der geringste Anhaltspunkt vorhanden. –
Die Abendausgabe des Blattes meldete, daß im Viertel St. Roch noch immer größte Aufregung herrsche, daß man das bewußte Grundstück nochmals sorgfältig durchsucht und weitere Zeugen vernommen habe, ohne daß ein Ergebnis zu verzeichnen sei. Ein Nachsatz erwähnte allerdings, daß man Adolphe Lebon verhaftet und ins Untersuchungsgefängnis eingeliefert habe, obgleich ihm außer den bereits bekannten Tatsachen nichts zur Last gelegt werden könne.
Dupin schien am Fortgang dieser Sache großen Anteil zu nehmen, wie ich zumindest aus seinem Verhalten schließen konnte; denn Erklärungen gab er nicht ab. Erst als die Meldung von der Festnahme Lebons erfolgt war, fragte er mich nach meiner Ansicht über den Doppelmord.
Ich stimmte insofern mit der Meinung von ganz Paris überein, als der Fall mir ein unlösbares Rätsel zu sein dünkte. Ich sah kein Mittel, das dazu hätte dienen können, den Mörder aufzuspüren.
»Wir dürfen«, sagte Dupin, »diese Mittel nicht nach einer so oberflächlichen Untersuchung beurteilen. Die Pariser Polizei, die so sehr wegen ihres Scharfsinns gerühmt wird, ist schlau, mehr jedoch nicht. Außer der Methode, die ihr der Augenblick

eingibt, liegt ihrem Vorgehen keine zugrunde. Sie kommen mit einem gewaltigen Aufwand von Maßnahmen daher, die aber meist den in Frage kommenden Gegenständen so unangemessen sind, daß uns Monsieur Jourdain mit dem Ruf nach seiner ›robe-de-chambre – pour mieux entendre la musique‹ einfällt. Ihre Ergebnisse haben oft etwas Überraschendes an sich, beruhen aber meistens nur auf Fleiß und Betriebsamkeit. Erweisen sich diese Eigenschaften als untauglich, so scheitern ihre Absichten. Vidocq zum Beispiel war sehr geschickt im Erraten und besaß Ausdauer. Da jedoch sein Denken nicht geschult war, erlitt er dauernd Fehlschläge durch sein zu entschiedenes Betreiben der Nachforschungen. Er verdarb sich die Sehfähigkeit, weil er sich das Objekt zu dicht vor das Auge hielt. Vielleicht konnte er einen oder zwei Punkte scharf erkennen; doch verlor er bei diesem Verfahren notwendig das Ganze aus dem Auge. Man darf nicht zu tief sein wollen. Die Wahrheit ruht nicht immer in einem Brunnen. Ich glaube wahrhaftig, daß die wichtigsten Einsichten stets an der Oberfläche liegen. Die Wahrheit befindet sich nicht in den tiefen Tälern, wo nach ihr gesucht, sondern auf den Höhen, wo sie gefunden wird. Die Zusammenhänge und Ursachen solcher Irrtümer lassen sich am besten durch eine Betrachtung der Himmelskörper vergegenwärtigen. Wenn man einen Stern von der Seite ansieht, indem man die äußeren Teile der Netzhaut, die für schwache Lichteindrücke empfänglicher sind als die inneren, auf ihn richtet, so heißt das, ihn deutlicher sehen, seine Lichtstärke besser einschätzen können; dagegen trübt sich diese um so mehr, je genauer wir ihn ins Auge fassen. In diesem Falle wird das Auge zwar von einer größeren Strahlenmenge getroffen, in jenem aber unsere Fähigkeit, ihn zu erkennen, verfeinert. Durch unzweckmäßige Gründlichkeit schwächen und verwirren wir nur unser Denkvermögen; und man kann sogar die Venus vom Firmament verschwinden lassen, wenn man sie zu anhaltend, zu ausschließlich und zu unmittelbar beobachtet.

Was diese Morde betrifft, so müssen wir selbst einige Nachforschungen anstellen, ehe wir uns eine Meinung über sie bilden können. Eine Untersuchung wird uns Vergnügen bereiten« – ich fand diesen Ausdruck unangebracht, sagte aber nichts dazu –; »auch hat mir Lebon einmal eine Gefälligkeit erwiesen, für die ich ihm Dank schulde. Wir wollen uns das Grundstück mit eigenen Augen ansehen. Ich kenne G., den Polizeipräfekten, und wir werden unschwer die nötige Erlaubnis erhalten.«

Wir erhielten diese Erlaubnis und brachen sogleich nach der Rue Morgue auf. Sie ist eine jener elenden Durchgangsstraßen, die die Rue Richelieu mit der Rue St. Roch verbinden. Es war am späten Nachmittag, als wir dort ankamen, da jenes Viertel von dem unseren sehr weit entfernt ist. Das Haus war leicht zu finden; denn noch standen viele Personen davor, die mit zweckloser Neugier von der anderen Straßenseite aus zu den geschlossenen Läden emporblickten. Es war ein gewöhnliches Pariser Haus mit einem Torweg, an dessen einer Seite sich eine verglaste Pförtnerloge mit einem Schiebefenster befand. Bevor wir eintraten, gingen wir die Straße hinauf, bogen in eine Nebenstraße ein, kehrten dann wieder um und schritten an der Rückseite des Gebäudes entlang, wobei Dupin das Haus sowie seine ganze Umgebung mit einer peinlichen Aufmerksamkeit prüfte, deren Sinn ich nicht zu entdecken vermochte.

Als wir unsere Schritte zurücklenkten, kamen wir wieder zur Frontseite des Hauses; wir läuteten und wurden nach Vorzeigen unserer Ausweise vom diensttuenden Beamten eingelassen. Wir stiegen die Treppe hinauf und betraten das Zimmer, in dem man die Leiche der Mademoiselle L'Espanaye gefunden hatte und wo jetzt noch immer die beiden Toten lagen. Die Unordnung des Raumes hatte man, wie in solchen Fällen üblich, unverändert gelassen. Ich sah nichts weiter, als was bereits in der »Gazette des Tribunaux« zu lesen gewesen war. Dupin untersuchte alles und jedes, die Leichen der Opfer nicht ausge-

nommen. Wir gingen dann noch in die anderen Zimmer und auf den Hof, überallhin von einem Gendarmen begleitet. Die Untersuchung beschäftigte uns, bis es dunkelte und wir uns verabschiedeten. Auf dem Heimweg trat mein Gefährte einen Augenblick in die Schriftleitung einer Tageszeitung ein.
Ich sagte schon, daß die Launen meines Freundes verschiedenartig waren und daß »je les ménageais« – einen Ausdruck, für den es im Englischen nichts Entsprechendes gibt. Seine gegenwärtige Grille bestand darin, daß er jede Unterhaltung über den Mord verweigerte – bis gegen Mittag des folgenden Tages. Da fragte er mich plötzlich, ob mir am Tatort des Verbrechens etwas Besonderes aufgefallen sei.
In der Art, wie er den Ausdruck »etwas Besonderes« betonte, lag etwas, was mich aus Gott weiß welchem Grunde erschauern ließ.
»Nein«, sagte ich, »nichts Besonderes; wenigstens nichts, was wir beide nicht schon in der Zeitung gelesen hätten.«
»Die ›Gazette‹«, erwiderte er, »hat, wie ich fürchte, nicht das eigentümlich Grauenvolle des Falles bemerkt. Lassen wir jedoch die müßigen Ansichten dieses Blättchens getrost beiseite. Mir scheint, daß dieses Rätsel aus eben dem Grunde für unlösbar gehalten wird, der seine Lösung gerade als besonders einfach erscheinen lassen müßte – ich meine die Maßlosigkeit seiner Merkmale. Die Polizei ist verwirrt, weil anscheinend ein Motiv fehlt – weniger für die Morde selbst als für die Grausamkeit, mit der sie ausgeführt wurden. Sie ist außerdem ratlos, wie es ihr gelingen soll, die gehörten streitenden Stimmen mit der Tatsache, daß niemand bei der ermordeten Mademoiselle L'Espanaye gefunden wurde, in Übereinstimmung zu bringen; denn niemand hätte das Zimmer verlassen können, ohne von den hinaufsteigenden Leuten auf der Treppe gesehen zu werden. Die wüste Unordnung des Zimmers, der mit dem Kopf abwärts in den Rauchfang gepreßte Körper, die gräßlich verstümmelte Leiche der alten Dame – alle diese Umstände neben einigen anderen,

die ich schon erwähnt habe oder nicht zu erwähnen brauche, genügten bereits, die Kräfte der Polizei zu lähmen, indem sie den vielgerühmten Scharfsinn der Herren von der Behörde matt setzten. Sie sind dem groben, aber durchaus nicht seltenen Irrtum verfallen, das Ungewöhnliche mit dem Unverständlichen zu verwechseln. Aber eben in diesen Abweichungen vom Gewöhnlichen sieht die Vernunft den Weg, der sie – wenn überhaupt – zur Wahrheit führt. Bei den Nachforschungen, die wir jetzt anstellen wollen, dürfen wir demnach nicht fragen: Was geschah hier?, sondern: Was geschah hier zum ersten Male? Und wirklich liegt die Mühelosigkeit, mit der ich das Rätsel lösen werde oder sogar schon gelöst habe, gerade in dem Umstand, der es in den Augen der Polizei als unlösbar erscheinen läßt.«

Sprachlos vor Verwunderung, starrte ich den Sprecher an. Nach der Tür unserer Wohnung blickend, fuhr er fort:

»Ich erwarte jetzt einen Mann, der vielleicht nicht selbst der Urheber der Bluttat ist, aber mit ihrer Ausführung in einem gewissen Zusammenhang stehen muß. Wahrscheinlich ist er am Schlimmsten des Verbrechens unschuldig. Jedenfalls hoffe ich, daß es so ist; denn darauf stützt sich meine Zuversicht, das Geheimnis zu lüften. Jeden Augenblick erwarte ich den Mann hier, in diesem Zimmer. Vielleicht kommt er auch nicht; wahrscheinlicher ist jedoch, daß er kommt. Wenn dies der Fall ist, werden wir ihn festhalten müssen. Hier sind Pistolen; wir beide verstehen, mit ihnen umzugehen, wenn sich ein Anlaß dazu ergeben sollte.«

Ich nahm die Pistolen, obwohl ich kaum wußte, was ich tat, und kaum glaubte, was ich gehört hatte. Dupin fuhr wie im Selbstgespräch fort. Ich habe schon von seiner Geistesabwesenheit bei solchen Umständen berichtet. Seine Worte waren zwar für mich bestimmt; doch hatte seine Stimme, ohne daß sie laut genannt werden konnte, den Klang angenommen, den man hineinlegt, wenn man über eine große Entfernung hinweg zu jemand spricht. Sein ausdruckslos gewordener Blick war auf die Wand geheftet.

»Daß die streitenden Stimmen«, sagte er, »die von den Leuten auf der Treppe gehört wurden, nicht die Stimmen der Frauen selbst waren, ist durch die Aussagen vollends bewiesen. Wir brauchen uns also nicht mehr die Frage vorzulegen, ob die alte Dame etwa zuerst ihre Tochter getötet und dann Selbstmord verübt habe. Ich erwähne diesen Punkt nur der Methode halber; denn Madame L'Espanaye hätte gar nicht die Kraft besessen, die Leiche ihrer Tochter in den Schornstein zu zwängen, wo sie gefunden wurde. Auch schließt die Art ihrer Wunden den Verdacht des Selbstmordes von vornherein aus. Der Mord ist also von dritter Seite begangen worden; die Stimmen dieser dritten Seite waren es, die man im Wortwechsel hörte. Ich will jetzt nicht darauf hinlenken, was von den Zeugen über diese Stimmen ausgesagt wurde, sondern darauf, was das Besondere dieser Aussage war. Ist Ihnen etwas Besonderes darin aufgefallen?«

Ich bemerkte, daß zwar alle Zeugen in der Annahme übereinstimmten, daß die barsche Stimme einem Franzosen gehörte, während die Ansichten über die schrille – oder wie jemand sie nannte, heisere – Stimme völlig auseinandergingen.

»Das war die Aussage selbst«, sagte Dupin, »aber nicht das Besondere darin. Sie haben also nichts Eigentümliches bemerkt. Dennoch gab es da einen Punkt, der unbedingt bemerkt werden mußte. Die Zeugen stimmten, wie Sie sagten, betreffs der barschen Stimme überein: Es herrschte volle Einmütigkeit. Was aber die schrille Stimme angeht, so liegt das Besondere nicht darin, daß die Meinungen über sie auseinandergehen, sondern daß jeder einzelne, der sie beschrieb – ein Italiener, ein Engländer, ein Spanier, ein Holländer oder Franzose –, sie als die Stimme eines Ausländers bezeichnete. Jeder war überzeugt davon, daß es sich nicht um die Stimme eines Landsmannes handelte. Keiner verglich sie mit der Stimme des Angehörigen einer

Nation, mit deren Sprache er vertraut ist – im Gegenteil. Der Franzose erklärt sie für die Stimme eines Spaniers und hätte einige Worte unterscheiden können, wenn er mit dem Spanischen vertraut gewesen wäre. Der Holländer behauptet, daß es die Stimme eines Franzosen sei; doch heißt es, daß er, da er nicht Französisch verstand, von einem Dolmetscher verhört werden mußte. Der Engländer hält sie für die Stimme eines Deutschen, versteht jedoch nicht Deutsch. Der Spanier ist überzeugt davon, daß es die eines Engländers war, aber er urteilt nach dem Tonfall, da er keine Kenntnis der englischen Sprache besitzt. Der Italiener glaubt, es sei die Stimme eines Russen gewesen; aber er hat nie mit einem gebürtigen Russen gesprochen. Ein zweiter Franzose ist nicht der gleichen Meinung wie der andere; er zweifelt nicht daran, daß es die Stimme eines Italieners gewesen ist; aber, mit dieser Sprache nicht vertraut, urteilt er wie der Spanier nach dem Tonfall. Was muß dies für eine unerhört seltsame Stimme gewesen sein, daß derartige Aussagen abgegeben werden konnten! Eine Stimme, deren Laute Bürger aus fünf der größten Länder Europas nicht als vertraut anzusprechen vermochten! Sie werden einwenden, daß es die Stimme eines Asiaten, eines Afrikaners gewesen sein könne. Freilich gibt es nicht allzu viele Asiaten oder Afrikaner in Paris. Ohne diesen Schluß zu verwerfen, will ich Ihre Aufmerksamkeit auf drei andere Punkte lenken. Die Stimme wird von einem Zeugen eher heiser als schrill genannt. Zwei andere Zeugen vertreten die Meinung, daß sie hastig und abgerissen gewesen sei. Kein Wort – kein einem Worte ähnlicher Klang war nach der Aussage eines der Zeugen zu unterscheiden. Ich weiß nicht«, fuhr Dupin fort, »welchen Eindruck ich bis jetzt auf Ihr Denkvermögen gemacht habe; ich behaupte jedoch, ohne zu zögern, daß die ›logischen Folgerungen‹ aus dem die barsche und die schrille Stimme betreffenden Teil der Aussagen an sich schon genügen, einen Verdacht zu zeitigen, der alle weiteren Schritte zur Ermittlung des Geheimnisses in eine bestimmte Richtung lenken sollte.

Wenn ich sage ›logische Folgerungen‹, so habe ich damit nicht ganz zum Ausdruck gebracht, was ich meine. Mir lag nämlich nur daran, anzudeuten, daß diese Folgerungen die einzig rechtmäßigen sind und als Endergebnis unweigerlich den Verdacht erbringen. Worin dieser besteht, will ich einstweilen noch nicht sagen. Ich wünsche nur, daß Sie sich vergegenwärtigen, wie zwangsläufig er meinen Nachforschungen am Tatort eine endgültige Form, eine bestimmte Richtung geben mußte. Versetzen wir uns im Geist nunmehr zurück in jenes Zimmer. Wonach werden wir hier wohl zuerst suchen? Nun, nach dem Wege, den die Mörder als Ausgang benutzten. Ich übertreibe nicht, wenn ich behaupte, daß keiner von uns beiden an übernatürliche Geschehnisse glaubt. Madame L'Espanaye und ihre Tochter sind nicht von Geistern getötet worden. Die Täter waren Geschöpfe aus Fleisch und Blut und sind auf natürlichem Wege entkommen. Wie nun? Glücklicherweise gibt es hier nur eine Möglichkeit, die zu erwägen ist und durch die wir zu einem abschließenden Urteil gelangen müssen. Prüfen wir Punkt für Punkt die möglichen Ausgangswege. Es ist klar, daß sich die Mörder, während die Leute die Treppe hinaufstiegen, in dem Zimmer, wo Mademoiselle L'Espanaye gefunden wurde, oder zumindest in einem anstoßenden Raume aufhielten. Wir haben also nur die Ausgänge aus diesen beiden Zimmern zu suchen. Die Polizei hat die Fußböden, Decken und Wände in jeder Richtung durchforscht. Geheimausgänge hätten ihrer Aufmerksamkeit nicht entgehen können. Da ich aber ihren Augen nicht traute, forschte ich mit meinen eigenen nach. Geheime Ausgänge waren also nicht vorhanden. Beide von den Zimmern auf den Korridor führende Türen waren verschlossen; die Schlüssel staken innen. Wenden wir uns nun den Schornsteinen zu. Obwohl diese über den Feuerstellen acht oder neun Fuß breit zu sein pflegen, kann nicht einmal eine große Katze durch die ganze Länge hindurchschlüpfen. Da demnach auf die erwähnten Arten kein Entkommen möglich war, bleibt uns nur noch übrig, die Fenster anzusehen. Durch die Fenster des Vorderzimmers hätte niemand nach der Straße entweichen können, ohne von der vor dem Hause versammelten Menge bemerkt zu werden. Folglich müssen die Mörder die Fenster des Hinterzimmers benutzt haben. Wir sind in so eindeutiger Weise zu diesem Schluß gelangt, daß wir ihn auf Grund scheinbarer Unmöglichkeiten nicht verwerfen dürfen. Wir brauchen also nur noch nachzuweisen, daß diese scheinbaren Unmöglichkeiten in Wirklichkeit nicht bestehen.

Das Zimmer besitzt zwei Schiebefenster, von denen das eine nicht von Möbeln verstellt und daher vollständig sichtbar ist. Der untere Teil des anderen Fensters ist dem Blick durch das Kopfende des dicht herangerückten, mächtigen Bettes entzogen. Jenes Fenster wurde von innen als fest verschlossen befunden. Es setzte den Bemühungen der Personen, die es mit Aufbietung aller Kräfte hochzuschieben versuchten, beharrlichen Widerstand entgegen. In seinen Rahmen war links ein großes Loch eingebohrt, worin, wie man feststellte, ein fast bis zum Kopf eingeschlagener großer Nagel stak. Die Prüfung des anderen Fensters ergab, daß dort ein ähnlicher Nagel vorhanden war; ein mit Kraftanwendung unternommener Versuch, dieses Fenster zu öffnen, schlug gleichfalls fehl. Die Polizei war durch diesen Befund vollständig befriedigt; das Verlassen des Hauses konnte demnach nicht auf diesem Wege erfolgt sein. Man hielt es nunmehr für überflüssig, die Nägel herauszuziehen und die Fenster zu öffnen.

Ich ging bei der Untersuchung gründlicher vor – aus dem Grunde, den ich Ihnen soeben genannt habe; hier lag nämlich der Punkt, wo zu beweisen war, daß alle jene scheinbaren Unmöglichkeiten in Wirklichkeit nicht bestanden.

So – a posteriori – zog ich meine Folgerungen. Die Mörder entkamen durch eines der beiden Fenster. Da hieran nicht zu zweifeln war, hätten sie die Fenster nicht wieder so von innen befestigen können, wie sie vorgefunden wurden – eine Überlegung, die den weiteren Nachforschungen der Polizei in dieser Richtung einen Riegel vorschob. Die Fenster waren aber geschlossen. Sie mußten sich also von selbst schließen können. Dieser Schluß war unwiderleglich. Ich ging daher an das unverstellte Fenster, zog mit einiger Mühe den Nagel heraus und versuchte, den Fensterflügel hinaufzuschieben. Wie ich erwartet hatte, widerstand er allen meinen Anstrengungen. Ich wußte jetzt, daß eine verborgene Feder vorhanden sein mußte; bestätigte sich dies, so erwiesen sich meine Voraussetzungen als richtig, wenn auch die Zusammenhänge mit den Nägeln noch so geheimnisvoll erscheinen mochten. Eine sorgfältige Untersuchung förderte bald die verborgene Feder zutage. Ich drückte sie nieder und unterließ es vorläufig, von meiner Entdeckung befriedigt, das Fenster hinaufzuschieben.

Nun setzte ich den Nagel wieder ein und besah ihn mir genauer. Eine Person, die das Zimmer durch dieses Fenster verlassen hätte, könnte es wieder geschlossen haben, worauf die Feder eingesprungen wäre; doch wäre der Nagel dann nicht wieder an seinem Platz gewesen. Dieser Schluß war richtig, und wiederum verengerte sich das Feld meiner Nachforschungen. Die Mörder mußten also durch das andere Fenster entkommen sein. Da man annehmen konnte, daß die Federn an beiden Fenstern die gleichen waren, mußten sich die Nägel wenigstens in der Art ihrer Befestigung voneinander unterscheiden. Auf die Matratze der Bettstelle steigend, konnte ich über das Kopfende hinweg genau auf das andere Fenster sehen. Als ich nun mit der Hand nach unten griff, fand ich sogleich die Feder und drückte sie nieder; sie glich, wie ich vermutet hatte, ihrem Gegenstück in allen Teilen. Jetzt sah ich mir den Nagel an. Er war ebenso groß und anscheinend auch ebenso befestigt wie der andere, das heißt bis fast zum Kopf eingeschlagen.

Sie werden denken, ich sei verblüfft gewesen; dann haben Sie allerdings das Wesen meiner Folgerungen völlig mißverstanden. Um einen sportlichen Ausdruck zu gebrauchen, so hatte

ich nicht einen Augenblick ›die Spur verloren‹. Ich befand mich noch immer auf der Fährte. Keines der Glieder meiner Kette wies irgendeinen Fehler auf. Ich hatte das Geheimnis bis zum Endergebnis verfolgt: dies aber war der Nagel. Er glich, wie ich schon sagte, in jeder Beziehung seinem Gegenstück am anderen Fenster; doch war dies, allem Anschein zum Trotz, ganz unmöglich, wenn man daran dachte, daß die Spur an diesem Punkt endete. ›Mit diesem Nagel muß etwas nicht stimmen‹, sagte ich mir. Ich berührte ihn – und der Kopf mit einem kleinen Stück des Schaftes blieb in meiner Hand! Der Rest des Schaftes stak noch in dem Bohrloch, wo er abgebrochen war. Der Bruch war schon alt; denn seine Ränder waren mit Rost überzogen. Anscheinend rührte er von dem Schlag des Hammers her, der den Kopf des Nagels zum Teil in den oberen Rand des unteren Fensterflügels getrieben hatte. Ich setzte das Kopfteil jetzt wieder in die Vertiefung zurück, der ich es entnommen hatte: Die Ähnlichkeit mit einem unverletzten Nagel war vollkommen, die Bruchstelle überhaupt nicht zu sehen. Indem ich die Feder niederdrückte, schob ich das Fenster vorsichtig um einige Zoll hinauf; der Nagelkopf folgte, in seinem Loch steckenbleibend. Ich schloß das Fenster wieder, und sofort war der Anschein eines unversehrten Nagels wiederhergestellt. Soweit war nun das Rätsel gelöst. Der Mörder war durch das Fenster hinter dem Bett entkommen. Bei seinem Weggehen hatte sich das Fenster, indem es entweder von selbst wieder herabfiel oder auch absichtlich heruntergezogen wurde, durch Einschnappen der Feder geschlossen. Diese Wirkung der Feder, die die Polizei mit der des Nagels verwechselt hatte, genügte bereits, daß alle weiteren Nachforschungen als überflüssig erachtet wurden.
Die nächste Frage drehte sich darum, wie der Abstieg erfolgte. Über diesen Punkt bin ich bei unserer Umgehung des Gebäudes völlig aufgeklärt worden. Etwa fünfeinhalb Fuß von dem bewußten Fenster entfernt befindet sich ein Blitzableiter. Von dort aus hätte niemand das Fenster erreichen, geschweige denn

einsteigen können. Ich bemerkte aber, daß die Fensterläden im vierten Stock von jener besonderen Art waren, die unter Pariser Zimmerleuten als ›ferrades‹ bezeichnet werden; heute nur selten verwandt, sind sie an sehr alten Häusern in Lyon und Bordeaux noch häufig zu finden. Sie sind wie eine einfache – nicht doppelte – Tür gestaltet, deren untere Hälfte als offenes Gitter gearbeitet ist, das einen vorzüglichen Halt für die Hände bietet. In unserem Fall messen diese Läden volle dreieinhalb Fuß in der Breite. Als wir sie von der Rückseite des Gebäudes her sahen, standen beide halb offen, das heißt im rechten Winkel zur Hausmauer. Wahrscheinlich hat die Polizei ebenso wie ich die Rückseite des Hauses untersucht; in diesem Falle sah man die Läden notwendig von der Seite, so daß ihre volle Breite nicht erkannt wurde. Zumindest unterließ man es, ihnen die nötige Aufmerksamkeit zuzuwenden. Da man sich einmal damit abgefunden hatte, daß ein Entkommen in dieser Richtung nicht erfolgt sein konnte, brauchte man den Fensterläden nur eine recht oberflächliche Beachtung zu widmen. Mir war indessen klar, daß der zu dem Fenster am Bett gehörende Laden, wenn er bis zur Mauer zurückgeschwungen wurde, bis auf zwei Fuß an den Blitzableiter heranreichen mußte. Es erhellte daraus, daß man bei einer ungewöhnlichen Entfaltung von Gewandtheit und Mut vom Blitzableiter aus in das Fenster eindringen konnte. Angenommen, der Laden war vollständig geöffnet, so konnte ein Einbrecher bei einer Entfernung von zweieinhalb Fuß einen sicheren Halt in dem Gitterwerk finden. Ließ er dann den Blitzableiter fahren, stemmte die Füße kräftig gegen die Mauer und stieß sich von ihr ab, so konnte er dem Laden einen Schwung in der Schließrichtung geben und sich selbst damit ins Zimmer schwingen.

Bitte behalten Sie im Gedächtnis, daß ich von einer ungewöhnlichen Gewandtheit gesprochen habe, die ein so schwieriges und waghalsiges Unternehmen erforderte. Einmal will ich Ihnen damit zeigen, daß die Sache so bewerkstelligt werden konnte; zweitens und in der Hauptsache aber sollen Sie einen Eindruck von der ungewöhnlichen und nahezu übernatürlichen Gewandtheit erhalten, die zu ihrer Ausführung nötig war. Ohne Zweifel werden Sie sagen, ich solle nach der Juristensprache ›um meinen Fall zu beweisen‹, diese Gewandtheit eher unterschätzen als voll in Rechnung stellen. Dies mag zwar die Praxis des Gesetzes sein; die Vernunft aber urteilt anders. Mein Endziel ist, die Wahrheit zu ermitteln. Im Augenblick bezwecke ich jedoch nur, Sie darauf hinzuweisen, daß zwischen dieser außergewöhnlichen Gewandtheit und jener eigentümlich schrillen oder heiseren und abgerissenen Stimme, über deren Nationalität sich keine zwei Personen einigen konnten und deren Aussprache keine Silbentrennung zeigte, ein Zusammenhang besteht.«

Bei diesen Worten dämmerte mir eine unbestimmte Ahnung dessen auf, was Dupin meinte. Es kam mir vor, als stände ich auf der Schwelle des Verstehens, ohne wirklich verstehen zu können – wie man bisweilen nahe davor steht, sich an etwas zu erinnern, ohne wirklich dazu imstande zu sein. Mein Freund fuhr in seiner Rede fort:

»Sie sehen«, sagte er, »daß ich mich von der Frage nach dem Ausgang der nach dem Eingange zugewandt habe. Ich wollte Ihnen nur damit zeigen, daß beides in der gleichen Weise und von der gleichen Stelle aus erfolgte. Wenden wir uns nun noch einmal in das Innere des Zimmers zurück. Vergegenwärtigen wir uns, was es dort zu sehen gab. Die Schubfächer der Kommode wurden, wie es hieß, beraubt, obgleich noch viele Kleidungsstücke darin zurückgeblieben waren. Der Schluß, den wir hieraus ziehen, ist lächerlich. Er ist nicht mehr als ein einfältiges Raten. Wie sollten wir wissen, ob die in den Laden aufgefundenen Dinge nicht ihr ganzer ursprünglicher Inhalt waren? Madame L'Espanaye und ihre Tochter führten ein gänzlich zurückgezogenes Leben, gingen in keine Gesellschaft, verließen die Wohnung selten und hatten wenig Verwendung für zahlreiche Kleidungsstücke. Die Kleider, die gefunden wurden, waren nicht schlechter als die besten, die sie überhaupt besitzen konnten. Wenn nun ein Dieb etwas nahm – warum nahm er nicht das Beste – warum nahm er nicht alles? Mit einem Wort: Warum ließ er die viertausend Franken in Gold liegen, um sich mit einem Wäschebündel zu belasten? Das Gold lag griffbereit. Fast die ganze, von Monsieur Mignaud, dem Bankier, genannte Summe wurde in Beuteln auf dem Fußboden gefunden. Schalten Sie daher ruhig den irrigen Gedanken an ein Motiv aus, der durch den Teil der Aussage, wo von dem an der Haustür abgelieferten Geld gesprochen wurde, in den Gehirnen der Polizei entstand. Zehnmal merkwürdigere Zufälle als dieser – die Ablieferung des Geldes und der drei Tage später verübte Mord an der Partei, die es erhielt – begegnen uns allen in jeder Stunde des Lebens, ohne daß wir ihnen auch nur die geringste Beachtung schenken. Daher werden Zufälle so oft zu Hindernissen auf der Bahn jener Art von Denkern, die geschult wurden, die Lehre von der Wahrscheinlichkeit zu mißachten, der doch die menschliche Forschung ihre glänzendsten Erkenntnisse verdankt. Wäre in unserem Falle das Gold verschwunden, so hätte die Tatsache, daß es drei Tage vorher ausgeliefert worden war, etwas mehr als einen bloßen Zufall bedeutet. Der Gedanke an ein Motiv wäre dadurch sogar noch verstärkt worden. Wie aber die Dinge hier liegen, müssen wir, wenn wir annehmen, daß das Gold das Motiv des Verbrechens war, folgerichtig schließen, der Täter sei ein so unberechenbarer Idiot gewesen, daß er sein Gold und sein Motiv gleichzeitig im Stich lassen konnte.

Wenn wir nun die Punkte, auf die ich Ihre Aufmerksamkeit gelenkt habe, genau im Gedächtnis behalten – die sonderbare Stimme, die ungewöhnliche Gewandtheit und das höchst überraschende Fehlen eines Motivs bei einem so eigenartig grausigen Mord –, so wollen wir uns nun diesem Gemetzel selbst zuwenden. Eine Frau wurde mit bloßen Händen erwürgt und kopfabwärts in einen Schornstein gepreßt. Gewöhnliche Mörder bedienen sich bei ihren Schandtaten nicht derartiger Methoden. Zum wenigsten gehen sie in dieser Weise mit ihrem Opfer um. Sie müssen zugeben, daß in der Art, wie die Leiche in den Schornstein gezwängt wurde, etwas Maßloses liegt, das wir mit unseren Kenntnissen menschlicher Handlungsweise – wenn wir auch die Täter als völlig vertiert betrachten – nicht in Einklang bringen können. Bedenken Sie ferner, welch große Kraft nötig war, die Leiche mit solcher Gewalt durch jene Öffnung zu stoßen, daß die vereinten Anstrengungen mehrerer Personen kaum genügten, sie wieder herauszuziehen!

Wenden wir uns nunmehr weiteren Beweisen einer geradezu unglaublichen Kraftanwendung zu. Auf dem Kamin lagen dikke, sehr dicke Flechten grauer Menschenhaare. Sie waren samt den Wurzeln herausgerissen worden. Denken Sie an die große Kraft, die nötig ist, wenn man sich etwa zwanzig oder dreißig Haare auf einmal ausreißt. Sie haben diese Flechten so gut gesehen wie ich. Ihre Wurzeln – ein widerlicher Anblick – waren mit Teilchen der Kopfhaut verklebt: ein sicheres Zeichen einer unglaublichen Kraft, die angewandt wurde, etwa eine halbe Million Haare auf einmal auszureißen. Die Kehle der alten Dame war nicht nur durchschnitten, sondern der Kopf war buchstäblich vom Rumpf abgetrennt – und das mit einem gewöhnlichen Rasiermesser. Mir liegt daran, daß Sie auch beachten, mit welcher Roheit diese Taten verübt wurden. Von den Quetschungen am Körper der Madame L'Espanaye will ich gar nicht sprechen. Monsieur Dumas und sein würdiger Gehilfe, Monsieur Etienne, haben geäußert, daß diese durch ein stumpfes Instrument verursacht worden seien. So weit stimmt die Meinung dieser Herren auch. Allerdings war das stumpfe Instrument das Steinpflaster des Hofes, auf welches das Opfer aus dem Fenster hinter dem Bett hinabgefallen war. Dieser Gedanke, wie einfach er jetzt auch aussehen mag, ist der Polizei ebensowenig gekommen, wie sie die Breite der Fensterläden beachtete; denn durch die Sache mit den Nägeln war ihr Wahrneh-

mungsvermögen gegen die Möglichkeit, daß die Fenster überhaupt geöffnet worden seien, hermetisch versiegelt.
Wenn Sie zur Ergänzung unserer Gedankengänge nun noch die wüste Unordnung des Zimmers berücksichtigt haben, sind wir an dem Punkt angelangt, daß wir die Teile miteinander verbinden können: eine erstaunliche Gewandtheit, eine übermenschliche Kraft, eine viehische Roheit, eine Bluttat ohne Motiv, eine schauerliche Groteske ohne alle menschlichen Züge und eine Stimme, die den Ohren der Mitglieder vieler Nationen unvertraut und von jeder klaren Silbentrennung frei war – was folgt aus alledem? Welchen Eindruck habe ich in Ihrer Phantasie erweckt?«
Ein Schauer rann mir über den Leib, als Dupin diese Frage an mich richtete. »Ein Wahnsinniger«, sprach ich, »hat diese Tat begangen – ein tobsüchtiger Narr, der Zelle einer nahen Anstalt entsprungen!«
»In manchem«, erwiderte er, »ist dieser Gedanke nicht so abwegig. Doch wird man bei einem Wahnsinnigen auch in seinen wildesten Anfällen niemals eine Stimme finden, die der auf der Treppe gehörten ähnlich wäre. Wahnsinnige gehören immer einer Nation an, und ihre Sprache, wie unzusammenhängend auch ihre Worte sein mögen, ist stets artikuliert. Übrigens sind die Haare, die ich hier in der Hand halte, nicht die eines Wahnsinnigen. Ich entwand dieses Büschel den verkrampften Fingern der Madame L'Espanaye. Sagen Sie mir, was Sie davon halten!«
»Dupin«, sagte ich, vollends die Fassung verlierend, »diese Haare sind sonderbar – dies sind keine Menschenhaare!«
»Das habe ich auch nicht behauptet«, sagte er. »Bevor wir aber diesen Punkt entscheiden, sehen Sie sich bitte die kleine Skizze an, die ich hier aufs Papier geworfen habe. Sie ist ein Abdruck dessen, was beim Verhör als ›dunkle Quetschungen und tiefe Spuren von Fingernägeln‹ auf dem Halse der Mademoiselle L'Espanaye und ein andermal als ›eine Reihe bläulicher Male,

durch den Druck von Fingern entstanden‹ bezeichnet wurde. Sie werden einsehen«, fuhr mein Freund, das Papier vor uns auf dem Tisch ausbreitend, fort, »daß diese Zeichnung den Begriff einer fest zupackenden, sicheren Hand vermittelt. Kein Abgleiten ist zu bemerken. Jeder Finger beharrte – wahrscheinlich bis zum Tode des Opfers – auf seiner Stelle. Versuchen Sie jetzt einmal, alle Ihre Finger zugleich in die entsprechenden Eindrücke zu legen, wie Sie sie hier erkennen.«

Ich versuchte es ohne Erfolg.

»Vielleicht ist diese Probe nicht ganz richtig«, sagte er. »Das Papier ist auf einer ebenen Fläche ausgebreitet, der menschliche Hals hat aber eine zylindrische Form. Hier nehme ich ein Scheit Holz, dessen Umfang etwa dem des Halses entspricht. Wickeln Sie das Blatt darum, und machen Sie noch einmal die Probe.«

Ich tat es; doch trat die Schwierigkeit jetzt fast noch klarer zutage. »Dies«, sagte ich, »ist nicht der Abdruck einer menschlichen Hand!«

»Und nun«, antwortete Dupin, »lesen Sie sich diese Stelle aus Cuviers Naturgeschichte durch.«

Es handelte sich um eine eingehende anatomische und allgemeine Darstellung des großen rotbraunen Orang-Utans der ostindischen Inseln. Die riesenhafte Gestalt, die unglaubliche Kraft und Gewandtheit, die wilde Grausamkeit und der Nachahmungstrieb dieser Vierfüßler sind allgemein bekannt. Im Nu erkannte ich das ganze Ausmaß der Entsetzlichkeit dieses Mordes.

»Was die Beschreibung der Finger betrifft«, sagte ich, nachdem ich zu Ende gelesen hatte, »so stimmt diese genau mit Ihrer Zeichnung überein. Ich sehe ein, daß es außer einem Orang-Utan der hier beschriebenen Spezies kein Lebewesen gibt, das die von Ihnen skizzierten Eindrücke hervorbringen könnte. Auch dieses Büschel rotbrauner Haare paßt zu Cuviers Schilderung des Tieres. Allerdings sind mir die Einzelheiten dieses gräßlichen Geheimnisses noch keineswegs klar. Auch hörte man zwei Stimmen, die miteinander stritten, und deren eine unbestreitbar einem Franzosen gehörte.«

»Stimmt«, antwortete Dupin. »Sie werden sich an ein Wort erinnern, das dieser Stimme von den Zeugen fast einmütig zugeschrieben wurde – an das Wort: ›Mon Dieu!‹ Dies ist von einem der Zeugen, dem Zuckerbäcker Montani, richtig als Äußerung des Vorwurfes oder der Warnung bezeichnet worden. Hauptsächlich auf dieses Wort habe ich deshalb meine Hoffnung aufgebaut, zu einer vollen Lösung des Rätsels zu gelangen. Ein Franzose war Mitwisser der Morde. Es ist möglich, ja sogar höchst wahrscheinlich, daß dieser Mann dem blutigen Schauspiel nur als unbeteiligter Zuschauer beigewohnt hat. Möglicherweise ist ihm der Orang-Utan entlaufen; möglicherweise hat er ihn bis in das Zimmer verfolgt. Unter den folgenden aufregenden Umständen wurde er jedoch daran gehindert, ihn wieder einzufangen. Er läuft noch frei umher. Ich will diesen Vermutungen – denn nur um solche handelt es sich – nicht weiter nachgehen, da mir die müßigen Überlegungen, die ihnen zugrunde liegen, nicht gehaltvoll genug vorkommen, als daß ich sie noch jemand anders zumuten möchte. Bleiben wir also dabei, sie als Vermutungen anzusehen und von ihnen als solchen zu sprechen. Wenn der bewußte Franzose tatsächlich, wie ich annehme, an dem Greuel unschuldig ist, wird ihn diese Anzeige, die ich gestern abend auf unserem Heimweg in der Schriftleitung von ›Le Monde‹ (einem Blatt, das sich mit Schiffsangelegenheiten befaßt und von Seeleuten viel gelesen wird) aufgab, hierher in unsere Wohnung locken.«

Er reichte mir eine Zeitung, und ich las folgendes:

Eingefangen wurde rotbrauner Orang-Utan der Borneo-Spezies am Morgen des ...ten (Mordtag) im Bois de Boulogne. Eigentümer (vermutlich Matrose auf einem Malteser Schiff) kann Tier zurückerhalten, wenn er sich ausreichend legitimiert und einen kleinen Betrag für Einfangen und Pflege zahlt. Nachzufragen Nr..., Rue..., Faubourg St. Germain, 3 Treppen.

»Wie konnten Sie denn wissen«, fragte ich, »daß der Mann Matrose ist und zur Besatzung eines Malteser Schiffes gehört?«

»Das weiß ich auch nicht«, sagte Dupin, »und ich bin nicht einmal davon überzeugt. Hier habe ich aber ein Stückchen Band, das seiner Form und seinem fettigen Aussehen nach einem Zopf zu entstammen scheint, wie er von Seeleuten so gern getragen wird. Überdies ist der Knoten so geschlungen, wie es fast nur Seeleute und besonders Malteser verstehen. Ich hob das Bändchen am Fuße des Blitzableiters auf. Es kann keiner der Verstorbenen gehört haben. Wenn mein daraus gezogener Schluß, daß der Franzose ein auf einem Malteser Schiff dienender Matrose ist, nicht zutrifft, so braucht die Erwähnung dieses Umstandes in meiner Anzeige kein Fehler zu sein. Wenn ich mich wirklich irre, so kann er nur annehmen, daß ich etwas mißverstanden habe, und er wird sich nicht die Mühe machen, darüber nachzudenken. Wenn meine Annahme jedoch richtig ist, so ist ungemein viel gewonnen. Obwohl er sich an den Morden unschuldig weiß, wird er natürlich zögern, sich auf die Anzeige hin zu melden, um den Orang-Utan zurückzubekommen. Er wird etwa so überlegen: ›Ich bin unschuldig – ich bin arm; mein Orang-Utan ist von großem Wert – für einen Mann in meinen Umständen ein Vermögen: warum sollte ich Gefahr laufen, ihn müßiger Befürchtungen wegen zu verlieren? Er ist da und für mich greifbar. Er wurde im Bois de Boulogne gefunden – also weit vom Schauplatz des Blutbades entfernt. Wie sollte jemals der Verdacht aufkommen, daß ein unvernünftiges Vieh die Tat begangen habe? Die Polizei hat die Fährte verloren; ihr fehlt selbst der kleinste Anhaltspunkt. Sollten sie das Tier wirklich aufspüren, so könnte mir niemand nachweisen, daß ich Mitwisser des Mordes bin, und mir deswegen eine Schuld anhängen. Wie dem auch sei – man kennt mich. Der Inserent bezeichnet mich als den Eigentümer des Tieres. Ich bin mir nicht sicher, wieviel ihm bekannt ist. Wenn ich mir ein so wertvolles Eigentum, als dessen Eigentümer man mich kennt, entgehen lasse, bringe ich mindestens das Tier in Verdacht. Ich beabsichtige nicht, die Aufmerksamkeit auf mich oder das Tier zu lenken. Ich werde mich also auf die Anzeige hin melden, den Orang-Utan zurückbekommen und ihn so lange einsperren, bis über die Sache Gras gewachsen ist.‹«

In diesem Augenblick hörten wir einen Schritt auf der Treppe.

»Halten Sie die Pistolen bereit«, sagte Dupin, »aber gebrauchen Sie sie nicht und lassen Sie sie nicht sehen, bis ich Ihnen ein Zeichen gebe.«

Die Haustür hatte offengestanden; der Besucher war, ohne zu läuten, eingetreten und stieg jetzt einige Stufen die Treppe hinauf. Aber dann schien er zu zögern. Wir hörten ihn wieder hinabgehen. Dupin näherte sich rasch der Tür, als wir ihn erneut heraufkommen hörten. Diesmal kehrte er nicht wieder um, sondern stieg beherzt nach oben und klopfte an unsere Zimmertür.

»Herein«, sagte Dupin in warmem, munterem Tone.

Ein Mann trat ein. Es war offensichtlich ein Seemann, eine große, muskulöse Gestalt von verwegenem, wenn auch nicht unangenehmem Gesichtsausdruck. Sein Gesicht, mehr als zur Hälfte vom Schnurr- und Backenbart verborgen, war stark von der Sonne verbrannt. Er trug einen gewaltigen Eichenknüttel bei sich, schien aber sonst nicht bewaffnet zu sein. Er verbeugte sich linkisch und bot uns einen »Guten Abend« in einem Akzent, der, obwohl etwas verändert, seinen Pariser Ursprung erkennen ließ.

»Nehmen Sie Platz, mein Freund«, sagte Dupin. »Ich denke, Sie kommen wegen des Orang-Utans. Bei meinem Wort, fast könnte ich Sie um seinen Besitz beneiden – was für ein schönes und zweifellos wertvolles Tier! Wie alt schätzen Sie ihn?«

Der Matrose atmete tief auf, als wäre er von einer unerträglichen Last befreit worden; dann antwortete er mit fester Stimme: »Ich kann es nicht sagen. Er wird höchstens vier bis fünf Jahre alt sein. Haben Sie ihn hier?«

»Ach nein. Hier besteht keine Möglichkeit, ihn unterzubringen. Er befindet sich ganz nahe in einem Pferdestall der Rue Dubourg in Pflege. Morgen früh können Sie ihn bekommen. Sie sind gewiß in der Lage, sich als Eigentümer auszuweisen?«

»Versteht sich, Monsieur.«

»Es wird mir schmerzlich sein, mich von ihm trennen zu müssen«, sagte Dupin.

»Sie sollen diese Umstände ja nicht für umsonst gehabt haben«, sagte der Mann. »Das könnte ich nicht verlangen. Ich bin gern bereit, einen angemessenen Finderlohn für das Tier zu bezahlen.«

»Schön«, antwortete mein Freund. »Das ist gewiß sehr gut gemeint. Lassen Sie mich überlegen. Ah – ich will es Ihnen sagen. Dies soll mein Lohn sein: Sie berichten mir alles, was Sie über den Doppelmord in der Rue Morgue wissen!«

Dupin hatte diese Worte ganz leise und gelassen gesprochen. Ebenso ruhig schritt er zur Tür, schloß sie ab und steckte den Schlüssel in die Tasche. Dann zog er eine Pistole aus seiner Brusttasche und legte sie, ohne die geringste Aufregung zu zeigen, auf den Tisch.

Das Gesicht des Matrosen lief rot an, als kämpfe er mit einem Erstickungsanfall. Er sprang auf die Füße und griff nach seinem Knüttel; aber im nächsten Augenblick sank er, leichenblaß und an allen Gliedern zitternd, rücklings auf seinen Stuhl. Er brachte kein Wort hervor. Er tat mir im innersten Herzen leid.

»Mein Freund«, sagte Dupin gütig, »Ihre Aufregung ist gänzlich unbegründet. Wir wollen Ihnen nichts zuleide tun. Bei der Ehre eines Gentleman und Franzosen versichere ich Ihnen, daß Ihnen kein Haar gekrümmt wird. Ich weiß genau, daß Sie an den in der Rue Morgue verübten Bluttaten unschuldig sind. Es läßt sich jedoch nicht leugnen, daß Sie in gewissem Maße darein verwickelt sind. Nachdem, was ich Ihnen schon sagte, müssen Sie wissen, daß ich in dieser Sache über Auskünfte verfüge, von denen Sie sich nichts träumen lassen. Nun liegt der Fall so: Sie haben nichts getan, was zu vermeiden gewesen wäre – wirklich nichts, was Sie mit einer Schuld belastet. Sie haben sich nicht einmal des Raubes schuldig gemacht, obwohl Sie es ungestraft hätten tun können. Sie brauchen also nichts zu verbergen. Sie haben nicht die geringste Ursache dazu. Andererseits sind Sie nach den Geboten der Ehre verpflichtet, alles zu gestehen, was Sie wissen. Ein Unschuldiger sitzt jetzt im Gefängnis, belastet mit einem Verbrechen, dessen Urheber Sie bezeichnen können.«

Der Seemann hatte seine Geistesgegenwart während dieser Worte Dupins einigermaßen wiedergewonnen. Seine anfängliche Verwegenheit war jedoch restlos verflogen.

»So steh' mir Gott bei«, sagte er nach einer kleinen Weile. »Ich will Ihnen alles erzählen, was ich über diese Sache weiß. Ich erwarte aber nicht, daß Sie mir auch nur die Hälfte meiner Worte glauben – ein Narr müßte ich sein, wenn ich es täte! Und doch bin ich unschuldig, und ich will es mir jetzt von der Seele reden, selbst wenn es mich das Leben kostet.«

Was er vorbrachte, war in großen Zügen das Folgende: Er hatte vor kurzem eine Reise in den indischen Archipel unternommen. Eine Gruppe, der er sich anschloß, landete auf Borneo und begab sich zu einem Vergnügungsausflug ins Innere. Er und ein Kamerad hatten den Orang-Utan gefangen. Als dieser Kamerad starb, wurde er der alleinige Besitzer des Tieres. Nach mancher Unruhe, die auf der Heimreise durch die unzähmbare Wildheit des Gefangenen entstand, glückte es ihm schließlich, ihn in seiner Pariser Wohnung unterzubringen. Dort hielt er ihn, um nicht die unbequeme Neugier seiner Nachbarn zu reizen, sorgfältig verschlossen, bis er von einer Fußwunde, die er sich durch einen Splitter an Bord zugezogen hatte, wiederhergestellt wäre. Seine letzte Absicht war, das Tier zu verkaufen. Als er in der Nacht oder – besser gesagt – am Morgen des Mordtages von einem Matrosenvergnügen heimkehrte, traf er das Tier in seinem eigenen Schlafzimmer an. Es war von einem Nebengelaß her, wo er es sicher geglaubt hatte, dort eingedrungen und saß, ein Rasiermesser in der Hand und völlig eingeseift, vor einem Spiegel und versuchte sich zu rasieren; zweifellos hatte es seinen Herrn durch das Schlüsselloch vorher bei dieser Handlung beobachtet. Beim Anblick dieser gefährlichen Waffe im Besitz einer so wilden und mit ihrem Gebrauch vertrauten Bestie aufs höchste erschrocken, wußte der Mann mehrere Augenblicke nicht, was er beginnen sollte. Für gewöhnlich hatte er das Tier – selbst in seinen tollsten Anwandlungen – mit einer Peitsche bändigen können. Hierzu entschloß er sich auch jetzt. Als der Orang-Utan dies sah, entschlüpfte er sogleich durch die Tür, sprang die Treppe hinunter und durch ein Fenster, das zum Unglück offenstand, auf die Straße.

Verzweifelt folgte ihm der Franzose. Mitunter blieb der Affe, das Rasiermesser noch immer in der Hand, stehen, sich nach seinem Verfolger umwendend und ihm zuwinkend, bis dieser ihn fast eingeholt hatte. Dann ergriff er erneut die Flucht. Diese Jagd dauerte eine geraume Weile. Die Straßen waren menschenleer, da es gegen drei Uhr morgens war. Als der Flüchtling durch eine hinter der Rue Morgue gelegene Gasse eilte, wurde seine Aufmerksamkeit auf ein Licht gelenkt, das aus dem geöffneten Fenster der Madame L'Espanaye im vierten Stock ihres Hauses schien. Auf das Gebäude losstürzend, entdeckte die Bestie den Blitzableiter, kletterte mit unbegreiflicher Gewandtheit daran empor, ergriff den bis zur Hauswand zurückgeschlagenen Fensterladen und schwang sich mit ihm unmittelbar auf das Kopfende des Bettes. Diese Handlung war noch nicht einmal das Werk einer Minute. Der Laden wurde von dem Orang-Utan, sobald er in das Zimmer eingedrungen war, mit dem Fuß wieder zurückgestoßen.

Unterdessen war der Matrose halb erfreut, halb beunruhigt. Er hoffte, das Tier nun wieder einfangen zu können, da es aus der Falle, in die es sich selbst begeben hatte, kaum entschlüpfen konnte, ohne sich des Blitzableiters zu bedienen; dort aber konnte es abgefangen werden, wenn es wieder herunterkam. Andererseits war zu befürchten, daß es im Hause ein Unheil anrichten könne. Diese Überlegung veranlaßte den Mann schließlich, dem Flüchtling zu folgen. Ein Blitzableiter ist, insbesondere für einen Seemann, unschwer zu erklettern. Als er jedoch die Höhe des Fensters, das weitab zu seiner Linken lag, erreicht hatte, war seinem Weiterkommen eine Grenze gesetzt. Das Äußerste, was er tun konnte, war, sich so weit vornüberzuneigen, daß er in das Innere des Zimmers sehen konnte. Bei dem Anblick, der sich ihm hier bot, hätte er um Haaresbreite seinen Halt verloren. In diesem Augenblick durchgellten jene schauerlichen Schreie die Nacht, die die Bewohner der Rue Morgue aus dem Schlafe geschreckt hatten. Madame L'Espanaye und ihre Tochter, beide in Nachtgewänder gehüllt, waren damit beschäftigt, in der schon erwähnten eisernen Kassette, die in die Mitte des Zimmers geschoben war, Papiere zu ordnen. Die Kassette war offen; ihr Inhalt lag daneben auf dem Fußboden. Die Opfer mußten mit dem Rücken nach dem Fenster gesessen haben; nach der Zeit zwischen dem Eintritt des Tieres und dem Geschrei der Frauen zu urteilen, war es wahrscheinlich nicht sofort bemerkt worden. Das Klappen des Fensterladens konnten sie einfach dem Winde zugeschrieben haben.

Als der Seemann in das Zimmer blickte, hatte das riesenhafte Tier Madame L'Espanaye bei ihren nach dem Kämmen lose herabhängenden Haaren gepackt und schwang das Rasiermesser mit den Gebärden eines Barbiers vor ihrem Gesicht. Die Tochter lag regungslos hingestreckt; sie war in Ohnmacht gefallen. Das Geschrei und der Widerstand der alten Dame, als ihr das Haar vom Kopf gerissen wurde, bewirkten, daß die anscheinend friedliche Absicht des Orang-Utans in Zorn verwandelt wurde. Mit einem entschlossenen Streich seines muskulösen Armes trennte er ihr fast den Kopf vom Rumpfe. Der Anblick des Blutes entflammte seine Wut zur Raserei. Mit knirschenden Zähnen und feurig funkelnden Augen warf er sich auf den Körper des Mädchens, grub ihm seine furchtbaren Krallen in den Hals und hielt es gepackt, bis es entseelt war. Seine wild umherschweifenden Blicke fielen in diesem Moment auf das Kopfende des Bettes, über dem jetzt das vom Entsetzen verzerrte Gesicht seines Herrn sichtbar wurde. Mit einem Schlage verwandelte sich der Grimm des Tieres, das sich zweifellos der gefürchteten Peitsche entsann, in Angst. In dem Bewußtsein, eine Strafe verdient zu haben, schien es das Ergebnis seiner Bluttaten verbergen zu wollen. Von nervöser Erregung gepeitscht, raste es im Zimmer umher, warf die Möbel durcheinander, zerbrach sie und zerrte die Bettücher aus dem Bett. Schließlich ergriff es die Leiche der Tochter und stopfte sie in den Schornstein, wo sie später gefunden wurde; dann schleuderte es den Körper der alten Dame kopfüber aus dem Fenster.

Als der Affe mit seiner verstümmelten Bürde am Fenster erschien, wich der Matrose entsetzt zum Blitzableiter zurück, ließ sich mehr gleitend als kletternd daran zur Erde hinab und lief spornstreichs nach Hause; denn er fürchtete die Folgen des Blutbades und war in all seinem Schrecken noch froh, die Sorge um das Schicksal des Orang-Utans hinter sich lassen zu können. Die von den Leuten auf der Treppe gehörten Laute waren die entsetzten Ausrufe des Franzosen und das diabolische Geschnatter der Bestie.

Ich habe hier kaum noch etwas hinzuzufügen. Der Orang-Utan muß in dem Augenblick, bevor die Tür aufgesprengt wurde, über den Blitzableiter entkommen sein. Er muß nach dem Verlassen des Zimmers das Fenster geschlossen haben. Später wurde er von seinem Eigentümer selbst eingefangen, der ihn für eine beträchtliche Summe an den Jardin des Plantes verkaufte. Sobald wir im Büro des Polizeipräfekten unsern Bericht der Geschehnisse, durch Dupins Erläuterungen ergänzt, zu Protokoll gegeben hatten, wurde Lebon in Freiheit gesetzt. Der Beamte

blieb zwar äußerst zuvorkommend gegen meinen Freund, konnte aber seinen Schmerz über den Ablauf, den die Dinge genommen hatten, nicht verhehlen und ließ ein paar spöttische Bemerkungen einfließen, daß es geziemend sei, wenn sich jeder um seine eigenen Angelegenheiten kümmere.

»Lassen Sie ihn reden«, sagte Dupin, der es nicht für nötig gehalten hatte zu antworten, »lassen Sie ihn nur reden. Es wird ihm das Gewissen ein wenig erleichtern. Ich bin zufrieden, ihn mit seiner eigenen Waffe geschlagen zu haben. Daß er bei der Lösung dieses Rätsels scheiterte, ist jedoch keineswegs so wunderbar, wie er es hinstellen möchte. Denn in Wahrheit ist unser Freund, der Präfekt, viel zu gescheit, um weise zu sein. Er weiß seine Klugheit nicht anzuwenden. Da ist alles Kopf, aber ohne Körper, wie auf den Bildern der Göttin Laverna, oder – bestenfalls – alles Kopf und Schultern, wie beim Kabeljau. Dennoch ist er – alles in allem – ein braver Bursche. Ich schätze ihn besonders wegen eines Meisterstückes der Heuchelei, dem er seinen Ruf, ein Genie an Scharfsinn zu sein, verdankt. Ich meine seine Gewohnheit, ›de nier ce qui est, et d'expliquer ce qui n'est pas‹.«

Hinab in den Maelström

Gottes Wege in Natur und Vorsehung gleichen nicht
unseren Wegen; und die Schöpfungen unserer Hände
sind in keiner Weise vergleichbar der Unendlichkeit,
der Erhabenheit und der Unerforschlichkeit
Seiner Werke, die tiefer sind als der Abgrund des Demokrit.
Joseph Glanville

Wir hatten jetzt den Gipfel des höchsten Felsens erreicht. Einige Minuten schien der alte Mann zu erschöpft, um sprechen zu können.
»Es ist noch nicht lange her«, sagte er endlich, »da hätte ich Sie auf diesem Wege führen können wie der jüngste meiner Söhne; aber vor ungefähr drei Jahren hatte ich ein Abenteuer, wie es vorher noch kein Sterblicher erlebt oder vielmehr überlebt hat, so daß er davon hätte erzählen können. Die sechs Stunden voller Todesgrauen, die ich damals durchlitt, haben mir Leib und Seele zerbrochen. Sie halten mich für einen sehr alten Mann; aber ich bin's nicht. Ein einziger Tag hat genügt, meine bis dahin pechschwarzen Haare weiß zu färben, meine Glieder zu schwächen und meine Nerven zu zerrütten. Bei der geringsten Anstrengung befällt mich ein Zittern, und vor einem Schatten schrecke ich zusammen. Glauben Sie mir, daß ich nicht einmal über diese kleine Klippe hinwegsehen kann, ohne daß ich schwindlig werde?«
Die »kleine Klippe«, an deren Rand er sich so achtlos niedergeworfen hatte, daß der schwerere Teil seines Körpers darüber hinaushing und ihn nur seine auf die äußerste und schlüpfrige Kante gestützten Ellenbogen vor dem Absturz bewahrten – diese »kleine Klippe« aus schwarzem, schimmerndem Gestein ragte fast lotrecht einige fünfzehn- oder sechzehnhundert Fuß aus einer Unzahl kleinerer Klippen unter uns empor. Um nichts hätte ich gewagt, ihrem Rande nur bis auf ein halbes Dutzend Ellen nahe zu kommen. Die gefährliche Lage meines Begleiters

regte mich in der Tat derart auf, daß ich der Länge nach zur Erde fiel, mich an das ringsumher wuchernde Gestrüpp anklammerte und nicht einmal zum Himmel aufzublicken wagte; dabei suchte ich mich vergeblich von dem Gedanken zu befreien, die Grundfesten des Berges selbst seien durch die Gewalt der Winde gefährdet. Es währte lange, bis ich genug Mut aufbringen konnte, mich hinzusetzen und den Blick in die Ferne schweifen zu lassen.

»Sie müssen diese Angstvorstellungen überwinden«, sagte mein Führer; »denn ich habe Sie hierher geführt, um Ihnen den bestmöglichen Ausblick auf den Schauplatz der erwähnten Begebenheit zu vermitteln und Ihnen die ganze Geschichte angesichts dieses Platzes zu erzählen.

Wir befinden uns«, fuhr er in der für ihn bezeichnenden umständlichen Weise fort, »auf dem achtundsechzigsten Breitengrad unweit der norwegischen Küste im unwirtlichen Bezirk Lofoten der großen Provinz Nordland. Der Berg, auf dessen Gipfel wir sitzen, heißt Helseggen, der Umwölkte. Und nun richten Sie sich ein wenig auf – halten Sie sich am Gras fest, wenn Ihnen schwindlig werden sollte – so – und blicken Sie über den Dunstgürtel unter uns auf die See hinaus.«

Mit einem Gefühl des Schwindels sah ich auf eine weite Meeresfläche hinunter, deren Wasser so schwarz wie Tinte war, daß mir das ›Mare Tenebrarum‹ aus dem Bericht des nubischen Geographen einfiel. Ein Panorama von trostloserer Verlassenheit kann keine menschliche Phantasie ersinnen. Zur Rechten und Linken erstreckten sich, soweit das Auge reichte, wie die Grenzmauern der Welt Reihen schauerlich schwarzer Klippen, deren unheimlicher Eindruck durch die Brandung, die mit ihren gespenstischen weißen Schaumkronen, ewig heulend und kreischend, daran hinaufgischtete, noch erhöht wurde. Dem Vorgebirge, auf dessen höchster Erhebung wir uns befanden, gerade gegenüber war in einem Abstand von einigen fünf oder sechs Meilen draußen auf See eine kleine und öde Insel sichtbar oder richtiger gesagt ließ sich ihre Lage durch die tobende Brandung, die sie einhüllte, erraten. Dem Lande etwa zwei Meilen näher, erhob sich ein anderes kleineres Eiland, kahl, schrecklich zerklüftet und von einer Anzahl dunkler Riffe in verschiedenen Abständen umgeben.

Der Ozean zwischen der entlegeneren Insel und der Küste zeigte ein sehr eigenartiges Aussehen. Obwohl um diese Zeit ein kräftiger Sturm landeinwärts blies, so daß eine Brigg auf offener See unter doppelt gerefftem Gaffelsegel beigedreht lag und mit ihrem Rumpf immer bis zur völligen Unsichtbarkeit versank, war hier keine regelmäßige Dünung, sondern nur ein kurzes, hastiges und wildes Hinundherströmen des Wassers – sowohl in der Windrichtung als umgekehrt – zu bemerken. Von der unmittelbaren Umgebung der Riffe abgesehen, gab es fast keinen Schaum.

»Die Insel dort hinten«, hob der Alte wieder an, »wird von den Norwegern Vurrgh, die in der Mitte Moskoe genannt. Eine Meile nördlich davon liegt Ambaaren. Die anderen Inseln heißen Islesen, Hotholm, Keildhelm, Suarven und Buckholm. Noch weiter draußen zwischen Moskoe und Vurrgh liegen Otterholm, Flimen, Sandflesen und Stockholm. So werden sie genannt; doch weshalb sie überhaupt Namen haben, das ist mehr, als Sie oder ich verstehen können. Hören Sie etwas? Bemerken Sie eine Veränderung im Wasser?«

Wir weilten jetzt ungefähr zehn Minuten auf dem Gipfel des Helseggen, zu dem wir aus dem Inneren der Lofoten aufgestiegen waren; wir hatten keinen Blick auf das Meer werfen können, bis wir es vom Gipfel aus plötzlich in voller Weite erblickten. Während der Rede des Alten nahm ich ein lautes und stetig anschwellendes Geräusch wahr, das an das Brüllen einer ungeheuren Büffelherde auf den Prärien Amerikas erinnerte. Gleichzeitig bemerkte ich, daß das, was die Seeleute die kurzen Wellen des Ozeans nennen, sich unter uns in eine Strömung verwandelte, die sich nach Osten bewegte. Während ich noch darauf hinblickte, nahm diese Strömung eine ungeheure Schnelligkeit an. Sie steigerte sich jeden Augenblick, bis zu einem hemmungslosen Hinstürzen. In fünf Minuten war das ganze Meer bis nach Vurrgh zu maßloser Wut aufgepeitscht. Der Aufruhr hatte indessen zwischen Moskoe und der Küste seinen Höhepunkt. Hier war die gewaltige Fläche der Wasser in tausend einander zuwiderlaufende Kanäle zerrissen, barst dann wie in einer jähen, rasenden Zuckung auseinander, schwoll kochend und zischend empor, kreiste in zahllosen, gewaltigen Wirbeln und stürzte zuletzt in reißender Schnelle, wie sie sonst nur bei Katarakten zu beobachten ist, strudelnd und tosend nach Osten.

Wenige Augenblicke später trat auf dem ganzen Schauplatz eine andere völlige Wandlung ein. Die gesamte Oberfläche glättete sich irgendwie; die Wirbel schwanden nacheinander hinweg, während sich merkwürdige Schaumstreifen bildeten, die vorher nicht dagewesen waren. Diese Streifen dehnten sich zuletzt auf weite Strecken aus, flossen ineinander, übernahmen die Kreiselbewegung der entschwundenen Wirbel und schienen einen neuen Wirbel von ungeheuren Ausmaßen gebären zu wollen. Plötzlich, urplötzlich zeichnete sich dieser mit einem Durchmesser von mehr als einer Meile klar und bestimmt ab. Den Rand des Strudels bildete ein breiter glänzender Schaumgürtel; doch drang kein Teilchen davon in den Schlund des grausigen Trichters selbst ein, dessen Inneres, soweit das Auge hineinsehen konnte, ein glatter, schimmernder, pechschwarzer Wasserwall war, der sich in einem Winkel von fünfundvierzig Grad gegen den Horizont neigte. Um und um in einer schwellenden und schwingenden Bewegung kreisend und jagend, schickte er eine so fürchterliche, halb kreischende, halb brüllende Stimme zum Himmel, wie sie nicht einmal der gewaltige Niagarafall in seinem Todessturz zu erheben vermag.

Der Berg erbebte bis in seine Grundfesten, und der Felsen

wankte. Ich warf mich aufs Angesicht und klammerte mich in höchster Erregung an das spärliche Gras.

»Dies hier«, sagte ich schließlich zu dem Alten, »dies kann nichts anderes sein als der große Strudel des Maelströms!«

»So wird er mitunter genannt«, antwortete der alte Mann. »Bei uns Norwegern heißt er Moskoeström nach der Insel dort.«

Die üblichen Berichte über den Strudel hatten mich auf das, was ich jetzt sah, keineswegs vorbereitet. Die Darstellung des Jonas Ramus, wohl die ausführlichste von allen, kann weder von seiner Erhabenheit noch von seinem Grauen den mindesten Eindruck vermitteln – geschweige denn von dem tollen und verwirrenden Gefühl des Neuartigen, das den Zuschauer in Bann schlägt. Ich bin nicht sicher, von welchem Standpunkt oder zu welcher Zeit dieser Schriftsteller ihn beobachtete; doch kann dies weder vom Gipfel des Helseggen noch während eines Sturmes gewesen sein. Dennoch finden sich in dem Bericht einige Stellen, die ich der Einzelheiten wegen hier anführen möchte, wenn auch ihre Wirkung hinsichtlich des Eindrucks, den sie von dem Schauspiel geben wollen, äußerst gering ist.

»Zwischen Lofoten und Moskoe«, schreibt der Autor, »beträgt die Wassertiefe ungefähr 35 bis 40 Faden; auf der anderen Seite – nach Ver (Vurrgh) zu – verringert sie sich dagegen so sehr, daß sie nicht einmal einem Schiff die Durchfahrt erlaubt, weil Gefahr besteht, daß es – sogar bei ruhigem Wetter – an den Felsen zerschellt. Zur Flutzeit steigt die Strömung mit rasender Geschwindigkeit zwischen Lofoten und Moskoe zum Lande hinauf; beim Zurückfluten der Ebbe tobt das Meer jedoch so laut, daß die wildesten und furchtbarsten Katarakte davon übertroffen werden. Dieses Tosen ist meilenweit zu vernehmen, und die Strudel sind so ausgedehnt und tief, daß ein in ihren Sog geratenes Schiff unweigerlich verschlungen und auf den Grund hinabgezogen wird, wo es an den Felsen zerschmettert. Wenn sich später die Wasser beruhigt haben, kommen seine Trümmer wieder an die Oberfläche. Diese Ruhepausen treten nur beim

Wechsel der Gezeiten und bei ruhigem Wetter ein; sie währen nur eine Viertelstunde, worauf das Getöse allmählich wieder anschwillt. Wenn die Strömung sehr ungestüm ist und ihre Wut noch durch einen Sturm vermehrt wird, ist es gefährlich, dem Strudel bis auf eine norwegische Meile nahe zu kommen. Boote, Jachten und größere Schiffe wurden bei mangelnder Wachsamkeit hinweggerissen, bevor sie in die Reichweite des Strudels gekommen waren. Ebenso häufig geschieht es, daß Wale in die Strömung geraten und von ihrer Gewalt bezwungen werden; ihr Geschrei bei ihren fruchtlosen Versuchen, sich zu retten, ist unbeschreiblich. Ein Bär, der einmal von Lofoten nach Moskoe schwimmen wollte, wurde von der Strömung gepackt und in die Tiefe gerissen; das schreckliche Gebrüll, das er ausstieß, konnte noch an der Küste gehört werden. Große Mengen Kiefern und Fichten, die von der Strömung verschluckt wurden, kommen zerknickt und zerfetzt zum Vorschein, so daß sie aussehen, als ob sie mit Borsten bewachsen wären. Daraus kann man schließen, daß der Grund aus zackigen Riffen besteht, zwischen denen sie herumgewirbelt wurden. Diese Strömung hängt von den Gezeiten ab, das heißt, sie führt jeweils alle sechs Stunden Hoch- oder Niedrigwasser. Im Jahre 1645, in der Frühe des Sonntags Sexagesima, wütete sie so laut und gewaltig, daß sogar die Steine der Häuser an der Küste zur Erde fielen.«

Was die Meerestiefe angeht, konnte ich mir nicht vorstellen, wie diese in unmittelbarer Nähe des Strudels überhaupt gemessen werden konnte. Die »40 Faden« können sich nur auf Teile der Fahrrinne unweit der Küste von Lofoten oder Moskoe beziehen. Die Tiefe des Moskoeströms in seiner Mitte muß jedoch weit größer sein. Den besten Beweis für diese Behauptung kann man erhalten, wenn man einen Blick vom höchsten Felsen des Helseggen seitwärts in den Abgrund wirft. Als ich von dort oben auf den heulenden Phlegethon hinuntersah, mußte ich über die Einfalt lächeln, mit der der gute Jonas Ramus die An-

ekdoten von den Walen und dem Bären wie etwas kaum Glaubliches erzählt; denn ich halte es einfach für selbstverständlich, daß die größten existierenden Linienschiffe, wenn sie in den Bereich dieser todbringenden Anziehungskraft geraten, ihr so wenig widerstehen können wie eine Feder dem Sturme, sondern mit Mann und Maus untergehen müssen.
Soweit ich mich erinnere, schienen mir einige der Versuche, dieses Phänomen zu erklären, recht einleuchtend zu sein, als ich sie las; jetzt dagegen kamen sie mir ganz anders und unbefriedigend vor. Im allgemeinen wird angenommen, daß dieser Strudel sowie die drei kleineren zwischen den Färöern »keine andere Ursache haben als das bei Ebbe und Flut erfolgende Aufprallen steigender und fallender Wassermassen gegen eine Anzahl Riffe oder Sandbänke, die sich ihnen entgegenstemmen, so daß sie wie bei einem Katarakt in die Tiefe stürzen. Je höher die Flut steigt, desto tiefer müssen sie fallen. Das natürliche Ergebnis von alldem ist ein Strudel oder Wirbel, dessen erstaunlicher Sog durch Experimente in kleinerem Maßstabe zur Genüge bekannt ist.« – So lautet der Text der Encyclopaedia Britannica. Kircher und andere stellen sich vor, daß sich im Mittelpunkt des Maelströms ein Schacht im Erdball auftue, der zu einem weit entfernten Ort der Erdoberfläche führt – mit ziemlicher Bestimmtheit wird zum Beispiel einmal der Bottnische Meerbusen genannt. Diese an sich törichte Vorstellung wurde dennoch von meiner Phantasie, als ich den Strudel mit eigenen Augen sah, bereitwilligst angenommen. Und als ich davon zu meinem Führer sprach, war ich ziemlich überrascht zu hören, daß dies zwar der von den Norwegern allgemein vertretene Standpunkt sei, er jedoch eine andere Ansicht habe. Was die vorangehende Bemerkung betrifft, gab er seine Unfähigkeit zu, sie zu verstehen; denn wenn sie auch auf dem Papier ganz vernünftig zu sein scheint, und hier stimme ich mit ihm überein, nimmt sie sich vor dem Donnern des Abgrundes völlig sinnlos und geradezu lächerlich aus.

»Sie können den Strudel jetzt gut sehen«, sagte der Alte. »Wenn Sie nun um die Klippe herumkriechen und auf die windgeschützte Seite gehen wollen, damit Sie das Tosen der Fluten weniger hören, will ich Ihnen eine Geschichte erzählen, die Sie davon überzeugen wird, daß ich über den Moskoeström mitreden darf.«

Ich setzte mich hin, wie er wünschte, worauf er fortfuhr:

»Meine beiden Brüder und ich, wir besaßen einmal ein schonerartiges Boot von ungefähr siebzig Tonnen, mit dem wir zwischen den Inseln unweit Moskoe und Vurrgh zu fischen pflegten. Überall, wo das Meer heftige Strudel bildet, läßt sich's bei günstiger Gelegenheit gut fischen, wenn man den Mut zu diesem Wagnis aufbringt. Unter allen Bewohnern der Lofotenküste waren jedoch wir drei die einzigen, die es sich, wie ich schon sagte, zur Gewohnheit gemacht hatten, nach den Inseln auszufahren. Die üblichen Fischgründe liegen ein ganzes Stück weiter nach Süden. Dort kann der Fischfang zu jeder Stunde ohne Gefahr betrieben werden, und daher sind dies die bevorzugten Plätze. Aber die vorzüglichen Stellen dort drüben zwischen den Felsen liefern nicht nur die feinsten Sorten, sondern auch eine viel größere Menge, so daß wir oft an einem einzigen Tage mehr fingen, als unsere ängstlicheren Freunde in einer ganzen Woche zusammenkratzen konnten. Allerdings machten wir eine verzweifelte Spekulation daraus, indem wir die Arbeit durch Lebensgefahr, das Kapital durch Mut ersetzten.

Wir ankerten das Boot in einer kleinen Bucht ungefähr fünf Meilen die Küste aufwärts und verfuhren so, daß wir die fünfzehn Minuten Stillwasser dazu gebrauchten, die Fahrrinne des Moskoeströms weit oberhalb des Strudels zu überqueren und dann irgendwo bei Otterholm oder Sandflesen, wo die Strudel nicht so heftig sind wie anderwärts, vor Anker zu gehen. Hier blieben wir für gewöhnlich, bis die Zeit des Stillwassers fast herangekommen war; dann lichteten wir die Anker und segelten heim. Wir unternahmen diese Tour niemals, wenn wir nicht ei-

nen kräftigen Seitenwind für die Hin- und Rückfahrt hatten, der uns nach unserer Berechnung auch vor der Heimkehr nicht im Stich lassen würde; und fast nie verrechneten wir uns dabei. In sechs Jahren wurden wir nur zweimal gezwungen, die ganze Nacht wegen einer völligen Flaute, wie sie hierzulande selten vorkommt, vor Anker zu bleiben; und einmal wurden wir eine ganze Woche dort festgehalten, so daß wir fast Hungers gestorben wären, denn kurz nach unserer Ankunft hatte ein Sturm eingesetzt und die Meerenge zu unruhig gemacht, als daß wir an die Heimfahrt hätten denken können. In diesem Falle wären wir trotz allem in die offene See hinausgetrieben worden (die Strudel warfen uns so heftig herum, daß wir mit dem Anker nicht klar kamen und ihn schleiften), wenn uns nicht einer der zahlreichen Gegenströme, die heute hier und morgen dort erscheinen, in den Windschutz von Flimen getrieben hätte, wo wir glücklicherweise vor Anker gehen konnten.
Ich könnte Ihnen nicht den zwanzigsten Teil der Schwierigkeiten nennen, die uns in den Fanggründen begegneten; denn sie sind, selbst bei gutem Wetter, ein übler Ort zum Verweilen. Aber immer brachten wir es fertig, die Gefahren mit dem Moskoeström ohne Zwischenfall zu überstehen. Manchmal schlug mir freilich das Herz bis zum Halse hinauf, wenn es vorkam, daß wir eine Minute vor oder nach dem Stillwasser dort waren. Der Wind wehte mitunter nicht so kräftig, wie wir es beim Aufbruch vermutet hatten; wir bewegten uns also langsamer vorwärts, als wir uns wünschen mochten, zumal sich das Boot der Strömung wegen nur schwer steuern ließ. Mein ältester Bruder hatte einen achtzehnjährigen Sohn, und auch ich besaß zwei kräftige Jungen. Diese hätten uns manchmal beim Bedienen der Ruder oder hernach beim Fischen gute Dienste leisten können; doch wir hatten nicht das Herz, sie der Gefahr, die wir für uns selbst nicht scheuten, auszusetzen; denn, schließlich war es eine schreckliche Gefahr – das ist die reine Wahrheit.
In einigen Tagen jährt es sich zum dritten Male, daß sich das er-

eignete, was ich Ihnen jetzt erzählen will. Es war am 10. Juli 18.., einem Tage, der in diesen Breiten nie vergessen werden wird; denn damals tobte der furchtbarste Sturm, den uns je der Himmel gesandt hat. Und doch hatte noch den ganzen Vormittag und bis zum späten Nachmittag bei strahlendstem Sonnenschein eine sanfte und stetige Brise aus Südwest geweht, so daß selbst der älteste unter uns Seeleuten nicht hätte voraussehen können, was geschehen sollte.
Wir drei – meine zwei Brüder und ich – waren um zwei Uhr nachmittags zu den Inseln hinüber gekreuzt und hatten das Boot bald fast bis zum Rande mit wertvollen Fischen beladen, die an jenem Tage, was uns allen auffiel, zahlreicher denn je waren. Meine Taschenuhr zeigte gerade sieben, als wir die Anker lichteten, um nach Hause zu kommen, damit wir die gefährlichste Stelle des Maelströms bei ruhigem Wasser, also um acht Uhr, passieren konnten.
Wir nahmen bei frischem Wind auf der Steuerbordseite Platz und glitten rasch dahin, ohne von Gefahren zu träumen; denn tatsächlich gab es nicht den geringsten Grund zur Besorgnis. Plötzlich wurden wir von einer Bö, die vom Helseggen kam, zurückgeschleudert. Dies war überaus ungewöhnlich und noch nie vorher geschehen, und ich fühlte, ohne daß ich wußte warum, ein leises Unbehagen in mir aufsteigen. Wir brachten das Boot an den Wind, konnten aber wegen der Strudel nicht vorwärts kommen, und ich wollte gerade vorschlagen, zum Ankerplatz zurückzukehren. Als wir uns umblickten, sahen wir den ganzen Horizont mit einer eigenartigen kupferfarbenen Wolke bedeckt, die sich mit erstaunlicher Schnelligkeit ausbreitete.
Unterdes flaute die Brise, die uns zurückgetrieben hatte, ab, so daß wir, in allen Richtungen herumgetrieben, in einer vollkommenen Windstille lagen. Dieser Zustand hielt jedoch nicht so lange an, daß wir Zeit gehabt hätten, darüber nachzudenken. In weniger als einer Minute war der Sturm über uns, in weniger als zwei weiteren hatte sich der Himmel gänzlich verdunkelt,

und trotz der treibenden Gischt wurde es auf einmal so finster, daß wir im Boot einander nicht mehr zu sehen vermochten. Einen derartigen Orkan schildern zu wollen, wäre ein törichtes Unternehmen. Der älteste norwegische Seemann hat nie dergleichen derlebt. Wir ließen unsere Segel flattern, bevor es uns richtig packte; aber gleich bei der ersten Bö gingen unsere beiden Masten über Bord, als wären sie abgehackt worden – wobei der Hauptmast meinen jüngsten Bruder, der sich der Sicherheit halber an ihm festgebunden hatte, mit sich nahm.

Unser Boot war das allerleichteste Ding, das je auf dem Wasser schwamm. Es hatte ein ganz glattes Deck mit nur einer Luke in Bugnähe, und diese pflegten wir, wenn wir den ›Strom‹ kreuzten, aus Vorsicht gegen die Sturzseen geschlossen zu halten. Ohne dies wären wir im Nu gesunken, da wir für einige Augenblicke gänzlich unter den Wassermassen begraben waren. Wie mein älterer Bruder der Vernichtung entging, vermag ich nicht zu sagen; denn später hatte ich keine Gelegenheit mehr, ihn danach zu fragen. Ich selbst ließ mich, sobald ich das Focksegel losgemacht, einfach flach auf Deck fallen, stemmte die Füße gegen das schmale Dollbord am Bug und ergriff mit beiden Händen einen Ringbolzen, der sich unweit des Fußes des Fockmastes befand. Es war reiner Instinkt, der mich dazu trieb; doch es war unzweifelhaft das beste, was ich überhaupt tun konnte; denn zum Nachdenken war ich viel zu verstört.

Einige Augenblicke waren wir, wie ich schon sagte, gänzlich überflutet, und in dieser Zeit hielt ich den Atem an und klammerte mich an den Bolzen. Als ich es nicht länger aushalten konnte, erhob ich mich auf die Knie, ohne den Bolzen loszulassen, und bekam meinen Kopf klar. Unser kleines Boot schüttelte sich jetzt wie ein Hund, der aus dem Wasser kommt, und befreite sich damit einigermaßen von den Wassermassen. Ich versuchte nun, die Erstarrung, die mich befallen hatte, zu überwinden und meine Sinne zu sammeln, damit ich sehen konnte, was zu tun war. Da fühlte ich einen Griff an meinem

Arm. Es war mein älterer Bruder – und mein Herz hüpfte vor Freude, da ich angenommen hatte, er sei über Bord gespült –, doch wurde diese Freude im nächsten Augenblick in Entsetzen verwandelt; denn er legte seinen Mund dicht an mein Ohr und schrie das Wort ›Moskoeström!‹ hinein.

Niemand kann je ermessen, was ich in diesem Moment fühlte. Ein Schauer durchlief mich vom Kopf bis zu den Füßen wie bei einem heftigen Anfall von Schüttelfrost. Ich wußte nur zu gut, was er mit diesem einen Wort meinte – ich wußte, was er mir zu verstehen geben wollte. Mit dem Winde, der uns jetzt vorwärts jagte, trieben wie geradewegs auf den Moskoeström zu, und keine Macht der Welt konnte uns retten!

Sie können sich denken, daß wir die Fahrrinne sonst immer – auch bei ruhigstem Wetter – weit oberhalb des Wirbels überquerten und daß wir dann warteten und sorgsam auf das Stillwasser achtgaben; jetzt aber trieben wir, noch dazu bei einem Orkan wie diesem, geradewegs auf den Strudel zu! Sicherlich, sagte ich mir, werden wir gerade zur Zeit des Stillwassers dorthin kommen: darin liegt wenigstens noch eine winzige Hoffnung! – Aber im nächsten Augenblick fluchte ich mir selbst, weil ich so verrückt sein konnte, hier noch von Hoffnungen zu träumen. Ich wußte sehr wohl, daß wir verloren waren – hätten wir uns auch auf einem großen Kriegsschiff befunden!

Jetzt hatte sich die erste Wut des Sturmes ausgetobt; wir empfanden es wenigstens so, während wir vor dem Wind trieben. Jedenfalls hoben sich die Wassermassen, die zuerst vom Winde niedergehalten und mit Schaum bedeckt dagelegen hatten, zu wahren Bergen empor. Auch am Himmel hatte sich ein eigentümlicher Wechsel vollzogen. Ringsherum war er schwarz wie Pech; aber auf einmal riß zu unsern Häupten eine kreisförmige Öffnung auf – von einer Klarheit und tiefen, strahlenden Bläue, wie ich es nur je erlebt –, und aus ihr leuchtete der Vollmond in nie zuvor gesehenem Glanze. Er übergoß alles umher mit hel-

lem Licht, aber – o Gott im Himmel – was für ein Schauspiel war es, das er beleuchtete!
Ich unternahm einen oder zwei Versuche, mit meinem Bruder zu sprechen; aber aus einem mir unbegreiflichen Grunde hatte das Getöse derart zugenommen, daß ich mich ihm, obwohl ich mit dem Aufgebot aller Kräfte schrie, nicht verständlich machen konnte. Bleich wie der Tod, schüttelte er den Kopf und hob einen Finger, als wolle er sagen: ›Horch!‹
Anfangs konnte ich nicht begreifen, was er meinte; aber bald dämmerte mir ein grauenvoller Gedanke. Ich zog meine Uhr aus der Tasche: sie ging nicht. Ich sah beim Mondlicht auf das Zifferblatt und brach, sie weit von mir ins Meer schleudernd, in bittere Tränen aus. Sie war um sieben Uhr stehengeblieben. Die Zeit des Stillwassers war vorüber, und der Maelström befand sich in vollem Toben.
Wenn ein Boot gut gebaut, ordentlich ausgerüstet und nicht zu schwer beladen ist, so scheinen bei einem starken Sturm die Wellen unter ihm hervorzukommen, was eine Landratte sehr seltsam findet; wir Seeleute sagen: ›Es reitet‹. Nun, bis jetzt waren auch wir ganz tüchtig auf den Wogen geritten; jetzt aber trug uns eine riesige Welle, die uns unter dem Hinterschiff gefaßt hatte, hoch und höher hinauf, als sollte es in den Himmel gehen. Ich hätte nie geglaubt, daß eine Woge so hoch steigen könne. Und dann ging's hinunter mit einem Sausen und Gleiten und Tauchen, daß mir übel und schwindlig wurde, als fiele ich im Traum von einem Berggipfel herab. Aber ich hatte, als wir oben gewesen waren, einen schnellen Blick um mich her geworfen – und dieser eine Blick genügte vollauf. In einem einzigen Moment übersah ich unsere Lage. Der Strudel des Moskoeströms befand sich ungefähr eine Meile vor uns; aber er glich dem alltäglichen Moskoeström ebensowenig wie der Strudel, den Sie soeben gesehen haben, einem Mühlbach. Hätte ich nicht gewußt, wo wir uns befanden und was uns erwartete, so hätte ich den Ort nicht wiedererkannt. Jedenfalls schloß ich vor

Entsetzen unwillkürlich die Augen. Die Lider preßten sich mir wie in einem Krampf zusammen.

Es mochten noch keine zwei Minuten vergangen sein, als wir plötzlich spürten, daß die Wogen abnahmen und Gischt uns einhüllte. Das Boot machte eine scharfe Halbdrehung nach Backbord und schoß dann wie ein Pfeil in der neuen Richtung dahin. Gleichzeitig wurde das tobende Gebrüll der Wasser von einem schrillen Pfeifen übertönt, wie es die Ventile vieler tausend Dampfschiffe hervorbringen könnten, wenn sie gleichzeitig ihren Dampf abließen. Wir befanden uns jetzt innerhalb des Brandungsgürtels, der den Strudel stets umgibt. Und ich nahm natürlich an, daß uns der nächste Augenblick in den Abgrund, den wir wegen der erstaunlichen Schnelligkeit, mit der wir dahinsausten, nur undeutlich sehen konnten, hinabreißen würde. Das Boot schien gar nicht in die Flut einzutauchen, sondern wie eine Luftblase auf ihrer Oberfläche zu gleiten. Seine Steuerbordseite war dem Strudel zugekehrt, und hinter Backbord hob sich der Ozean, den wir verlassen hatten, empor. Er stand wie eine ungeheure Wand, die sich drehte, zwischen uns und dem Horizont.

Es mag Ihnen seltsam vorkommen: aber jetzt, da wir uns in dem Rachen des Abgrundes befanden, war ich gefaßter denn zuvor, als wir uns ihm nur genähert hatten. Seit ich erkannt hatte, daß es keine Hoffnung mehr gab, verschwand größtenteils der Schrecken, der mich anfangs gelähmt hatte. Ich denke, es war die reine Verzweiflung, die meinen Nerven Spannkraft verlieh.

Es mag großsprecherisch klingen – freilich erzähle ich Ihnen nur die Wahrheit –, aber ich begann darüber nachzudenken, eine wie wunderbare Sache es war, auf solche Art zu sterben, und wie albern es von mir gewesen war, vor einer so großartigen Offenbarung der göttlichen Macht an etwas so Belangloses wie mein eigenes persönliches Leben zu denken. Ich glaube wahrlich, daß ich vor Scham errötete, als mir dieser Gedanke durch

den Kopf ging. Nach einer kleinen Weile überwog in mir die verwegenste Neugier auf den Strudel selbst. Ich empfand tatsächlich den Wunsch, selbst um des Opfers willen, das ich bringen mußte, seine Tiefen zu erforschen; und es schmerzte mich ganz besonders, daß ich niemals in der Lage sein würde, meinen alten Gefährten an Land über die gesehenen Geheimnisse zu berichten. Dies waren ohne Zweifel sonderbare Vorstellungen für einen Menschen in solcher Notlage; und seither habe ich oft denken müssen, daß mir die Umdrehungen des Bootes die Sinne ein wenig verwirrt hatten.
Es gab noch einen weiteren Umstand, der dazu beitrug, mir meine Fassung wiederzugeben – nämlich das Aufhören des Windes, der uns in unserer gegenwärtigen Lage nicht mehr erreichen konnte; denn Sie haben ja selbst gesehen, daß sich der Schaumgürtel erheblich unterhalb des Meeresspiegels befindet, der nunmehr wie eine hohe, düstere Bergwand über uns aufragte. Wenn Sie nie einen Sturm auf See erlebt haben, können Sie sich die Gemütsverwirrung, die durch Wind und Gischt angerichtet wird, nicht vorstellen. Diese blenden, betäuben und ersticken Sie und nehmen Ihnen alle Kraft zum Denken und Handeln. Von dieser Qual aber waren wir jetzt weitgehend befreit – wie man zum Tode verurteilten Sträflingen kleine Erleichterungen gewährt, die ihnen versagt sind, solange ihr Urteil noch nicht feststeht.
Wie oft wir den Gürtel umkreisten, kann ich nicht sagen. Wir jagten vielleicht eine Stunde – eher fliegend als schwimmend – herum und wieder herum, wobei wir allmählich immer weiter in die Mitte der Brandung und dann immer näher an ihren furchtbaren inneren Rand gelangten. In dieser ganzen Zeit hatte ich den Ringbolzen nicht losgelassen. Mein Bruder hielt sich im Heck an einem kleinen, leeren Wasserfaß fest, das dort angebunden und der einzige Gegenstand an Deck war, den die Sturzseen nicht über Bord gespült hatten, als uns der Sturm zuerst packte. Sobald wir uns dem Rand des Abgrundes näherten,

ließ er seinen Halt fahren und griff nach dem Ringe, von dem er in seiner Todesangst meine Hände wegzureißen suchte; denn der Ring war nicht groß genug, uns beiden einen sicheren Griff zu gestatten. Niemals empfand ich tieferen Kummer als beim Anblick dieser Bemühungen; doch wußte ich, daß er wahnsinnig war, als er dies tat – ein rasender Narr aus purer Angst. Aber ich ließ es nicht auf einen Streit mit ihm ankommen. Ich wußte ja, daß es keinen Unterschied machte, ob sich einer von uns überhaupt noch an etwas festhielt oder nicht; so überließ ich ihm den Bolzen und kroch nach hinten zum Fasse. Dies war ohne große Mühe auszuführen; denn das Boot flog auf sicherem Kiel ruhig genug in der Runde, indem es nur hin und wieder das Schwingen und Schwanken des Wirbels mitmachte. Kaum hatte ich mich in meiner neuen Lage gesichert, als wir einen heftigen Ruck nach Steuerbord machten und jählings in den Abgrund hinabsausten. Ich schickte ein Stoßgebet zum Himmel und glaubte, daß nun alles vorüber sei.

Als ich den schwindelerregenden Schwung, mit dem wir hinabglitten, verspürte, hatte ich mich instinktiv fester an das Faß geklammert und meine Augen geschlossen. Einige Sekunden wagte ich nicht, sie zu öffnen; ich erwartete die augenblickliche Vernichtung und wunderte mich, daß ich nicht schon mit den Wellen um mein Leben rang. Aber ein Augenblick nach dem anderen entschwand. Ich lebte immer noch. Das Gefühl des Fallens hatte aufgehört, und die Bewegung des Schiffes schien die gleiche wie vorher innerhalb des Schaumgürtels zu sein – mit dem einzigen Unterschied, daß wir jetzt schiefer lagen. Ich faßte Mut und blickte nochmals auf die Szene.

Nie werde ich das Gefühl der Ehrfurcht, des Entsetzens und der Bewunderung vergessen, mit dem ich um mich schaute. Das Boot schien wie durch Zauber auf halbem Wege nach unten zu hängen – an der Innenfläche eines ungeheuer umfangreichen und erstaunlich tiefen Trichters, dessen vollkommen glatte Seitenwände man für Ebenholz gehalten hätte, wenn sie sich nicht so rasend gedreht hätten. Überdies strahlten sie in einem gespenstischen Glanze, da das Licht des Vollmondes aus jenem kreisförmigen Riß im Gewölk, den ich zuvor beschrieben habe, eine Fülle goldener Strahlen längs der schwarzen Wände tief hinab in das Innerste des Abgrunds sandte.

Zuerst war ich viel zu verwirrt, um etwas Genaues beobachten zu können. Die plötzliche Entfaltung schauriger Größe war das einzige, was ich wahrnahm. Als ich mich etwas erholt hatte, fiel mein Blick unwillkürlich nach unten. In dieser Richtung konnte ich ungehindert beobachten, weil das Boot so eigenartig an der schrägen Fläche des Trichters hing. Es fuhr auf ebenem Kiel – das heißt, sein Deck lag parallel zur Wasserfläche, die jedoch in einem Winkel von mehr als fünfundvierzig Grad geneigt war, so daß wir auf der Seite zu liegen schienen. Ich mußte feststellen, daß es mir deswegen nicht schwerer war, meinen Halt und mein Gleichgewicht in dieser Lage zu bewahren, als wenn ich mich auf einer ebenen Fläche befunden hätte. Dieser Umstand war, wie ich glaube, durch die Schnelligkeit bedingt, mit der wir uns im Kreise bewegten.

Die Strahlen des Mondes schienen den innersten Grund des tiefen Schlundes zu suchen; aber ich konnte dort nichts Genaues erkennen, weil alles in einen dichten Nebel gehüllt war, über den sich ein prachtvoller Regenbogen wie die schmale und schwankende Brücke spannte, die nach dem Glauben der Muselmänner der einzige Pfad ist, der Zeit und Ewigkeit verbindet. Dieser Nebel oder Gischt entstand ohne Zweifel durch das Aufprallen der großen Wände des Trichters, die sich alle dort unten trafen. Aber das Geheul, das aus diesem Nebel gen Himmel stieg, wage ich nicht zu schildern.

Unser erstes Hinabgleiten vom Schaumgürtel in den eigentlichen Abgrund hatte uns ein beträchtliches Stück in die Tiefe gerissen; jetzt aber verlangsamte sich diese Bewegung. Um und um schwangen wir – nicht in gleichförmiger Bewegung, sondern in schwindelerregenden Schwüngen und Sprüngen, die uns manchmal ein paar hundert Ellen, manchmal fast den gesamten Umkreis des Strudels zurücklegen ließen. Unsere Fahrt in die Tiefe ging bei jeder Umdrehung zwar langsam, aber merklich vor sich.

Wenn ich auf die weite Wüste des flüssigen Ebenholzes, das uns trug, hinausblickte, so bemerkte ich, daß unser Boot nicht der einzige Gegenstand im Banne des Wirbels war. Sowohl über wie unter uns trieben Schiffstrümmer, große Mengen Bauholz und Baumstämme sowie viele kleinere Dinge, wie Hausgeräte, zerbrochene Kisten, Fässer und Dauben. Ich habe schon die widernatürliche Neugier geschildert, die an die Stelle meines ersten Erschreckens getreten war. Sie schien sich nur noch zu steigern, während ich dem furchtbaren Verhängnis näher rückte. Ich begann jetzt mit sonderbarem Interesse die vielen Gegenstände, die mit uns schwammen, zu beobachten. Ich muß von Sinnen gewesen sein; denn es bereitete mir geradezu ein Vergnügen, die entsprechenden Geschwindigkeiten, mit denen sie unten im Gischt versanken, zu berechnen. ›Diese Fichte‹, sagte ich etwa zu mir, ›wird das nächste Ding sein, das den grausigen Sprung macht und verschwindet‹ – aber dann sah ich enttäuscht, daß das Wrack eines holländischen Handelsschiffes sie überholte und vor ihr unterging. Nachdem ich mehrmals in dieser Weise geraten und mich jedesmal getäuscht hatte, brachte mich schließlich diese Tatsache (die Tatsache meiner dauernden Fehlberechnung) auf einen Gedanken, der meine Glieder erbeben und mein Herz noch einmal in schweren Schlägen pochen ließ.

Es war kein erneuter Schrecken, der mich jetzt ergriff, sondern das Dämmern einer noch weit aufregenderen Hoffnung. Diese Hoffnung entstammte teils der Erinnerung, teils den gegenwärtigen Beobachtungen. Ich entsann mich der Verschiedenheit der längs der Lofotenküste verstreuten, angeschwemmten Gegenstände, die vom Moskoeström eingesogen und wieder ausgespien worden waren. Weitaus die meisten waren aufs sonderbarste verstümmelt, sozusagen zerrieben und rauh, daß sie aussahen wie mit Stacheln besät; aber dann erinnerte ich mich deutlich, daß es andere gab, die nicht im geringsten verändert waren. Nun konnte ich mir diesen Unterschied nur so erklären, daß die zerfetzten Trümmer die einzigen waren, die der Strudel völlig verschluckt hatte; die anderen waren dagegen entweder zu einer späteren Zeit der Flut hineingeraten oder nach ihrem Eintritt so langsam gesunken, daß sie den Grund nicht erreichten, bevor sich der Wechsel der Ebbe oder Flut – je nachdem – vollzog. Ich hielt es für denkbar, daß sie – in beiden Fällen – wieder zur Meeresoberfläche hinaufgewirbelt wurden, ohne das Schicksal derer zu erleiden, die früher hineingerissen oder rascher eingesogen worden waren. Ich machte drei bedeutsame Beobachtungen. Erstens – als allgemeine Regel – ging das Absinken der Gegenstände um so schneller vor sich, je größer sie waren; zweitens bewegten sich unter Körpern von gleicher Größe die von sphärischer Gestalt schneller abwärts als alle übrigen anderer Gestalt; drittens wurden unter Körpern von gleicher Größe die von zylindrischer Gestalt langsamer als alle übrigen eingesogen. Nach meiner Errettung habe ich mich öfter mit einem alten Schulmeister der Gegend unterhalten, von dem ich den Gebrauch der Wörter ›Zylinder‹ und ›Sphäre‹ erlernt habe. Er erklärte mir (die Erklärung selbst habe ich vergessen), daß das, was ich beobachtet hatte, die natürliche Folge der Form der treibenden Gegenstände war, und er zeigte mir, wie es kam, daß ein in einem Strudel schwimmender Zylinder dem Sog mehr Widerstand entgegensetzte und weniger hinabgezogen wurde als ein gleich großer Körper von beliebiger Form.*

Ein überraschender Umstand, der viel dazu beitrug, mir diese Beobachtungen zu bestätigen, und mich dazu drängte, sie auszunutzen, bestand darin, daß wir bei jeder Umdrehung etwas Ähnliches wie ein Faß, eine Rahe oder einen Schiffsmast über-

* Siehe Archimedes: De incidentibus in fluido, lib. 2.

holten, während viele Gegenstände, die mit uns, als ich zuerst die Wunder des Strudels erblickt hatte, auf gleicher Höhe gewesen waren, sich jetzt hoch über uns befanden und aus ihrer ursprünglichen Lage nur wenig entfernt zu haben schienen.

Ich schwankte nicht länger, was ich tun sollte. Ich beschloß, mich fest an das Faß zu binden, an dem ich mich hielt, und mit ihm ins Wasser zu springen. Ich machte meinen Bruder durch Zeichen aufmerksam, indem ich auf die schwimmenden Fässer, die sich uns näherten, hindeutete, und tat alles, was in meiner Macht lag, ihn über meine Absicht zu unterrichten. Ich nahm schließlich an, daß er meinen Plan begriffen habe; aber ob dies so war oder nicht, er schüttelte verzweifelt den Kopf und weigerte sich, seinen Platz am Ringbolzen zu verlassen. Es war mir unmöglich, ihn zu erreichen; und da die Notlage kein Zögern erlaubte, überließ ich ihn nach bitterem Kampf seinem Schicksal, band mich mit den Stricken, die das Faß am Heck hielten, daran fest und stürzte mich, ohne einen Augenblick länger zu zögern, ins Meer.

Das Ergebnis war genau das, was ich erhoffte. Da ich Ihnen diese Geschichte selbst erzähle – wie Sie sehen, bin ich wirklich davongekommen – und da Sie schon wissen, auf welche Art ich entkam, und daher alles, was ich noch zu sagen hätte, leicht erraten können, will ich meine Erzählung rasch zum Abschluß bringen. Ungefähr eine Stunde nach meinem Verlassen des Bootes machte dieses tief unter mir drei oder vier wilde Umdrehungen schnell hintereinander und ließ mit sich meinen geliebten Bruder für immer im Wirbel des Gischtes verschwinden. Das Faß, an das ich mich gebunden hatte, war kaum weiter als um die halbe Entfernung zwischen dem Grunde und der Stelle, an der ich über Bord gesprungen war, hinabgesunken, als mit dem Wirbel eine große Veränderung vor sich ging. Die Seitenwände des ungeheuren Trichters verloren allmählich ihre Steilheit. Nach und nach verringerten sich die Umdrehungen des Strudels. Langsam verschwand der Gischt mit dem Regenbo-

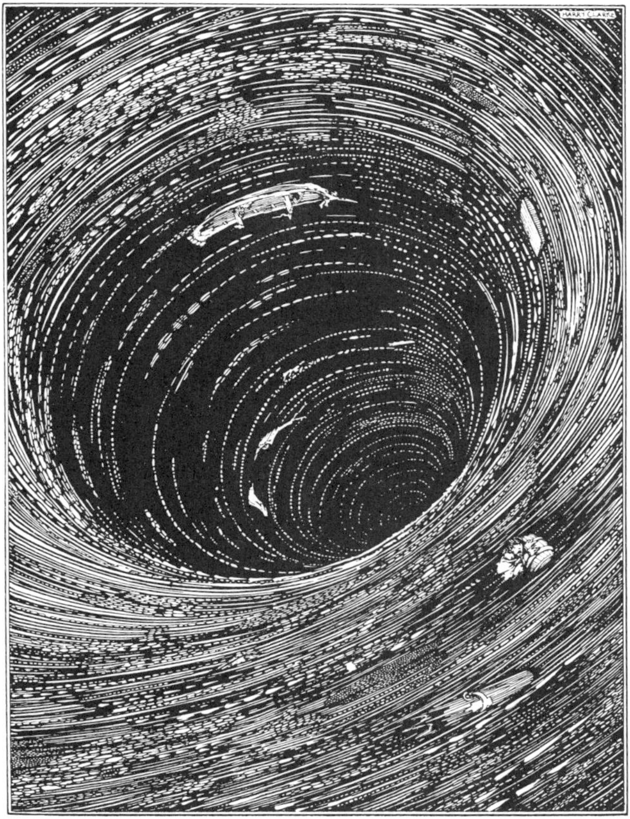

gen darüber, und der Grund des Trichters schien sich allmählich zu heben. Der Himmel war klar, die Winde hatten sich gelegt, und der Vollmond ging strahlend im Westen unter, als ich mich auf der Oberfläche des Meeres befand, vor mir die Küste von Lofoten und unter mir die Stelle, wo der Strudel des Maelströms gewesen war. Die Zeit des Stillwassers war gekommen.

Allerdings türmte sich die See unter der Nachwirkung des Orkans noch in berghohen Wogen empor. Ich wurde heftig in die Strömung des Moskoeströms getragen und in wenigen Minuten die Küste abwärts zu den Fanggründen der Fischer getrieben. Ein Boot nahm mich auf – ich war von der Anstrengung völlig erschöpft und konnte nun, da die Gefahr vorüber war, kein Wort sagen infolge der Erinnerung an ihre Schrecken. Die Männer, die mich an Bord zogen, waren meine alten Gefährten und täglichen Genossen; aber sie erkannten mich ebensowenig wie einen Reisenden aus dem Geisterland. Mein Haar, das tags zuvor pechschwarz gewesen, war so weiß, wie Sie es jetzt sehen. Auch sagt man, daß sich mein Gesichtsausdruck vollkommen geändert habe. Ich erzählte ihnen meine Geschichte – sie haben mir nicht geglaubt. Ich habe sie jetzt Ihnen erzählt und kann kaum erwarten, daß Sie mir mehr Glauben schenken als die fröhlichen Fischer von Lofoten.«

Die Maske des roten Todes

Lange schon hatte der Rote Tod das Land verheert. Nie zuvor war eine Seuche so verderblich, so widerwärtig gewesen. Blut war ihr Zeichen und Siegel – die Röte und Furchtbarkeit des Blutes. Zuerst stellten sich heftige Schmerzen ein; ein Schwindelanfall folgte, und Blut ergoß sich im Übermaß aus allen Poren bis zur Auflösung. Die scharlachroten Flecke, die besonders auf dem Antlitz des Opfers hervortraten, waren der Bannfluch der Pest: wer sie hatte, war vom Mitleid und von der Hilfe seiner Mitmenschen ausgeschlossen. Und Ausbruch, Verlauf und Ende der Krankheit waren das Werk einer halben Stunde.

Fürst Prospero aber war glücklich, furchtlos und weise. Als sein Reich zur Hälfte entvölkert war, rief er tausend gesunde und leichtlebige Ritter und Damen seines Hofes zu sich und zog sich mit ihnen in die tiefe Einsamkeit eines seiner festen Schlösser zurück. Dies war ein weites und herrliches Gebäude, von dem kühnen, aber erlauchten Geschmack des Fürsten geschaffen. Eine hohe und starke Mauer umschloß es. In dieser Mauer befanden sich eiserne Tore. Nach ihrem Einzuge trugen die Höflinge Schmelzöfen und mächtige Hämmer herbei und schmiedeten die Riegel zu. Sie waren entschlossen, plötzlichen Anfällen von Verzweiflung oder Tobsucht weder Ein- noch Ausgang zu gewähren. Das Schloß war mit reichlichen Vorräten versehen. Mit solchen Mitteln konnten die Höflinge der Seuche die Stirn bieten. Die Außenwelt mochte sich um sich selbst kümmern. Einstweilen brauchte man sich nicht unnützen Sorgen oder Grübeleien hinzugeben. Der Fürst hatte für alle Arten von Vergnügungen vorgesorgt. Da gab es Spaßmacher, Stegreifkünstler und Ballettänzerinnen – Musik, Schönheit und Wein. Alles dies war drinnen und dazu die Sicherheit. Draußen war der Rote Tod. Als der fünfte oder sechste Monat dieser Absonderung zu Ende ging und die Pest draußen am wütendsten tobte, erfreute Fürst Prospero seine tausend Freunde mit einem unerhört prächtigen Maskenfest.

Diese Maskerade bot einen verschwenderischen Anblick dar. Aber laßt mich zuerst von den Räumlichkeiten berichten, in denen sie stattfand. Es waren sieben an der Zahl – eine wahrhaft königliche Zimmerflucht. Nun sind solche Zimmerfluchten in vielen Palästen geradlinig angelegt, so daß der Blick, wenn die Schiebetüren beiderseits fast bis zu den Wänden zurückgleiten, das Ganze auf einmal aufnehmen kann. Hier verhielt es sich jedoch ganz anders – wie man es von dem Fürsten mit seinem Hang zum Absonderlichen füglich erwarten konnte. Die Säle waren so unregelmäßig angeordnet, daß man von einem beliebigen Standort immer nur einen überblicken konnte. In Abständen von einigen zwanzig oder dreißig Ellen gab es eine scharfe Biegung, bei der sich ein neuer Eindruck bot. Rechts und links waren in die Mitte der Wände hohe und schmale gotische Fenster eingefügt, die auf einen Gang, der den Windungen der Zimmerflucht angepaßt war, hinaussahen. Diese Fenster bestanden aus buntem Glase, dessen Farbe mit der der Ausstattung des entsprechenden Zimmers übereinstimmte und folglich wechselte. Das Ostzimmer war zum Beispiel blau verhangen – seine Fenster wiesen ein leuchtendes Blau. Der zweite Saal zeigte purpurne Zierate und Wandbehänge – hier waren die Scheiben purpurrot. Das dritte Zimmer war ganz in Grün gehalten – ebenso die Fenster. Das vierte war orangefarben ausstaffiert und beleuchtet – das fünfte weiß, das sechste violett. Der siebente Raum war gänzlich mit schwarzen Samtteppichen verhangen, und zwar sowohl die Decke als auch die Wände, die in schweren Falten auf einen Teppich vom gleichen Stoff und der gleichen Farbe herabfielen. Allerdings stimmte in diesem Zimmer die Farbe der Fenster nicht mit der der Ausschmükkung überein. Hier waren die Scheiben scharlachrot – wie dunkles Blut. Unter all den goldenen Ziergegenständen, die hier und da verstreut waren oder von der Decke herabhingen, gab es in den Sälen weder Lampen noch Kandelaber. Nirgends verbreitete eine Ampel oder eine Kerze ihren Schein. Dagegen waren hinter allen Fenstern im Seitengang schwere Dreifüße aufgestellt, auf denen Kohlenbecken loderten. Diese ergossen ihr Licht durch die farbigen Gläser, so daß die Räume flackernd erhellt wurden. Auf diese Weise entstanden viele bunte und abenteuerliche Wirkungen. Im westlichen oder schwarzen Zimmer brachte der Feuerschein, der durch die blutroten Scheiben auf die schwarzen Behänge fiel, einen höchst schauerlichen Eindruck hervor und verlieh den Gesichtern der Eintretenden ein so grausiges Aussehen, daß nur wenige von der Gesellschaft so verwegen waren, den Fuß über die Schwelle dieses Zimmers zu setzen. Dort ragte an der westlichen Wand eine riesenhafte Standuhr aus Ebenholz empor. Ihr Pendel schwang mit einem einförmigen, dumpfen und schweren Schlag hin und her. Wenn der Minutenzeiger das Zifferblatt einmal umkreist hatte und der Stundenschlag ertönen sollte, drang aus dem ehernen Inneren der Uhr ein klarer, tiefer, starker und sonorer Ton von so besonderer Art und solcher Eindringlichkeit hervor, daß nach jeder Stunde die Musiker der Kapelle ihr Spiel im selben Augenblick unterbrechen mußten, um zu lauschen. Natürlich hielten dann auch die Tänzer in ihren Bewegungen inne, und eine leise Mißstimmung beschlich die ganze frohe Gesellschaft. Solange der Schlag der Uhr zu hören war, konnte man sehen, wie die Leichtsinnigsten erbleichten und die Älteren und Gesetzteren wie in wirrem Traum oder Nachsinnen über ihre Stirnen strichen. Wenn aber das Echo verhallt war, lief sogleich wieder ein heiteres Gelächter durch die Versammlung. Die Musiker blickten einander über ihre eigene Torheit und Schwäche lächelnd an und schworen sich leise zu, daß sie sich durch den nächsten Stundenschlag nicht wieder aus der Fassung bringen lassen wollten. Aber nach Ablauf von sechzig Minuten (die dreitausendsechshundert Sekunden der flüchtigen Zeit umfassen) schlug die Uhr wiederum – und das gleiche Unbehagen, das gleiche Zittern und Besinnen stellten sich von neuem ein. Hiervon abgesehen, war es ein heiteres und großartiges Fest. Der Fürst besaß einen sonderbaren Geschmack. Insbesondere hatte er ein gutes Auge für feine Farbwirkungen. Er verachtete alles, was nur Mode war. Seine Entwürfe waren kühn und feurig, ein wilder Glanz durchglühte seine Phantasien. Manche hielten ihn für wahnsinnig. Sein Gefolge aber wußte, daß er es nicht war. Man mußte ihn sehen, ihn hören und mit ihm umgehen, wenn man sich überzeugen wollte, daß er es wirklich nicht war.

Die beweglichen Einrichtungen der sieben Säle hatte er größtenteils selbst für das Fest angeordnet. Sein bestimmender Geschmack schrieb auch den Masken ihre Rollen vor. Sicherlich waren sie äußerst grotesk. Da war Glänzendes und Gewagtes und Überschwengliches – vieles der Art, wie man es später in der Oper »Hernani« sehen konnte. Da gab es arabeskenhafte Gestalten, deren Glieder etwas Verrenktes hatten. Da waren Gebilde, die aus den Fieberträumen Wahnsinniger zu stammen schienen. Da fehlte es nicht an Schönem und Ausgelassenem, an Fratzenhaftem und Schrecklichem und manchem, was beinahe Abscheu erregen konnte. Diese Masken wogten wie ein Schwarm von Träumen in den sieben Zimmern auf und nieder. Und diese Träume schlangen sich, die Farben der einzelnen Säle annehmend, umeinander und ließen die tolle Musik des Orchesters wie das Echo ihrer Schritte wirken. Und wieder schlägt die Ebenholzuhr in dem samtenen Saale. Und für einen Augenblick herrscht bis auf die Stimme der Uhr Schweigen. Die Träume sind in ihren Stellungen erstarrt. Aber nun verebbt das Echo des Glockenschlages wieder. Es hat ja nur einen Augenblick gewährt – und ein leichtes, halb unterdrücktes Lachen folgt ihm nach. Und jetzt schwillt die Musik wieder an: die Träume beleben sich und gaukeln fröhlicher denn je umher. Sie nehmen die Farben der vielerlei Fenster an, durch die die Lichter der Dreifüße fallen. Aber keine der Masken wagt sich jetzt mehr in das westliche Gemach. Denn die Nacht schwindet; durch die blutroten Scheiben wogt ein noch glühenderes Licht, und die Schwärze der düsteren Behänge ist zum Erschrecken. Und wer den Fuß auf den schwarzen Teppich setzt, hört den dumpfen Klang der Uhr deutlicher als jene, die in den anderen Gemächern in Fröhlichkeit schwelgen.

Aber in diesen anderen Gemächern drängte sich alles, und dort schlug fieberisch der Puls des Lebens. Wirbelnd ging das Fest weiter, bis die Uhr sich endlich zum Schlag der Mitternachtsstunde anschickte. Und wieder hörte, wie ich schon sagte, die Musik auf; die Bewegungen der Tanzenden erstarben, und ein unbehagliches Erstarren befiel alles. Diesmal waren es aber zwölf Schläge, die aus der Uhr ertönen mußten. Und so hatten die Gedanken mehr Zeit, sich in die Überlegungen der Besinnlicheren unter den Festgästen einzuschleichen. Und daher kam es wohl auch, daß viele, ehe der letzte Schlag verstummt war, Muße fanden, die Anwesenheit einer Maske zu bemerken, die vorher noch niemand beachtet hatte. Als sich die Kunde von dieser Erscheinung ringsum im Flüstertone verbreitet hatte, ließ sich ein Summen oder Murmeln aus der Gesellschaft hören, das Mißbilligung und Überraschung – ja, Furcht, Entsetzen und Ekel ausdrückte.

In einer Versammlung so phantastischer Gestalten, wie sie hier geschildert wurde, konnte eine gewöhnliche Erscheinung niemals solche Aufregung hervorrufen. Die Maskenfreiheit war in jener Nacht nämlich fast unbegrenzt; die bewußte Gestalt hatte aber den Tyrannen übertroffen und die weitherzige Auslegung des Fürsten, was Schicklichkeit betraf, weit hinter sich gelassen. Selbst in den Herzen der Leichtsinnigsten gibt es Saiten, die nicht ungestraft angeschlagen werden dürfen. Und selbst die Verworfensten, die über Leben und Tod spotten, können Scherze über gewisse Dinge nicht vertragen. Hier aber schien die ganze Gesellschaft zu empfinden, daß Gewand und Benehmen des Fremden weder witzig noch anständig waren. Die Gestalt war lang und hager und von Kopf bis Fuß in Grabtücher eingehüllt. Die Larve, die das Antlitz verbarg, ahmte so sehr das starre Gesicht einer Leiche nach, daß man schon genau hinsehen mußte, um den Betrug zu entdecken. Und doch wäre dies alles von den tollen Zechern zwar nicht gebilligt, aber ertragen worden. Die Maske war jedoch so weit gegangen, daß sie die Merkmale des Roten Todes angenommen hatte. Ihr Gewand war mit Blut bespritzt, und ihre breite Stirn sowie ihr ganzes Gesicht trug die scheußlichen Scharlachflecke. Als Fürst Prospero diese spukhafte Erscheinung (die langsam und gemessen, als wolle sie den Charakter ihrer Rolle betonen, durch die Tanzenden hin und her schritt) erspähte, sah man ihn im ersten Augenblick vor Schreck oder Abscheu erschauern; dann aber rötete Zorn seine Stirn. »Wer wagt es«, fragte er heiser die herumstehenden Höflinge, »wer wagt es, uns mit einer so aberwitzigen Lästerung zu schmähen? Ergreift ihn und reißt ihm die Maske ab – damit wir wissen, wen wir bei Sonnenaufgang an den Zinnen des Schlosses aufhängen sollen!« Fürst Prospero befand sich im östlichen oder blauen Zimmer, als er diese Worte hervorstieß. Sie hallten laut und klar durch die sieben Säle; denn der Fürst war ein stolzer und stattlicher Mann, und die Musik hatte er mit einem Wink seiner Hand zum Schweigen gebracht.

Er stand also im blauen Zimmer, von einer Schar bleicher Höflinge umgeben. Zuerst schienen sich diese auf den Eindringling, der sich in der Nähe befand und dem Sprecher mit ruhigem und entschlossenem Schritt nahte, stürzen zu wollen. Aber in dem bangen Gefühl, das alle, durch die ungeheuerliche Anmaßung der Maske hervorgerufen, beschlichen hatte, fand sich niemand, der die Hand ausstreckte, sie zu ergreifen. Daraufhin ging sie in einem Abstand von nur einer Elle an dem Fürsten vorüber. Und während die Menge wie unter einem Zwang bis

zu den Wänden der Zimmer zurückwich, schritt sie ungestört und so feierlich und gelassen wie vorher weiter – durch das blaue ins purpurne – durch das purpurne ins grüne – durch das grüne ins orangefarbene – durch dieses ins weiße und schließlich ins violette Zimmer, bevor eine entscheidende Bewegung, sie aufzuhalten, erfolgt war. Jetzt aber stürzte Fürst Prospero, vor Wut und Scham über seine anfängliche Feigheit rasend, durch alle sechs Räume, ohne daß ihm ein einziger aus der von tödlichem Schrecken gebannten Schar gefolgt wäre. Einen Dolch in der hocherhobenen Rechten, hatte er sich der zurückweichenden Gestalt in wildem Ansturm bis auf drei oder vier Schritte genähert, als sich diese, am Ende des Samtzimmers angelangt, plötzlich umdrehte und ihrem Verfolger die Stirn bot. Ein gellender Schrei – und der Dolch fiel blitzend auf den schwarzen Teppich, auf den einen Augenblick später Fürst Prospero entseelt niedersank. Mit dem wilden Mut der Verzweiflung drängte sich sogleich ein Häuflein der Festgäste in das schwarze Zimmer und ergriff die Maske, deren hohe Gestalt aufrecht und bewegungslos im Schatten der Ebenholzuhr stand, taumelte aber in sprachlosem Entsetzen zurück, als es die Grabtücher und die totenähnliche Gesichtsmaske, die es so ungestüm gepackt hatte, als leere Hülle fand.

Und nun erkannten alle, daß der Rote Tod unter ihnen weilte. Wie ein Dieb in der Nacht war er gekommen. Einer nach dem anderen sanken die Gäste in den blutbefleckten Hallen ihrer Vergnügungen dahin, und jeder starb in der verzweifelten Gebärde seines Falles. Und das Leben der Ebenholzuhr entschwand mit dem des letzten der Sorglosen. Und die Flammen der Dreifüße erloschen. Und Finsternis und Verwesung und der Rote Tod herrschten schrankenlos über allem.

Der Goldkäfer

Oho! oho! der Kerl tanzt wie verrückt,
als wär' von der Tarantel er gestochen.
Alles verkehrt

Vor vielen Jahren schloß ich enge Freundschaft mit einem gewissen Mr. William Legrand. Er entstammte einer alten Hugenottenfamilie und war einst reich gewesen; aber durch eine Reihe von Unglücksfällen war er in bittere Not geraten. Um den Demütigungen, die dieses Ungemach nach sich ziehen mußte, zu entgehen, hatte er New Orleans, die Stadt seiner Väter, verlassen und sich auf der Sullivaninsel bei Charleston, Süd-Carolina, angesiedelt.

Diese Insel hat ein sehr eigentümliches Gepräge. Sie besteht fast vollständig aus Seesand und ist ungefähr drei Meilen lang. Ihre Breite überschreitet nirgends eine Viertelmeile. Vom Festland ist sie durch ein fast unsichtbares Flüßchen getrennt, das durch eine Wildnis von Röhricht und Morast, einen Lieblingsaufenthalt des Sumpfhuhns, dahinsickert. Die Vegetation ist, wie man sich denken kann, spärlich oder zumindest von niedrigem Wuchs. Einigermaßen hohe Bäume sind überhaupt nicht zu sehen. Unweit ihrer Westspitze, wo das Fort Moultrie aufragt und einige armselige Hütten zu finden sind, die während des Sommers von den aus Staub und Fieberdünsten geflohenen Bürgern Charlestons bewohnt werden, kann man zwar auf die borstige Zwergpalme stoßen; aber sonst ist die ganze Insel mit Ausnahme jener Gegend und eines harten, weißen Strandstreifens an der Seeseite mit dem dichten Gebüsch der süßen Myrte bewachsen, die von den Gärtnern Englands so hoch geschätzt wird. Dieses Strauchwerk erreicht hier oft eine Höhe von fünfzehn bis zwanzig Fuß und bildet ein schier undurchdringliches Dickicht, die Lüfte mit seinem Wohlgeruch erfüllend.

Im heimlichsten Winkel dieses Dickichts, unweit der östlichen und entlegeneren Spitze der Insel, hatte sich Legrand eine kleine Hütte erbaut, in der er wohnte, als ich ihn kennenlernte. Unsere Bekanntschaft reifte bald zur Freundschaft; denn der Einsiedler besaß vieles, was Teilnahme oder Hochachtung erregen mußte. Ich fand in ihm einen sehr gebildeten und mit ungewöhnlichen Geisteskräften begabten Menschen, der jedoch von Menschenverachtung angekränkelt und widerspruchsvollen Stimmungen, die ihn bald in Begeisterung, bald in Schwermut versetzten, unterworfen war. Er besaß sehr viele Bücher, bediente sich ihrer aber nur selten. Seine Lieblingsbeschäftigungen waren die Jagd und der Fischfang; aber er unternahm auch gern lange Spaziergänge längs des Strandes und in den Myrtenhainen, wo er Muscheln und entomologische Exemplare suchte. Seine Sammlung an letzteren hätte ihm ein Swammerdam neiden können. Auf diesen Ausflügen wurde er gewöhnlich von einem Neger namens Jupiter begleitet, der noch vor dem Mißgeschick der Familie freigelassen worden war, aber weder durch Drohungen noch Versprechungen dazu bewogen werden konnte, auf »sein Recht« – wie er es nannte –, »auf die Schritte seines jungen Massa Will achtzugeben«, zu verzichten. Es ist nicht unwahrscheinlich, daß die Verwandten Legrands, die diesen für etwas unberechenbar hielten, diese Hartnäckigkeit Jupiters selbst herbeigeführt hatten, indem sie auf diese Art den Ruhelosen beaufsichtigen und bewachen ließen.

In den Breiten der Sullivaninsel sind strenge Winter selten; und im Herbst ist es geradezu als ein Wunder anzusehen, wenn einmal ein Feuer für notwendig gehalten wird. Um die Mitte des Oktober 18.. kam jedoch ein Tag von bemerkenswerter Kälte. Kurz vor Sonnenuntergang bahnte ich mir einen Weg durch das immergrüne Gestrüpp zur Hütte meines Freundes, den ich seit mehreren Wochen nicht besucht hatte. Ich wohnte damals in Charleston, neun Meilen von der Insel entfernt; doch waren

Hin- und Rückreise zu jener Zeit viel schwieriger zu bewerkstelligen als heutzutage. Als ich die Hütte erreicht hatte, klopfte ich nach meiner Gewohnheit an, entnahm, da ich keine Antwort erhielt, dem mir bekannten Versteck den Schlüssel, schloß die Tür auf und trat ein. Auf dem Herde flackerte ein behagliches Feuer. Das war eine mir durchaus nicht unangenehme Überraschung. Ich warf meinen Überrock ab, zog mir einen Armstuhl neben die prasselnden Scheite und wartete geduldig auf die Ankunft meiner Wirte.

Kurz nach Einbruch der Dunkelheit kamen sie und hießen mich aufs herzlichste willkommen. Jupiter, über das ganze Gesicht grinsend, begann sehr geschäftig einige Sumpfhühner zum Nachtmahl zuzubereiten. Legrand hatte einen seiner Anfälle – wie sollte ich es sonst nennen? – von Begeisterung. Er hatte eine unbekannte Muschel gefunden, die eine neue Gattung darstellte, und außerdem mit Jupiters Hilfe einen Skarabäus gejagt und erbeutet, den er für eine neue Art hielt und über den er am Morgen mein Urteil zu erfahren wünschte.

»Warum denn nicht schon heute?« fragte ich, meine Hände über der Glut reibend und das ganze Geschlecht der Skarabäen zum Teufel wünschend.

»Ach, wenn ich nur gewußt hätte, daß Sie hier seien«, sagte Legrand, »aber ich habe Sie schon so lange nicht gesehen. Wie hätte ich ahnen können, daß Sie mich ausgerechnet am heutigen Abend besuchen würden? Auf dem Heimweg traf ich Leutnant G. vom Fort und lieh ihm törichterweise den Käfer; also können Sie ihn unmöglich vor morgen früh sehen. Bleiben Sie über Nacht hier – dann lasse ich ihn bei Sonnenaufgang durch Jup holen. Es ist das lieblichste Ding der Schöpfung!«

»Was denn – der Sonnenaufgang?«

»Unsinn, der Käfer. Er ist von glänzender Goldfarbe, etwa so groß wie eine Hickorynuß, und hat zwei pechschwarze Flecke an dem einen und einen etwas längeren Fleck am anderen Ende des Rückens. Jedes Fühlhorn ist –«

»Nix Horn daran sein, wenn ich sagen, Massa Will«, unterbrach ihn Jupiter, »Käfer sein ganz von Gold, reines Gold, jedes kleine Stück innen wie außen, außer Flügel. Niemals ich haben gehabt in Hand Käfer halb so schweres in Leben.«

»Gut, nehmen wir es an, Jup«, erwiderte Legrand, etwas ernster, wie mir schien, als die Sache wert war, »ist das aber ein Grund für dich, das Geflügel anbrennen zu lassen? Die Farbe –«, hier wandte er sich wieder an mich, »ist wirklich fast geeignet, Jupiters Meinung zu rechtfertigen. Sie haben nie einen lebhafteren Goldglanz gesehen, als ihn diese Flügeldecken zeigen – aber das können Sie ja erst morgen beurteilen. Inzwischen kann ich Ihnen eine Vorstellung von seiner Gestalt vermitteln.«

Indem er dies sagte, setzte er sich an einen kleinen Tisch, worauf sich Feder und Tinte, aber kein Papier befand. Er suchte in einer Schublade danach, fand aber auch dort nichts.

»Schadet nichts«, sagte er schließlich, »das wird auch genügen.« Damit zog er aus seiner Westentasche einen Zettel, der mir wie sehr verschmutztes Kanzleipapier aussah, und machte darauf eine rohe Federzeichnung. Währenddessen blieb ich auf meinem Platz am Feuer sitzen; denn mir war immer noch kalt. Als er die Zeichnung vollendet hatte, reichte er sie mir, ohne aufzustehen, herüber. Gerade als ich danach griff, ließ sich ein lautes Knurren vernehmen, dem ein Kratzen an der Tür folgte. Jupiter öffnete, und herein sprang ein großer Neufundländer, der Legrand gehörte, legte mir die Pfoten auf die Schultern und überschüttete mich mit Liebkosungen; denn ich hatte mich während früherer Besuche viel mit ihm abgegeben. Sobald seine Freudensprünge ein Ende gefunden hatten, blickte ich auf das Papier und war nicht wenig verwirrt von dem, was mein Freund da gezeichnet hatte.

»Schön«, sagte ich, nachdem ich es einige Minuten betrachtet hatte, »das ist ein sonderbarer Skarabäus – ich muß es gestehen – und mir neu. Nie habe ich vorher etwas Ähnliches gesehen –

es sei denn ein Schädel oder Totenkopf gewesen; denn einem solchen ähnelt es mehr als irgendeinem anderen Gegenstand, der mir je vor Augen gekommen ist.«

»Ein Totenkopf!« wiederholte Legrand. »Na ja, auf dem Papier sieht es zweifellos fast so aus. Die zwei oberen schwarzen Flecke erinnern an Augen – nicht wahr? – und der längere unten an einen Mund, und das Ganze hat die Form eines Ovals.«

»Vielleicht ist es so«, sagte ich, »aber ich fürchte, Legrand, Sie sind kein großer Künstler. Ich muß warten, bis ich den Käfer selbst zu sehen bekomme, wenn ich mir eine Meinung von seiner Erscheinung bilden soll.«

»Ich weiß nicht recht«, sagte er etwas verletzt, »ich zeichne ganz leidlich – wenigstens müßte es so sein. Ich habe gute Lehrer gehabt und schmeichle mir, nicht gerade ein Dummkopf zu sein.«

»Aber, mein lieber Junge«, sagte ich, »dann machen Sie sich einen Scherz. Dies ist ein recht annehmbarer Schädel, ja, ich möchte sagen, ein ganz ausgezeichneter Schädel – wenn man an die volkstümlichen Kenntnisse der anatomischen Gegenstände denkt. Ihr Skarabäus muß zu den seltsamsten Skarabäen der Welt gehören, wenn er ihm gleicht. Nun, wir werden einen Fingerzeig darin sehen, eine höchst spannende Geschichte daraus zu machen. Ich nehme an, daß Sie den Käfer Scarabaeus caput hominis oder so ähnlich taufen werden; es gibt viele derartige Namen in der Naturgeschichte. Aber wo sind denn die Fühlhörner, von denen Sie sprachen?«

»Die Fühlhörner«, sagte Legrand, den die Sache in Hitze zu bringen schien, »ich bin überzeugt, daß Sie die Fühlhörner sehen. Ich habe sie so deutlich gezeichnet, wie sie das Originalinsekt besitzt, und das müßte eigentlich genügen.«

»Schön, schön«, sagte ich, »vielleicht haben Sie wirklich – nur kann ich sie dennoch nicht sehen.« Ich reichte ihm wortlos das Papier zurück, um ihm nicht die Laune zu verderben; aber ich war von der Wendung, die die Dinge genommen hatten, sehr überrascht. Seine Verstimmung war mir unerklärlich – und was die Zeichnung des Käfers anging, so waren wirklich keine Fühlhörner da, und das Ganze glich den üblichen Abbildungen von Totenköpfen auf ein Haar.

Er nahm das Papier sehr verdrießlich entgegen und wollte es schon zerknüllen, um es ins Feuer zu werfen, als ein zufälliger Blick auf die Zeichnung plötzlich seine Aufmerksamkeit zu fesseln schien. Sein Gesicht überzog sich mit heftiger Röte und wurde sogleich darauf aschfahl. Einige Minuten fuhr er, wo er saß, fort, die Zeichnung genau zu studieren. Schließlich stand er auf, nahm eine Kerze vom Tische und ließ sich in der fernsten Ecke des Raumes auf einer Seemannskiste nieder. Hier untersuchte er das Papier noch einmal aufs genaueste, indem er es nach allen Richtungen drehte. Allerdings sprach er kein Wort dabei, und sein Benehmen setzte mich sehr in Erstaunen; aber ich hielt es für angezeigt, seine wachsende Verstimmung durch eine etwaige Bemerkung nicht noch mehr zu verschärfen. Jetzt zog er seine Brieftasche hervor, legte das Papier sorgfältig hinein und verschloß beides in seinem Schreibtisch. Dann nahm er wieder eine etwas gefaßtere Haltung an; aber seine anfängliche Begeisterung war vollständig verflogen. Allerdings schien er eher zerstreut als mürrisch zu sein. Während der Abend vorrückte, vertiefte er sich immer mehr in Träumereien, denen ihn meine Späße nicht zu entreißen vermochten. Ich hatte die Absicht gehabt, die Nacht wie schon so oft in der Hütte zu verbringen; da ich meinen Gastgeber jedoch in dieser Stimmung sah, hielt ich es für zweckmäßig, mich zu verabschieden. Er drängte mich nicht zum Bleiben; doch schüttelte er mir, als ich ging, herzlicher die Hand, als ich es von ihm gewohnt war.

Es war etwa einen Monat später – in der Zwischenzeit hatte ich nichts von Legrand gehört –, als mich sein Diener Jupiter in Charleston aufsuchte. Ich hatte den guten alten Neger nie so verstört gesehen und fürchtete daher, daß meinem Freunde ein ernstliches Unglück zugestoßen sei.

»Na, Jup«, sagte ich, »was ist denn geschehen? Wie geht's deinem Herrn?«
»Ach, um zu sagen Wahrheit, Massa, ihm nicht so gut gehen, wie sein sollte.«
»Nicht gut! Es tut mir ehrlich leid, das zu hören. Worüber beklagt er sich denn?«
»Das sein eben die Sache. Er sich beklagen über gar nix, aber sein mächtig krank wegen all das.«
»Krank, Jupiter? Warum hast du das nicht gleich gesagt? Liegt er zu Bett?«
»Nein, so nicht. Er liegen nirgends. Da gerade drücken der Schuh. Kopf mir sein sehr schwer wegen armes Massa Will.«
»Jupiter, ich würde gern verstehen, wovon du sprichst. Du sagst, dein Herr sei sehr krank. Hat er dir nicht erzählt, wo es ihm weh tut?«
»Ach, Massa, das nicht sein der Mühe wert, zu werden verrückt wegen dies. Massa Will nicht wollen sagen, was mit ihm los sein; aber warum er gehen herum mit solche Gesicht, mit Kopf nach unten und Schultern nach oben und so weiß wie Gans? Und dann er immer rechnen mit Zeichen auf Tafel – komische Zeichen, wie ich nie haben gesehen im Leben. Man sich können fürchten, ich sagen. Ich müssen jetzt haben sehr scharfes Auge auf ihn. Heute früh er mir ausgerückt sein vor Sonnenaufgang und ganzes liebes Tag sein gewesen unterwegs. Ich haben geschnitten großes Knüppel, ihn wollen verprügeln, wenn kommen nach Hause. Aber ich sein großer Narr, ich nachher nicht haben gehabt Herz – er haben ausgesehen so jammervoll.«
»Wie – was – ach so! – Alles in allem denke ich, du solltest lieber nicht so hart gegen den armen Kerl sein. Du darfst ihn nicht verprügeln, Jupiter: er ertrüge das schlecht. Aber kannst du dir nicht denken, was seine Krankheit oder vielmehr den Wechsel in seinem Betragen veranlaßt hat? Ist denn etwas Unangenehmes vorgefallen, seit ich bei euch war?«

»O nein, Massa, seit damals nix. Ich haben Angst, es schon gewesen vorher, an dieselbe Tag, wo Sie dagewesen.«
»Wie? Was willst du damit sagen?«
»Ach, Massa, ich meinen das Käfer.«
»Was für ein Ding?«
»Das Käfer. Ich sein sicher, Massa sein verdreht im Kopf wegen Goldkäfer.«
»Und was veranlaßt dich zu dieser Annahme, Jupiter?«
»Diese Beine, Massa, und dieses Mund. Ich nie haben gesehen so verdammtes Käfer; er beißen jedes Ding, was ihm kommen nahe. Massa Will ihn haben gefangen, aber ganz schnell ihn mußten lassen fallen, ich sagen, damals ihn müssen haben gebissen. Mir auch nicht haben gefallen Mund von Käfer, ihn nicht wollen aufheben mit Finger, sondern ihn gefangen mit gefundenes Stück Papier. Ich ihn haben gewickelt in Papier und ihm haben Stück davon gestopft in Mund – so sein das!«
»Und du denkst also, daß dein Herr wirklich von dem Käfer gebissen wurde und daß ihn dieser Biß krank gemacht hat?«
»Ich nicht denken gar nix – ich wissen. Was machen ihn träumen so viel von Gold, wenn nicht sein wegen Goldkäfer? Ich schon vorher haben gehört von dieses Goldkäfer.«
»Aber woher weißt du denn, daß er von Gold träumt?«
»Woher ich wissen? Er dauernd darüber sprechen in Schlaf – daher ich wissen.«
»Nun, Jup, vielleicht hast du damit recht! Aber welchem glücklichen Umstand habe ich die Ehre deines heutigen Besuches zu verdanken?«
»Was meinen, Massa?«
»Bringst du mir eine Botschaft von Mr. Legrand?«
»Nein, Massa, ich bringen nur dieses...« Mit diesen Worten gab er mit einen Brief, der folgendermaßen lautete:

»Lieber Freund, warum haben Sie sich so lange nicht sehen lassen? Ich hoffe, daß Sie nicht so töricht waren, mir meine kleine

Ungezogenheit übelzunehmen. Aber das ist ja ausgeschlossen. Seit Ihrem Hiersein habe ich mancherlei Grund zur Aufregung gehabt. Ich muß Ihnen etwas erzählen; doch weiß ich kaum, wie ich es sagen soll – ja, ob ich es überhaupt sagen soll.

Vor einigen Tagen war mir nicht ganz wohl, und der arme alte Jup belästigte mich mit seinen wohlgemeinten Aufmerksamkeiten fast mehr, als ich ertragen konnte. Werden Sie es mir glauben? Neulich hat er sich einen mächtigen Knüttel besorgt, mit dem er mich züchtigen wollte, weil ich ihm entwischt war und den Tag allein im Hügelgebiet des Festlandes verbrachte. Ich glaube wahrhaftig, daß mich nur mein schlechtes Aussehen vor einer Tracht Prügel gerettet hat.

Meine Sammlung hat keinen Zuwachs erhalten, seit wir uns zum letzten Mal sahen.

Wenn Sie es irgend möglich machen können, kommen Sie bitte mit Jupiter herüber. Ich bitte Sie sehr darum. Ich möchte Sie heute abend bei einer wichtigen Angelegenheit dabei haben. Ich versichere nochmals, daß es sich um eine Angelegenheit von höchster Wichtigkeit handelt.

Mit vielen Grüßen Ihr

William Legrand.«

Etwas lag im Ton dieses Schreibens, was mir großes Unbehagen verursachte. Sein ganzer Stil wich wesentlich von Legrands Gepflogenheiten ab. Wovon mochte er träumen? Welche neue Grille beherrschte sein erregbares Hirn? Was für eine Angelegenheit »von höchster Wichtigkeit« konnte ausgerechnet er zu erledigen haben? Jupiters Bericht über ihn ließ nichts Gutes ahnen. Ich befürchtete, daß der beständige Druck des Unglücks auf die Dauer den Verstand meines Freundes verwirrt hatte. Ohne einen Augenblick zu zögern, machte ich mich daher bereit, den Neger zu begleiten.

Als wir die Landestelle erreichten, fielen mir eine Sense und drei Spaten auf, die – anscheinend alle neu – auf dem Boden des Bootes lagen, das wir benutzen sollten.

»Was bedeutet dies alles, Jup?« fragte ich.
»Dies sein Sense, Massa, und Spaten.«
»Das sehe ich. Aber wozu befinden sie sich hier?«
»Dies sein Sense und Spaten, was ich haben gekauft für Massa Will in Stadt – und haben gekostet ein Sündengeld.«
»Doch was – im Namen alles Geheimnisvollen – will dein Massa Will mit Sense und Spaten beginnen?«
»Das sein mehr, als ich wissen – und Deibel sollen mich holen, wenn nicht auch sein mehr, als Massa Will selbst wissen. Aber das sein alles gekommen von dieses Käfer.«
Da ich fand, daß ich von Jupiter, dessen ganzer Verstand von dem Käfer ausgefüllt zu sein schien, keine vernünftige Antwort erhalten konnte, trat ich in das Boot und setzte die Segel. Mit einer ziemlich steifen Brise liefen wir bald in die nördlich von Fort Moultrie gelegene kleine Bucht ein und gelangten nach einem Marsch von etwa zwei Meilen zur Hütte. Es war ungefähr drei Uhr nachmittags, als wir dort eintrafen. Legrand hatte uns schon mit lebhafter Ungeduld erwartet. Er schüttelte mir nervös die Hand, was mich beunruhigte und mich in dem ohnehin gehegten Verdacht bestärkte. Sein Gesicht war geisterhaft bleich, und seine tiefliegenden Augen glänzten in unnatürlichem Schimmer. Nach ein paar gegenseitigen Erkundigungen über unsere Gesundheit fragte ich ihn, da mir im Augenblick nichts Besseres einfiel, ob er den Skarabäus von Leutnant G. zurückbekommen habe.
»O ja«, antwortete er, indem er sich jäh verfärbte, »ich bekam ihn schon am anderen Morgen wieder. Um nichts in der Welt würde ich mich nochmals von diesem Skarabäus trennen. Wissen Sie, daß Jupiter ganz recht damit hatte?«
»Wieso?« fragte ich mit einer wehen Ahnung im Herzen.
»Mit seiner Behauptung, daß der Käfer aus reinem Golde sei.« Er sagte dies mit tiefernster Miene, und ich fühlte mich unsäglich betroffen. »Dieser Käfer soll mein Glück machen«, fuhr er mit einem sieghaften Lächeln fort, »er soll mir den Familienbe-

sitz zurückbringen. Ist es unter diesen Umständen ein Wunder, wenn ich sein Lob singe? Da es Fortuna für richtig hielt, ihn mir zu schenken, habe ich ihn nur richtig anzuwenden, um zu dem Golde zu gelangen, das er anzeigt. Jupiter, bring mir den Skarabäus!«

»Was – das Käfer, Massa? Ich lieber wollen nicht stören das Käfer – müssen sich ihn holen schon selbst.« Hierauf erhob sich Legrand mit feierlichem Ernst und brachte mir den Käfer aus einem Glasbehälter, in dem er aufbewahrt wurde. Es war ein schöner und den Naturforschern damals noch unbekannter Skarabäus – vom wissenschaftlichen Standpunkt natürlich von hohem Werte. Er hatte zwei runde schwarze Flecke an dem einen und einen langen Fleck an dem anderen Ende des Rückens. Die Flügeldecken waren auffallend hart und glänzend und sahen wie poliertes Gold aus. Das Gewicht des Insekts war bemerkenswert, und alles in allem konnte ich Jupiter wegen seiner Ansicht kaum tadeln. Was ich jedoch aus Legrands Übereinstimmung mit dieser Ansicht machen sollte, konnte ich um die Welt nicht sagen.

»Ich habe nach Ihnen geschickt«, sagte er feierlich, als ich die Prüfung des Käfers beendet hatte, »um Ihren Rat und Beistand zu erbitten zur Förderung der Bestrebungen des Schicksals sowie des Käfers –«

»Mein lieber Legrand«, rief ich, ihn unterbrechend, »Sie fühlen sich bestimmt nicht wohl und sollten lieber einige Vorsichtsmaßregeln anwenden. Sie werden sich sogleich ins Bett legen, und ich will ein paar Tage bei Ihnen bleiben, bis Sie darüber hinweg sind. Sie haben Fieber und –«

»Fühlen Sie meinen Puls«, sagte er.

Ich tat es und fand wirklich nicht das leiseste Anzeichen von Fieber.

»Trotzdem können Sie krank sein – auch ohne Fieber. Erlauben Sie mir nur dieses eine Mal, Ihnen etwas zu verordnen. Zuerst müssen Sie sich ins Bett legen, dann –«

»Sie befinden sich in einem Irrtum«, warf er ein, »ich fühle mich so wohl, wie es bei der Aufregung, unter der ich leide, nur erwartet werden kann. Wenn Sie es wirklich gut mit mir meinen, brauchen Sie mir bloß diese Aufregung zu erleichtern.«
»Und wie läßt sich dies bewerkstelligen?«
»Ganz leicht. Jupiter und ich begeben uns auf eine Expedition in die Hügel des Festlandes, bei der wir die Hilfe einer Vertrauensperson nötig haben. Sie sind der einzige Mensch, auf den wir uns verlassen können. Ob wir siegen oder scheitern – auf jeden Fall wird die Aufregung, die Sie an mir bemerken, dadurch gelindert werden.«
»Mir liegt sehr daran, Ihnen in jeder Hinsicht gefällig zu sein«, erwiderte ich. »Oder wollen Sie damit sagen, daß der vermaledeite Käfer mit Ihrer Expedition in die Hügel in irgendeiner Verbindung stehe?«
»Das allerdings.«
»Dann, Legrand, kann ich mich an einem so verrückten Unternehmen nicht beteiligen.«
»Das tut mir leid – sehr leid. Also müssen wir es allein versuchen.«
»Allein versuchen!« dachte ich. »Dieser Mensch ist weiß Gott verrückt! Doch halt –!« Dann fragte ich ihn: »Wie lange beabsichtigen Sie sich dort aufzuhalten?«
»Wahrscheinlich die ganze Nacht. Wir brechen sofort auf und sind auf jeden Fall bei Sonnenaufgang wieder hier.«
»Und wollen Sie mir auf Ehrenwort versprechen, daß Sie, sobald diese Grille überwunden und die Käferangelegenheit – ach, du lieber Gott! – zu Ihrer Befriedigung erledigt ist, nach Hause zurückkehren und meinen Rat unbedingt wie den Ihres Arztes befolgen?«
»Ich verspreche es Ihnen. Doch jetzt lassen Sie uns gehen; denn wir haben keine Zeit zu verlieren.«
Schweren Herzens begleitete ich meinen Freund. Wir brachen gegen vier Uhr auf: Legrand, Jupiter, ich und der Hund. Jupiter

trug die Sense und die Spaten, worauf er übrigens selbst bestanden hatte; dies wohl eher aus Furcht, weil er irgendeinem Gerät in Reichweite seines Herrn mißtraute, als aus übermäßigem Eifer oder Gefälligkeit. Er betrug sich ausnehmend störrisch, und die einzigen Worte, die er während des Marsches vor sich hinbrummte, waren: »Dieses Käfer verflixtes!« Ich selbst hatte einige Blendlaternen übernommen; dagegen begnügte sich Legrand mit dem Skarabäus, den er, an ein Stückchen Peitschenschnur gebunden, beim Gehen mit der Miene eines Zauberers hin und her pendeln ließ. Da ich dies als klares Zeichen der Geistesverwirrung meines Freundes ansehen mußte, konnte ich kaum die Tränen zurückhalten. Ich zog es jedoch vor, auf seine Schrulle einzugehen – wenigstens so lange, bis ich mit einiger Aussicht auf Erfolg nachdrücklichere Maßnahmen ergreifen konnte. Einstweilen war ich, wenn auch vergeblich, bemüht, ihn über den Gegenstand der Expedition auszuforschen. Sobald es ihm gelungen war, mich zur Teilnahme zu verleiten, schien er nicht gewillt zu sein, über irgendeinen Gegenstand von geringerer Bedeutung zu sprechen. Auf alle meine Fragen würdigte er mich keiner anderen Antwort als: »Wir werden ja sehen.«

Wir überquerten den Fluß am Ende der Insel mit Hilfe eines Kahnes, erklommen die Höhen am Ufer des Festlandes und drangen in nordwestlicher Richtung durch eine maßlos wüste und einsame Gegend vor, in der sich nirgends eine Spur menschlicher Tätigkeit zeigte. Legrand führte uns mit Zielsicherheit; nur hielt er hin und wieder kurz an, um sich über etwaige Merkzeichen zu vergewissern, die er selber bei einer früheren Gelegenheit angelegt zu haben schien.

So marschierten wir etwa zwei Stunden, und die Sonne war schon im Untergehen, als wir eine Gegend erreichten, die noch weit öder war als alles, was wir jemals gesehen hatten. Es war eine Art Hochebene in der Nähe des Gipfels eines fast unbesteigbaren Hügels, der vom Fuß bis zur Spitze dicht bewaldet

und mit ungeheuren losen Felstrümmern übersät war, die großenteils schon in die Tiefe gestürzt wären, wenn nicht die Bäume, an die sie gelehnt waren, sie daran gehindert hätten. Tief eingeschnittene Schluchten in verschiedenen Richtungen ließen den Ort noch düsterer und unheimlicher erscheinen.
Die natürliche Plattform, die wir erstiegen hatten, war dicht von Brombeergestrüpp überwachsen, das wir, wie wir bald sahen, ohne die Sense nicht hätten durchdringen können. Auf einen Wink seines Herrn machte sich Jupiter daran, uns einen Pfad bis zum Fuße eines ungeheuer hohen Tulpenbaumes zu bahnen, der neben einigen acht oder zehn Eichen auf der Fläche stand und diese sowie alle übrigen Bäume, die ich je gesehen hatte, durch die Schönheit seines Laubes und seiner Gestalt, durch die weite Ausdehnung seiner Äste und die Stattlichkeit seiner ganzen Erscheinung übertraf. Als wir diesen Baum erreicht hatten, wandte sich Legrand Jupiter zu und fragte ihn, ob er sich getraue, ihn zu erklettern. Der alte Mann schien bei dieser Frage einige Bedenken zu haben und beantwortete sie nicht gleich. Schließlich trat er an den gewaltigen Stamm heran, umschritt ihn bedächtig und untersuchte ihn mit angespannter Aufmerksamkeit. Als er seine Prüfung beendet hatte, sagte er nur: »Ja, Massa. Jup klettern auf jedes Baum, was gesehen im Leben.«
»Dann hinauf mit dir, so schnell du kannst; denn bald wird es so dunkel, daß wir nicht mehr sehen können, worauf es uns ankommt.«
»Wie weit ich müssen nach oben, Massa?« fragte Jupiter.
»Steig zuerst den Hauptstamm hinauf – dann will ich dir sagen, wie der Weg weitergeht. Doch halt! Hier – nimm den Käfer mit!«
»Das Käfer, Massa Will – das Goldkäfer!« schrie der Neger. »Mitnehmen das Käfer auf Baum? Ich wollen verdammt sein, wenn es tun.«
»Wenn du, Jup, ein so großer starker Neger wie du – Angst

hast, ein harmloses kleines totes Tier anzufassen, so trag ihn meinetwegen an dieser Schnur hinauf! Aber wenn du ihn nicht auf irgendeine Weise mit hinaufnimmst, muß ich dir mit dem Spaten hier den Schädel einschlagen.«

»Was denn jetzt sein los, Massa?« sagte Jup, anscheinend bis zur Demütigung beschämt, »immer müssen nörgeln mit altes Nigger. Ich bloß haben gemacht Spaß.« Hiermit faßte er behutsam das äußerste Ende der Schnur und begann, indem er sich das Insekt so weit wie möglich vom Leibe hielt, auf den Baum zu klettern.

Der Tulpenbaum, *Liriodendron tulipifera*, der herrlichste unter den Waldbäumen Amerikas, hat in der Jugend einen eigentümlich glatten Stamm und erhebt sich oft zu großer Höhe, bevor er sich verzweigt. Im reiferen Alter dagegen wird seine Rinde rissig und uneben, und aus seinem Stamm brechen viele kurze Äste hervor. Daher sah die Besteigung in diesem Falle schwieriger aus, als sie es in Wirklichkeit war. Indem Jupiter den gewaltigen Zylinder mit Armen und Knien so eng wie möglich umschlang, mit den Händen nach einigen Vorsprüngen griff und die nackten Zehen auf andere Vorsprünge stützte, wand er sich, nachdem er zweimal fast abgestürzt wäre, bis zur ersten großen Gabelung hinauf und schien die Sache als im wesentlichen erledigt anzusehen. Tatsächlich hatte der Kletterer das Gefährliche daran jetzt hinter sich, obgleich er sich wenigstens sechzig oder siebzig Fuß über dem Erdboden befand.

»Wohin ich jetzt sollen gehen?« fragte er.

»Weiter auf dem größten Ast, dem einzigen auf dieser Seite hier!« sagte Legrand. Der Neger gehorchte bereitwillig und – wie es schien – mit nur geringer Mühe. Er stieg höher und höher, bis sich seine untersetzte Gestalt, durch das dichte Laub verborgen, unseren Blicken entzog. Jetzt ließ sich seine Stimme mit einem Ruf wie »Hallo!« vernehmen.

»Wieviel weiter ich noch sollen gehen?«

»Wie hoch bist du jetzt?« fragte Legrand.

»Ganz mächtig hoch«, erwiderte der Neger, »ich können sehen Himmel durch Wipfel.«

»Na ja, den Himmel. Aber paß jetzt auf, was ich dir sage. Sieh einmal am Stamm hinunter und zähle die Äste unter dir auf dieser Seite. Wie viele Äste hast du schon hinter dir gelassen?«

»Eins, zwei, drei, vier, fünf: ich habe gelassen auf diese Seite hinter mir fünf Äste, Massa.«

»Dann geh noch einen Ast höher!«

Einige Minuten später verkündete die Stimme, daß der siebente Ast erreicht sei.

»Jetzt, Jup«, rief Legrand in sichtlicher Erregung, »arbeite dich auf diesem Ast vorwärts, so weit du kannst. Wenn du etwas Seltsames siehst, laß es mich wissen!«

Gegenwärtig war auch der letzte Zweifel, den ich über den Wahnsinn meines Freundes gehegt hatte, völlig beseitigt. Mir blieb keine Wahl, als ihn für verrückt zu halten, und ich war ernstlich beunruhigt, wie ich ihn nach Hause schaffen sollte. Indes ich noch darüber nachsann, was hier am besten zu tun sei, meldete sich wieder Jupiters Stimme.

»Ich haben mächtig große Angst wegen Weitergehen auf dieses Ast – sein totes Ast fast ganz.«

»Sagst du, es sei ein toter Ast, Jupiter?« schrie Legrand mit zitternder Stimme.

»Ja, Massa, sein mausetot – sein gewiß kein Leben mehr darin.«

»Was soll ich um Gottes willen jetzt tun?« fragte Legrand, anscheinend in größter Verlegenheit.

»Was Sie tun sollen?« fragte ich, erfreut über die Gelegenheit, endlich zum Wort zu kommen. »Gehen Sie nach Hause und legen Sie sich ins Bett! Kommen Sie sofort! Seien Sie vernünftig! Es wird spät und dann – erinnern Sie sich Ihres Versprechens!«

»Jupiter«, rief er, ohne mich im mindesten zu beachten, »kannst du mich hören?«

»Ja, Massa Will, ich Sie hören sehr gut.«

»Prüf also das Holz mit deinem Messer und stelle fest, ob es sehr morsch ist!«

»Es seien sicher morsch genug«, antwortete der Neger etwas später. »Aber es nicht sein zu morsch. Ich selbst noch können klettern weiter kleines Stück auf Ast sehr wohl.«

»Du selbst? Was willst du damit sagen?«

»Na, ich meinen, ohne das Käfer. Sein sehr schweres Käfer. Ich es rasch lassen fallen, weil Ast nicht brechen von Neger allein.«

»Du verdammter Spitzbube«, schrie Legrand, sichtlich erleichtert, »was fällt dir ein, mir solchen Unsinn zu erzählen. So wahr du den Käfer fallen läßt, so wahr brech' ich dir das Genick! Nun, Jupiter, hörst du mich?«

»Ja, Massa – nicht müssen so anschnauzen armes Nigger.«

»Gut, so höre! Wenn du dich auf dem Ast so weit hinauswagst, wie es dir sicher zu sein scheint, und wenn du den Käfer nicht fallen läßt, schenke ich dir, sobald du herunterkommst, einen Silberdollar.«

»Ich schon gehen, Massa Will – alles sein gut«, erwiderte der Neger sehr eifrig, »ich jetzt draußen sein am Ende von Ast.«

»Am Ende des Astes!« rief Legrand mit sich überschlagender Stimme. »Draußen am Ende des Astes, hast du gesagt?«

»Ich gleich sein am Ende, Massa – oooooh! Was dieses hier sein auf Baum!«

»Ha!« rief Legrand höchst erfreut, »was ist es denn?«

»Ach, sein nichts weiter als Schädel – gelassen oben auf Baum. Haben Krähen abgefressen jedes bißchen Fleisch.«

»Ein Schädel, sagst du? Sehr gut! Und wie ist er am Ast befestigt? Was hält ihn daran fest?«

»Sein fest, Massa, müssen sehen. Sein ganz komische Sache, auf mein Wort – stecken große dicke Nägel in Schädel, was halten fest auf Baum.«

»Gut, Jupiter – du mußt jetzt genau tun, was ich dir sage. Hörst du?«

»Ja, Massa.«

»Also paß auf! Suche das linke Auge des Schädels!«
»Hm – ha – das sein gut – sein nicht mehr da linkes Auge.«
»Verdammter Trottel! – Kannst du deine rechte Hand von deiner linken unterscheiden?«
»Ja, ich wissen das, wissen alles sehr gut – sein meine linke Hand, womit ich spalten Holz.«
»Stimmt; denn du bist linkshändig. Und dein linkes Auge befindet sich auf derselben Seite wie deine linke Hand. Ich denke, du kannst jetzt das linke Auge des Schädels oder die Stelle, wo es einmal gesessen hat, finden. Hast du es gefunden?«
Hier trat eine lange Pause ein. Schließlich fragte der Neger:
»Sein linkes Auge auf dasselbe Seite wie linkes Hand? Denn bei Schädel nix sein zu sehen von linkes Hand. Ich schon wissen. Jetzt ich gefunden haben linkes Auge – sein linkes Auge hier. Was ich jetzt müssen machen?«
»Laß den Käfer durch das Auge hinunter, so weit die Schnur reicht, aber gib acht, daß sie dir nicht aus der Hand fällt!«
»Schon sein gemacht alles, Massa Will. Sein ganz leichte Sache, Käfer zu stecken durch Loch. Passen jetzt auf da unten!«
Während dieses Gespräches war von Jupiter nicht das geringste zu sehen gewesen; aber der Käfer, den er hatte fallen lassen, wurde jetzt am Ende der Schnur sichtbar und blitzte wie eine polierte Goldkugel in den letzten Strahlen der untergehenden Sonne, die die Anhöhe, auf der wir standen, noch schwach beleuchteten. Der Skarabäus hing jetzt außerhalb des Geästes und wäre, wenn Jupiter ihn losgelassen hätte, unmittelbar vor unseren Füßen zur Erde gefallen. Legrand ergriff sogleich die Sense und mähte damit genau unterhalb des Insektes einen Kreis von drei oder vier Ellen im Durchmesser ab. Dann befahl er Jupiter, die Schnur loszulassen und vom Baume herabzusteigen.
Jetzt trieb er genau an der gleichen Stelle, wo der Käfer niedergefallen war, einen Holzpflock ins Erdreich und nahm ein Bandmaß aus der Tasche. Nachdem er das eine Ende davon an der Stelle des Baumes, die sich dem Pflock am nächsten befand,

befestigt hatte, rollte er es bis zum Pflock hin auf und dann weiter in der durch diese beiden Punkte bereits gegebenen Richtung bis zu einer Entfernung von fünfzig Fuß – wobei Jupiter mit der Sense das Brombeergestrüpp wegschneiden mußte. An dem so erreichten Punkt wurde ein zweiter Pflock in die Erde getrieben und um diesen als Mittelpunkt ein Kreis mit einem Durchmesser von vier Fuß beschrieben. Legrand ergriff jetzt einen der Spaten, gab die anderen Jupiter und mir und bat uns, so schnell wie möglich mit dem Graben zu beginnen.

Um die Wahrheit zu sagen, so hat mir eine solche Unterhaltung noch nie besonders gefallen, und gerade diesmal würde ich entschieden abgelehnt haben; denn schon brach die Nacht herein, und ich war infolge der körperlichen Anstrengung sehr müde. Aber ich sah ein, daß es kein Mittel zum Ausweichen gab, und scheute mich, meinen Freund durch eine Weigerung aus der Fassung zu bringen. Wenn ich mich freilich auf Jupiters Hilfe hätte verlassen können, würde ich unverzüglich versucht haben, den Wahnsinnigen mit Gewalt nach Hause zu bringen. Aber ich kannte die Einstellung des Negers zu gut, um hoffen zu können, daß er mich bei einem persönlichen Zwist mit seinem Herrn in irgendeinem Falle unterstützen würde. Ich zweifelte nicht daran, daß Legrand von einem im Süden weitverbreiteten Aberglauben über vergrabene Schätze angesteckt und in seiner Phantasie durch den Fund des Skarabäus und Jupiters beharrliche Behauptung, daß der Käfer aus purem Gold sei, bestärkt worden war. Ein zum Wahnsinn neigender Geist konnte von solchen Einbildungen leicht verlockt werden, besonders wenn sie mit seinen vorgefaßten Lieblingsideen übereinstimmten. Und dann mußte ich an den Ausspruch des armen Kerls denken, daß der Käfer ein Fingerzeig zu seinem Glück sei. Dies alles beunruhigte und verwirrte mich schmerzlich; aber ich folgerte daraus, daß es am besten sei, aus der Not eine Tugend zu machen und gutwillig zu graben, um den Träumer durch den Augenschein um so eher von der Haltlosigkeit seiner Anschauungen zu überzeugen.

Nach Anzünden der Laternen machten wir uns alle mit einem Eifer, der einer vernünftigeren Sache würdig gewesen wäre, ans Werk. Und wie der Lichtschein so auf uns und unsere Werkzeuge fiel, mußte ich daran denken, was für eine malerische, aber auch seltsame und verdächtige Gruppe wir für jemanden, der zufällig des Weges gekommen wäre, abgegeben hätten.

Zwei Stunden lang gruben wir angestrengt. Es wurde wenig gesprochen; was uns am meisten störte, war das Gekläff des Hundes, der an unserem Vorhaben ein übertriebenes Interesse nahm. Schließlich wurde er so ungebärdig, daß wir fürchteten, er könne Leute alarmieren, die sich in der Nähe herumtreiben mochten. Wenigstens war dies die Befürchtung Legrands; denn ich selbst wäre über jede Unterbrechung, die es mir hätte ermöglichen können, den Ruhelosen nach Hause zu bringen, erfreut gewesen. Schließlich machte Jupiter dem Lärm ein Ende, indem er mit einem Ausdruck grimmiger Entschlossenheit aus der Grube stieg, dem Tier mit einem seiner Hosenträger das Maul zuband und dann mit Kichern an sein Werk zurückkehrte.

Nach Ablauf der erwähnten Zeit hatten wir eine Tiefe von fünf Fuß erreicht, ohne daß sich Anzeichen eines Schatzes zeigten. Es folgte eine allgemeine Pause, und schon hoffte ich, daß die Posse zu Ende sei. Indessen wischte sich Legrand, der anscheinend tief verstimmt war, nachdenklich den Schweiß von der Stirn und begann erneut zu graben. Wir hatten den gesamten Kreis von vier Fuß Durchmesser ausgehoben, erweiterten jetzt den Umfang noch etwas und gingen zwei Fuß tiefer. Noch immer kam nichts zum Vorschein. Schließlich kletterte der Goldsucher, der mir aufrichtig leid tat, mit dem Ausdruck bitterster Enttäuschung aus dem Loche heraus und schickte sich widerstrebend an, den Rock, den er vor Beginn der Arbeit abgeworfen hatte, wieder anzulegen. Inzwischen unterließ ich jede Bemerkung. Jupiter fing auf ein Zeichen seines Herrn an, die Werkzeuge einzusammeln. Als dieses geschehen und der Hund von seinem Maulkorb befreit war, wandten wir uns in tiefem Schweigen heimwärts.

Wir mochten etwa zwölf Schritt in dieser Richtung zurückgelegt haben, als Legrand mit einem lauten Fluch auf Jupiter zutrat und ihn am Kragen packte. Der verblüffte Neger sperrte Mund und Nase auf, soweit er konnte, ließ die Spaten fallen und sank in die Knie.

»Du Schuft!« zischte Legrand zwischen seinen zusammengebissenen Zähnen hervor, »du verfluchter schwarzer Schurke! Sprich – ich befehle dir's –, antworte mir augenblicklich und ohne Ausflüchte: Wo ist dein linkes Auge?«

»Ach, Massa Will! Nicht sein dieses hier mein linkes Auge ganz bestimmt?« heulte der erschrockene Jupiter, indem er die Hand auf sein *rechtes* Auge legte und mit verzweifelter Beharrlichkeit dort ruhen ließ, als solle es ihm ausgerissen werden.

»Ich dacht' es mir! Ich wußt' es! Hurra!« brüllte Legrand, ließ den Neger los und vollführte einen wahren Freudentanz – sehr zum Erstaunen seines Dieners, der sich von den Knien erhob und stumm von seinem Herrn zu mir und von mir zu seinem Herrn blickte.

»Kommt – wir müssen zurück«, sagte dieser. »Das Spiel ist noch nicht aus.« Damit führte er uns den Weg zurück zum Tulpenbaum.

»Jupiter«, sagte er, als wir dort angekommen waren, »komm her! War der Schädel mit dem Gesicht nach außen oder zum Ast hin angenagelt?«

»Gesicht waren außen, Massa, so daß Krähen konnten leicht kommen an Augen.«

»Gut denn! War es dieses oder jenes Auge, durch das du den Käfer hast fallen lassen?« Hier berührte Legrand nacheinander beide Augen Jupiters.

»Dieses hier, Massa – linkes Auge, genau wie mir sagten«, damit zeigte der Neger auf sein rechtes Auge.
»Das genügt. Wir müssen jetzt noch einmal von vorn anfangen.« Hiermit entfernte mein Freund, in dessen Wahnsinn ich jetzt gewisse Zeichen von Methode erkannte oder zu erkennen glaubte, den Pflock, der die Stelle markierte, wo der Käfer zur Erde gefallen war, und schlug ihn ungefähr drei Zoll westwärts davon wieder ein. Indem er jetzt das Bandmaß wie zuvor von der nächsten Stelle des Stammes zum Pflock führte und es in gerader Linie bis zu einer Entfernung von fünfzig Fuß verlängerte, wurde ein Punkt markiert, der mehrere Ellen von dem entfernt war, an dem wir zu graben angefangen hatten.
Um diesen neuen Punkt beschrieb er einen Kreis, der etwas größer war als der vorige, und wir begannen erneut mit dem Spaten zu graben. Ich war zum Umfallen müde, verspürte aber gegen die mir auferlegte Arbeit keinen Widerwillen mehr; kaum verstand ich selbst, wodurch mein Meinungswechsel zustande gekommen war. Unbegreiflicherweise war ich höchst interessiert, ja geradezu aufgeregt. Vielleicht lag etwas im außergewöhnlichen Benehmen Legrands, was wie Voraussicht oder Überlegung aussah und mich beeindruckte. Ich grub emsig und ertappte mich dann und wann dabei, daß ich wie in Erwartung nach dem erträumten Schatz ausschaute, dessen Vorstellung allein meinen armen Freund um den Verstand gebracht hatte.
Als wir unsere Tätigkeit ungefähr anderthalb Stunden ausgeübt hatten und mich jene Phantasien gerade ganz besonders bedrängten, wurden wir wieder durch das heftige Geheul des Hundes unterbrochen. Während seine frühere Unruhe aber anscheinend nur durch Übermut und Spielfreude veranlaßt worden war, klang jetzt ein ernster und drohender Ton hindurch, und er setzte Jupiters abermaligem Versuch, ihm das Maul zuzubinden, wütenden Widerstand entgegen. Er sprang in die Grube und scharrte die Erde wie wahnsinnig mit seinen Pfoten

auf. In wenigen Sekunden hatte er einen Haufen menschlicher Gebeine freigelegt, die zusammen zwei vollständige Skelette bildeten; dazwischen lagen einige Metallknöpfe und etwas, was der Staub von vermodertem Wollstoff zu sein schien. Ein oder zwei Spatenstiche förderten die breite Klinge eines spanischen Messers, einige weitere drei oder vier lose Gold- und Silbermünzen ans Licht.

Als Jupiter diese sah, konnte er seine Freude kaum noch bändigen; aber auf dem Gesicht seines Herrn malte sich maßlose Enttäuschung. Dennoch drängte er uns, unsere Bemühungen fortzusetzen. Kaum hatte er dies ausgesprochen, als ich stolperte und vornüber fiel, weil sich meine Schuhspitze in einem großen Eisenring, der halb begraben im lockeren Erdreich lag, verfangen hatte.

Wir arbeiteten jetzt wie Berserker, und nie habe ich zehn Minuten voll gespannterer Erwartung erlebt. Inzwischen hatten wir eine längliche hölzerne Truhe ausgegraben, die, nach der vollkommenen Konservierung und erstaunlichen Festigkeit zu urteilen, anscheinend einem Mineralisierungsprozeß – vielleicht durch Einwirkung von Quecksilberbichlorid – unterworfen worden war. Die Truhe war dreieinhalb Fuß lang, drei Fuß breit und zweieinhalb Fuß tief. Sie war mit fest vernieteten Eisenbändern gesichert, welche sie wie Gitterwerk umzogen. Auf jeder Seite nahe dem Deckel befanden sich drei – also insgesamt sechs Eisenringe, so daß die Truhe von sechs Personen getragen werden konnte. Unseren vereinten äußersten Kräften konnte es nur gelingen, sie ein wenig in ihrer Lage zu verändern. Wir erkannten sofort, daß es unmöglich war, ein so schweres Gewicht von der Stelle zu bewegen.

Glücklicherweise war der Deckel nur durch zwei Schieberiegel verschlossen. An allen Gliedern zitternd und vor ängstlicher Erwartung keuchend, schoben wir sie zurück. Im nächsten Augenblick lag ein funkelnder Schatz von unermeßlichem Werte vor uns. Als die Strahlen der Laternen in die Grube fielen,

drang aus einem wirren Haufen von Gold und Edelsteinen ein Glänzen und Gleißen hervor, das uns buchstäblich blendete.
Ich will mich nicht bemühen, die Gefühle zu schildern, mit denen ich auf den Schatz starrte. Erstaunen war natürlich das vorherrschende Gefühl. Legrand schien von der Aufregung erschöpft zu sein und sprach nur wenige Worte. Jupiters Gesicht war für einige Minuten von so tödlicher Blässe bedeckt, wie es die Natur einem Neger erlaubt. Er schien völlig verdattert, ja vom Donner gerührt zu sein. Dann sank er in der Grube auf die Knie nieder, tauchte beide Arme bis zu den Ellenbogen in das Gold und ließ sie lange darin wie bei dem Genuß eines Bades. Zuletzt stieß er einen tiefen Seufzer aus und sprach zu sich selbst diese Worte:
»Und alles dieses sein gekommen von Goldkäfer, von kleines Goldkäfer, von armes süßes Goldkäfer, wegen was ich so wild geschimpft! Schämen dich nicht vor dein selbst, Nigger? Antworten mir das!«
Schließlich mußte ich beide, Herrn und Diener aufrütteln, um mit ihnen zu überlegen, was zu tun sei, wenn wir den Schatz fortschaffen wollten. Es wurde schon spät, und Anstalten mußten getroffen werden, wenn alles vor Tagesanbruch nach Hause gebracht werden sollte. Es ließ sich schwer sagen, was getan werden sollte; und wir vertrödelten viel Zeit mit Beratungen: so wirr waren alle unsere Pläne. Endlich hoben wir die Kiste, nachdem wir sie um zwei Drittel ihres Inhalts erleichtert hatten, mit einiger Anstrengung aus dem Loch heraus. Die entnommenen Gegenstände wurden unter Brombeergesträuch verborgen und der Hund zu ihrer Bewachung zurückgelassen; Jupiter hatte ihm aufs bestimmteste eingeschärft, sich bis zu unserer Rückkehr weder von der Stelle zu rühren noch Laut zu geben. Dann brachen wir mit der Kiste unverzüglich nach Hause auf. Wir erreichten die Hütte ohne Zwischenfälle, aber unter unendlichen Mühen gegen ein Uhr morgens. Da wir vollkommen erschöpft waren, wäre es wider die Natur gewesen, wenn

wir im Augenblick noch etwas unternommen hätten. Wir ruhten uns daher bis zwei Uhr aus und speisten; dann versahen wir uns mit drei großen Säcken, die sich zum Glück im Hause befanden, und kehrten wieder zu den Hügeln zurück. Kurz nach vier Uhr langten wir bei der Grube an und teilten den Rest der Beute so gut es ging in drei gleiche Teile. Ohne die Löcher wie-

der zuzuschütten, marschierten wir wiederum zur Hütte und legten zum zweitenmal unsere goldene Last ab, als sich im Osten die ersten schwachen Streifen der Dämmerung über den Baumwipfeln zeigten.
Wir waren jetzt vollends zusammengebrochen, aber viel zu aufgeregt, um richtig schlafen zu können. Nach einem unruhigen Schlummer von drei oder vier Stunden standen wir wie auf Verabredung auf und machten uns daran, unseren Schatz zu sichern.
Die Truhe war bis zum Rande gefüllt gewesen, und wir brauchten den ganzen Tag und den größeren Teil der nächsten Nacht dazu, ihren Inhalt zu prüfen. Ordnung gab es da keine; alles war wahllos durcheinander geschüttet worden. Nachdem wir alles sorgfältig sortiert hatten, sahen wir uns im Besitz eines gewaltigen Reichtums, der unsere anfänglichen Erwartungen weit übertraf. An gemünztem Gelde waren wohl mehr als 450000 Dollar vorhanden, wenn wir die Stücke, soweit es möglich war, nach ihrem jetzigen Wert einschätzten. Silbergeld befand sich überhaupt nicht darunter. Es handelte sich durchweg um Gold sehr alten Datums und von großer Vielfalt: französisches, spanisches und deutsches Geld, auch einige englische Guineen und ein paar Geldstücke dergleichen wir nie zuvor gesehen hatten. Mehrere große, schwere Münzen waren so abgenutzt, daß wir ihre Inschriften nicht mehr lesen konnten. Amerikanisches Geld war nicht vorhanden. Schwieriger gestaltete es sich für uns, den Wert der Juwelen abzuschätzen. Da gab es Diamanten, von denen etliche außergewöhnlich groß und schön waren – insgesamt 110, ohne ein kleines Stück darunter; 18 Rubine von bemerkenswertem Feuer; 310 Smaragde, ausnahmslos sehr schön; 21 Saphire und einen Opal. Alle diese Steine waren aus ihren Fassungen herausgebrochen und lose in die Truhe hineingeworfen worden. Die Fassungen, die wir unter dem Golde fanden, waren anscheinend mit Hämmern bearbeitet worden, damit sie nicht wiedererkannt werden konnten. Außer dem al-

len gab es eine ungeheure Zahl Schmuckstücke aus gediegenem Golde: fast 200 massive Finger- und Ohrringe; prächtige Ketten – wenn ich mich recht erinnere, 30 im ganzen; 83 sehr große und schwere Kruzifixe; 5 goldene Weihrauchfässer von hohem Wert; eine wundervolle goldene Punschbowle mit reicher getriebener Arbeit, Weinlaub und Bacchanten darstellend; 2 kostbare gehämmerte Schwertgriffe und viele andere kleine Gegenstände, die ich vergessen habe. Alle diese Wertsachen wogen über 350 Pfund. In dieser Schätzung sind 197 goldene Uhren, von denen allein drei je 500 Dollar wert waren, nicht einbegriffen. Viele dieser Uhren waren sehr alt und als Zeitmesser unbrauchbar, da die Werke mehr oder weniger vom Rost gelitten hatten – aber alle waren reich mit Edelsteinen besetzt und lagen in Gehäusen von hohem Werte. Den Gesamtinhalt der Truhe schätzten wir in jener Nacht auf ein und eine halbe Million Dollar. Nachdem wir später die Geschmeide und Juwelen – unter Zurückbehaltung einiger Stücke für den eigenen Bedarf – veräußert hatten, stellte sich heraus, daß wir den Wert erheblich unterschätzt hatten.

Als diese Arbeit beendet und unsere Erregung ein wenig abgeklungen war, erklärte sich Legrand, welcher sah, daß ich mich vor Ungeduld nach der Lösung dieses unerhörten Rätsels förmlich verzehrte, endlich bereit, die Zusammenhänge ausführlich zu erläutern.

»Sie erinneren sich des Abends«, sagte er, »an dem ich Ihnen die rohe Skizze, die ich von dem Skarabäus angefertigt hatte, überreichte. Sie erinnern sich auch, daß ich ganz böse auf Sie wurde, weil Sie darauf bestanden, daß meine Zeichnung einem Totenkopf gleiche. Als Sie dies zum erstenmal behaupteten, glaubte ich, daß Sie nur einen Scherz machen wollten; dann aber fielen mir die eigenartigen Flecke auf dem Rücken des Insekts wieder ein, und ich gestand mir selbst, daß Ihre Bemerkung eine gewisse Berechtigung habe. Ihr Spott über meine künstlerischen Leistungen – ich bin nämlich als guter Zeichner bekannt – erbitterte mich jedoch, und als Sie mir den Pergamentstreifen zurückgaben, war ich versucht, ihn zusammenzuknüllen und ins Feuer zu werfen.«

»Den Papierstreifen, meinen Sie wohl«, warf ich ein.

»Nein. Es sah zwar wie Papier aus, und auch ich hielt es anfangs dafür; aber als ich darauf zeichnete, entdeckte ich gleich, daß es ein sehr dünnes Pergament war. Es war, wie Sie sich erinnern, sehr verschmutzt. Nun, als ich es zerknüllen wollte, fiel mein Blick auf die Skizze, die Sie sich angesehen hatten, und Sie können sich mein Erstaunen denken, als ich an der Stelle, wo ich einen Käfer zu zeichnen geglaubt hatte, wirklich die Darstellung eines Totenkopfes bemerkte. Einen Augenblick war ich zu verblüfft, um ordentlich nachdenken zu können. Ich wußte, daß meine Zeichnung im einzelnen davon sehr verschieden war, obwohl im allgemeinen Umriß eine gewisse Ähnlichkeit liegen mochte. Jetzt nahm ich eine Kerze, setzte mich in die andere Ecke des Zimmers und schickte mich an, das Pergament näher zu untersuchen. Als ich es umwandte, sah ich auf der anderen Seite die von meiner eigenen Hand stammende Skizze. Zunächst war ich jetzt lediglich überrascht von der wirklich auffallenden Ähnlichkeit des Umrisses, ja von dem merkwürdigen Zusammentreffen, daß ohne mein Wissen auf der anderen Seite des Pergaments, unmittelbar unter meiner Zeichnung des Skarabäus ein Schädel vorhanden war, der nicht nur im Umriß, sondern auch in der Größe so sehr mit meiner Zeichnung übereinstimmte. Ich wiederhole: Die Eigenart dieses Zusammentreffens verblüffte mich eine Zeitlang. Dies ist die übliche Wirkung solcher Zufälle. Der Geist ringt darum, eine Verbindung, eine Folge von Ursache und Wirkung herzustellen – und unterliegt, da ihm dies nicht möglich ist, einer zeitweiligen Lähmung. Als ich mich aber von meiner Betäubung erholt hatte, kam ich allmählich zu der Überzeugung, die mich noch weit mehr erschreckte als jenes zufällige Zusammentreffen. Ich erinnerte mich jetzt genau, daß sich auf dem Pergament, als ich meinen Skarabäus skizzierte, keinerlei Zeichnung befunden hatte. Dies wurde mir vollkommen klar, als ich mich entsann, daß ich das Blatt erst auf die eine und dann auf die andere Seite gedreht hatte, um mir die sauberste Stelle auszusuchen. Wäre der Schädel schon vorher vorhanden gewesen, so hätte ich ihn unbedingt sehen müssen. Hier lag allerdings ein Geheimnis, das ich mir nicht zu erklären vermochte; aber schon in jenem frühen Stadium befand sich in den entlegensten und geheimsten Zellen meines Verstandes etwas wie ein matter Schimmer, eine glühwurmartige Vorstellung jener Wahrheit, die durch das Abenteuer der letzten Nacht so glänzend bestätigt werden sollte. Ich erhob mich sogleich, legte das Pergament an einen sicheren Ort und verschob alle weiteren Überlegungen auf die Zeit des Alleinseins.

Als Sie gegangen waren und Jupiter in tiefem Schlummer lag, unternahm ich eine mehr methodische Untersuchung der Angelegenheit. Zunächst vergegenwärtigte ich mir die Art und Weise, wie das Pergament in meinen Besitz gelangt war. Die Stelle, wo wir den Skarabäus entdeckten, lag an der Festlandküste, ungefähr eine Meile östlich von der Insel, nur ein wenig über dem Hochwasserstand. Als ich den Käfer ergriff, biß er mich kräftig in den Finger, was mich bewog, ihn fallen zu lassen. Bevor Jupiter das Insekt, das auf ihn zugeflogen war, fing, sah er sich in seiner vorsichtigen Art nach einem Blatt oder dergleichen um, womit er es festhalten könnte. In diesem Augenblick fielen unser beider Augen auf den Streifen Pergament, den ich für Papier hielt. Er lag zur Hälfte im Sand begraben, so daß nur eine Ecke herausragte. Unweit der Stelle, wo wir ihn fanden, entdeckte ich die Überbleibsel eines Schiffsrumpfes, der ehemals zu einem Langboot gehört haben mochte. Das Wrack mußte schon lange Zeit dort gelegen haben; denn eine Ähnlichkeit mit Bootsplanken war kaum mehr festzustellen.

Jupiter hob also das Pergament auf, wickelte den Käfer hinein und gab es mir. Bald darauf wandten wir uns heimwärts. Unterwegs begegneten wir Leutnant G. Ich zeigte ihm das Insekt, und er bat mich, es ins Fort mitnehmen zu dürfen. Auf meine Zustimmung hin schob er es in die Westentasche – ohne das Pergament, in das es eingewickelt gewesen war und das ich unterdessen in der Hand gehalten hatte. Vielleicht fürchtete er, daß ich meine Meinung ändern könne; daher hielt er es für angezeigt, sich den Fang sofort zu sichern. Sie wissen ja, wie begeistert er für die Naturwissenschaften ist. Gleichzeitig muß ich das Pergament unbewußt in meine eigene Tasche gesteckt haben.

Sie erinnern sich, daß ich, als ich an den Tisch trat, um eine Skizze von dem Käfer herzustellen, kein Papier da vorfand, wo es für gewöhnlich aufbewahrt wurde. Ich blickte in die Schublade und entdeckte auch dort nichts. Ich durchsuchte meine Taschen, weil ich hoffte, einen alten Brief darin zu finden – da stieß meine Hand auf das Pergament. Wenn ich die Art und Weise, wie es in meinen Besitz gelangte, so ausführlich erkläre, so geschieht dies nur, weil mich die Umstände mit eigentümlicher Gewalt beeindruckten.

Zweifellos werden Sie mich für einen Phantasten halten; aber ich hatte etwas wie eine Verbindung hergestellt. Ich hatte zwei Glieder einer großen Kette zusammengefügt. Da war das am Strande liegende Boot und nicht weit davon ein Pergament – kein Papier – mit einem darauf gemalten Schädel. Natürlich werden Sie fragen: ›Wo ist diese Verbindung?‹ Ich antworte, daß der Schädel oder Totenkopf ein wohlbekanntes Wahrzeichen des Piraten ist. Die Totenkopfflagge wird bei allen seinen Unternehmungen gehißt.

Ich sagte: Der Streifen bestand aus Pergament und nicht aus Papier. Pergament ist dauerhaft, nahezu unverwüstlich. Sachen von geringer Bedeutung werden selten auf Pergament festgehalten, weil es für die gewöhnlichen Zwecke des Schreibens oder Zeichnens weniger geeignet ist als Papier. Diese Überlegung ließ mich in dem Totenkopf etwas Sinnvolles, Bedeutendes ahnen. Auch unterließ ich es nicht, die Form des Pergaments zu beachten. Obwohl eine seiner Ecken durch irgendeinen Zufall zerstört war, konnte man sehen, daß es eine längliche Form gehabt hatte. Es war gerade so ein Blatt, wie man es für eine Denkschrift, für einen Bericht über etwas, woran lange gedacht und was sorgfältig aufbewahrt werden sollte, hätte wählen können.«

»Sie sagen aber«, warf ich ein, »daß sich der Schädel, als Sie den Käfer zeichneten, nicht auf dem Pergament befand. Wie stellen Sie also eine Verbindung zwischen dem Boot und dem Schädel her, da dieser – nach Ihrer eigenen Angabe – erst gezeichnet werden konnte – wie oder durch wen, mag Gott allein wissen –, nachdem Sie Ihren Skarabäus skizziert hatten?«

»Ach, gerade hierum dreht sich das ganze Geheimnis! Allerdings vermochte ich das Rätsel in diesem Punkt verhältnismäßig mühelos zu lösen. Meine Schlüsse waren mir vorgezeichnet und konnten nur ein einziges Ergebnis erbringen. Ich überlegte etwa so: Als ich den Skarabäus zeichnete, war auf dem Pergament kein Schädel sichtbar. Ich gab Ihnen dann die Zeichnung, als ich sie fertig hatte, und beobachtete Sie genau, bis Sie sie zurückgaben. Sie haben den Schädel nicht gezeichnet – auch war niemand anders zugegen, der es hätte tun können. Es geschah also ohne menschliche Einwirkung. Immerhin geschah es.

Als ich in meinen Überlegungen so weit gekommen war, bemühte ich mich, mir jeden einzelnen Umstand, der sich in der fraglichen Zeit ereignet hatte, genau ins Gedächtnis zurückzurufen; und es gelang mir auch. Das Wetter war kühl – o seltener und gesegneter Zufall! –, und auf dem Herd brannte ein Feuer. Ich war vom Umherlaufen erhitzt und saß in der Nähe des Tisches. Sie dagegen hatten sich einen Stuhl dicht an den Kamin herangeholt. In dem Augenblick, als ich Ihnen das Pergament einhändigte und Sie sich anschickten, es zu betrachten, kam Wolf, der Neufundländer, herein und sprang an Ihnen empor. Mit Ihrer linken Hand streichelten Sie ihn und hielten ihn zu-

rück, indes Ihre rechte Hand, die das Pergament hielt, achtlos zwischen Ihre Knie sinken konnte und in bedenkliche Nähe des Feuers geriet. Ich dachte schon, daß die Flamme es ergriffen habe, und wollte Sie darauf aufmerksam machen; doch bevor ich sprechen konnte, hatten Sie es zurückgezogen und sich darein vertieft. Als ich alle diese Einzelheiten erwog, zweifelte ich keinen Augenblick, daß die Hitze die treibende Kraft war, die die Schädelzeichnung auf dem Pergament hervorgebracht hatte. Sicherlich ist Ihnen bekannt, daß es chemische Präparate gibt und seit Menschengedenken gegeben hat, die es ermöglichen, Papier oder Pergament mit Schriftzeichen zu bedecken, welche erst dann sichtbar werden, wenn man sie der Einwirkung des Feuers aussetzt. Bisweilen wird Kobalt, in Aqua regia aufgelöst und vierfach mit Wasser verdünnt, angewandt: dann entsteht eine grüne Farbe. Der König des Kobalts, in Salpetergeist gelöst, ergibt die rote Farbe. Diese Farben verschwinden früher oder später, sobald sich das beschriebene Papier abkühlt, werden aber bei Wiederanwendung von Hitze sofort erneut sichtbar.
Ich betrachtete jetzt den Totenkopf genauer. Seine äußeren, also die dem Rande des Pergaments zunächst liegenden Teile waren viel kräftiger als die übrigen. Es verstand sich, daß die Einwirkung der Wärme unvollkommen oder ungleich gewesen war. Ich zündete sogleich ein Feuer an und setzte alle Teile des Pergaments glühender Hitze aus. Der einzige Erfolg bestand zunächst darin, daß sich die schwachen Linien der Schädelzeichnung verstärkten. Aber bei Fortsetzung des Versuches erschien – der Stelle, wo der Totenkopf gezeichnet war, diagonal gegenüber – eine Figur, die ich anfangs für eine Ziege hielt. Eine nähere Prüfung ergab aber zu meiner Zufriedenheit, daß ein Geißlein damit gemeint war.«
»Ha, ha«, machte ich, »ich bin gewiß nicht berechtigt, über Sie zu lachen, da anderthalb Millionen nicht gerade ein Pappenstiel sind; aber Sie beabsichtigen wohl diesmal nicht, Ihrer Kette ein

drittes Glied anzufügen. Zwischen Ihren Piraten und einer Ziege werden Sie wohl kaum eine besondere Verbindung finden, da Piraten bekanntlich nichts mit Ziegen zu tun haben. Diese gehören ausschließlich dem landwirtschaftlichen Bereich an.«

»Ich sagte aber, daß die Figur nicht eine Ziege dargestellt habe.«

»Also ein Geißlein – fast genau dasselbe.«

»Fast, aber nicht ganz«, sagte Legrand. »Vielleicht haben Sie von Kapitän Kidd (Kid = Geißlein) gehört. Ich erkannte die Figur sofort als eine umschreibende oder verschlüsselte Unterschrift. Eine Unterschrift, sage ich, weil ihre Stellung auf dem Pergament diese Auffassung nahelegte. Der Totenkopf in der diagonal entgegengesetzten Ecke schien dementsprechend einen Stempel oder ein Siegel zu bedeuten. Dennoch war ich sehr enttäuscht, weil etwas anderes fehlte: das Kernstück der vermeintlichen Urkunde – der für meinen Zusammenhang notwendige Text.«

»Ich nehme an, daß Sie einen Brief zwischen dem Stempel und der Unterschrift zu finden erwarteten.«

»Etwas dergleichen. In der Tat fühlte ich mich unwiderstehlich beeindruckt von der Vorahnung eines bevorstehenden ungeheuren Glücksfalles. Ich kann kaum sagen warum. Alles in allem war es wohl eher ein Wunsch als ein sicherer Glaube; aber wissen Sie schon, daß Jupiters alberne Äußerung, der Käfer sei aus echtem Golde, meine Phantasie merklich beeinflußt hatte? Dazu kam dann die Reihe jener Ereignisse und Zufälle, die ja sehr außergewöhnlich waren. Haben Sie beachtet, daß jene Ereignisse sich zufällig an dem einzigen Tage des Jahres abspielten, der kalt genug war, um ein Feuer nötig zu machen – und daß ich ohne das Feuer und das Erscheinen des Hundes im einzig richtigen Moment niemals den Totenkopf zu Gesicht bekommen hätte, also nie der Besitzer des Schatzes geworden wäre?«

»Weiter, weiter – ich fiebere vor Ungeduld.«

»Gut. Sie haben natürlich von den vielen umlaufenden Geschichten, den tausend unbestimmten Gerüchten gehört, daß Kidd und seine Genossen irgendwo an der atlantischen Küste Geld vergraben hätten. Diesen Gerüchten müssen gewisse Tatsachen zugrunde liegen. Und daß sie sich so lange und so beständig erhalten konnten, lag meiner Meinung nach nur daran, daß der verborgene Schatz noch immer in der Erde ruhte. Hätte Kidd seinen Raub für einige Zeit versteckt und später wieder an sich genommen, so wären diese Gerüchte in ihrer gegenwärtigen, unveränderten Form kaum bis zu uns gekommen. Sie werden beobachten, daß es sich in allen diesen Geschichten nur um Goldsucher, aber nicht um Goldfinder handelt. Hätte der Pirat sein Gold zurückgeholt, so wäre die Sache damit hinfällig geworden. Ich nahm an, daß irgendein Ereignis – beispielsweise der Verlust einer Aufzeichnung, die die Lage des Schatzes enthielt – ihn der Möglichkeit beraubt habe, ihn wiederzufinden, und daß dieses Ereignis seinen Nachfolgern bekannt geworden sei. Diese hätten sonst niemals etwas von einem verborgenen Schatz hören können. Dadurch, daß ihre planlosen Versuche, den Schatz wiederzugewinnen, erfolglos blieben, haben sie den jetzt so verbreiteten Gerüchten Veranlassung zur Entstehung und Ausbreitung gegeben. Haben Sie je etwas von einem bedeutenden Schatz gehört, der längs der Küste gehoben worden wäre?«

»Niemals.«

»Aber daß die von Kidd gesammelten Reichtümer unermeßlich waren, ist wohlbekannt. Ich hielt es für sicher, daß sie noch in der Erde lagen. Und es wird Sie kaum überraschen, wenn ich Ihnen erzähle, daß ich eine fast bis zur Gewißheit gehende Hoffnung fühlte, daß das unter so seltsamen Umständen aufgefundene Pergament den verlorengegangenen Bericht über das Versteck des Schatzes enthalte.«

»Aber wie gingen Sie nun weiter vor?«

»Ich hielt das Pergament wiederum ans Feuer, nachdem ich die Hitze gesteigert hatte. Noch immer erschien jedoch nichts. Nunmehr schien es mir möglich, daß die Schmutzschicht die Ursache meines Mißerfolges sei. Ich wusch das Pergament vorsichtig ab, indem ich warmes Wasser darüber goß, legte es dann mit der Schädelzeichnung nach unten in eine Pfanne und stellte diese auf einen Schmelzofen mit einem Holzkohlenfeuer. Einige Minuten später, nachdem die Pfanne ganz heiß geworden war, nahm ich das Pergament heraus und fand es zu meiner unaussprechlichen Freude mit etwas bedeckt, worin ich in Reihen stehende Schriftzeichen zu erkennen glaubte. Wieder legte ich das Pergament in die Pfanne und ließ es eine weitere Minute darin. Dann holte ich es heraus und fand es so, wie Sie es hier sehen.«

Hiermit überließ mir Legrand das Pergament, das er wiederum erhitzt hatte, zur Begutachtung. Zwischen dem Totenkopf und der Ziege zeigten sich in roter Farbe ungelenke Zeichen, die dieses Bild ergaben:

53‡‡†305)) 6*, 4826)4‡.)4‡); 806*; 48†8π60)) 85; 1‡(;:‡*8†83
(88) 5*†; 46 (;88*96*?;8) *‡(;485); 5*†2:*‡(;4956*2 (5*–4)
8π8*; 4069285);)6†8) 4‡‡; 1(‡9; 48081; 8:8‡1; 48†85; 4)
485†528806*81 (‡9; 48; (88; 4(‡? 34;48) 4‡; 161;:188; ‡?;

»Aber«, sagte ich, indem ich ihm den Zettel zurückgab, »ich tappe nach wie vor im dunkeln. Und wenn mir alle Juwelen von Golconda für die Lösung dieses Rätsels geboten würden, wäre ich trotzdem außerstande, sie zu erringen.«

»Und doch«, sagte Legrand, »ist die Lösung gar nicht so schwer, wie Sie nach der ersten flüchtigen Betrachtung der Zeichen vermuten. Diese Zeichen bilden, wie sich leicht erraten läßt, eine Geheimschrift, das heißt, sie haben etwas zu bedeuten. Nach allem, was mir von Kidd bekannt ist, konnte ich jedoch nicht annehmen, daß er fähig gewesen sei, eine besonders schwierige Geheimschrift zu ersinnen. Ich sah gleich, daß diese hier zu der einfachen Gattung gehörte, die freilich dem groben Verstand eines Seemanns ohne den Schlüssel völlig unlösbar erscheinen mußte.«

»Und Sie haben sie wirklich gelöst?«

»Allerdings. Und ich habe schon andere gelöst, die tausendmal verwickelter waren. Gewisse Umstände und Neigungen haben mich schon früher an solchen Rätseln Geschmack finden lassen, und man muß wohl überhaupt zweifeln, daß menschlicher Scharfsinn ein Rätsel ersinnen kann, das menschlicher Scharfsinn durch geeignete Überlegung nicht zu lösen vermöchte. Als ich erst einmal zusammenhängende und leserliche Schriftzeichen erkannt hatte, kam mir die Schwierigkeit, ihren Sinn zu ermitteln, kaum noch zum Bewußtsein.

Im vorliegenden Falle – wie übrigens immer bei allen Geheimschriften – lautet die erste Frage, in welcher Sprache die Geheimschrift abgefaßt ist; denn die Lösungen richten sich, besonders wenn es sich um einfachere Geheimschriften handelt, nach dem Geist der jeweiligen Sprache und sind dementsprechend veränderlich. Im allgemeinen bleibt keine Wahl als das auf Wahrscheinlichkeit gestützte Probieren mit jeder Sprache, die demjenigen bekannt ist, der die Lösung sucht, bis er auf die richtige stößt. Im Falle unseres Schlüsseltextes wurden jedoch alle Schwierigkeiten von vornherein durch die Unterschrift beseitigt. Das Wortspiel ›Kidd‹ ist nur in der englischen Sprache möglich. Ohne diese Überlegung hätte ich meine Versuche mit dem Spanischen und Französischen begonnen, in denen eine solche Geheimschrift von einem Piraten der spanischen Gewässer am wahrscheinlichsten abgefaßt worden wäre. Nach dem Befund konnte ich aber annehmen, daß die Schrift in englischer Sprache geschrieben sei.

Sie bemerken, daß die Wörter nicht voneinander getrennt sind. Wäre dies der Fall gewesen, so hätte ich verhältnismäßig wenig Mühe gehabt. Ich hätte dann mit dem Vergleichen und Zerlegen der kürzeren Wörter begonnen, und wäre – was wahrscheinlich ist – ein Wort mit einem einzigen Buchstaben (zum Beispiel a oder I) vorgekommen, so hätte ich die Lösung als gesichert betrachtet. Da aber keine Worttrennungen zu erkennen waren, mußte ich zunächst die am häufigsten und die am seltensten erscheinenden Zeichen ermitteln. Ich zählte alle und stellte darauf diese Liste zusammen:

Das Zeichen	8	erscheint	33mal
	;	erscheint	26mal
	4	erscheint	19mal
	‡	erscheint	16mal
	*	erscheint	13mal
	5	erscheint	12mal
	6	erscheint	11mal
	†1	erscheint	8mal
	0	erscheint	6mal
	92	erscheint	5mal
	:3	erscheint	4mal
	?	erscheint	3mal
	π	erscheint	2mal
	–.	erscheint	1mal

Nun kommt im Englischen der Buchstabe e am häufigsten vor. Die weitere Reihenfolge ist: a o i d h n r s t u y c f g l m w b k p q x z. Das e überwiegt so auffallend, daß es keinen einigermaßen langen Satz gibt, in welchem es nicht den häufigsten Buchstaben bildet.

Hier sind wir also von Anfang an nicht auf bloßes Raten angewiesen. Es versteht sich, welcher Gebrauch im allgemeinen von unserer Liste zu machen ist; aber bei diesem besonderen Geheimtext werden wir ihre Hilfe kaum in Anspruch zu nehmen haben. Da das vorherrschende Zeichen 8 ist, wollen wir damit beginnen, es als das e des Alphabets zu betrachten. Zur Bestätigung unserer Annahme wollen wir feststellen, ob das Zeichen 8 öfters paarweise erscheint; denn das e wird im Englischen häufig verdoppelt, wie zum Beispiel in ›meet‹, ›fleet‹, ›speed‹, ›seen‹, ›been‹, ›agree‹ und so weiter. In unserem Falle stellen wir nicht weniger als fünf Verdoppelungen fest, obgleich es sich nur um einen kurzen Text handelt.

Nehmen wir also das Zeichen 8 als e an. Nun ist das gebräuchlichste aller Wörter der Artikel the; sehen wir also nach, ob es Wiederholungen dreier Zeichen gibt, deren letztes 8 ist. Wenn wir Wiederholungen solcher Zeichen in gleicher Anordnung entdecken, stellen diese höchstwahrscheinlich das Wort ›the‹ dar. Beim Nachprüfen finden wir nicht weniger als sieben solcher Anordnungen, bestehend aus den Zeichen ;48. Wir können also annehmen, daß ;t, 4h und 8e bedeutet – womit die Richtigkeit dieses letzten Zeichens bestätigt wäre. Damit ist ein großer Schritt vorwärts getan.

Nachdem wir aber ein einzelnes Wort ermittelt haben, sind wir imstande, einen ungeheuer wichtigen Punkt, das heißt, mehrere Anfänge und Endungen anderer Wörter festzulegen. Beziehen wir uns zum Beispiel auf den vorletzten Fall, in welchem die Verbindung ;48 – ziemlich am Schluß des Textes – erscheint. Wir wissen, daß das ;, das unmittelbar folgt, den Anfang eines neuen Wortes bildet; von den sechs Zeichen, die diesem ›the‹ folgen, sind uns nicht weniger als fünf bekannt. Schreiben wir also diese Zeichen auf, indem wir die uns bereits bekannten Buchstaben einsetzen und für den noch unbekannten einen freien Raum lassen:

t eeth.

Hier können wir sofort das th abtrennen, da es keinen Teil des Wortes, das mit dem ersten t anfängt, bildet. Denn wenn wir das ganze Alphabet durchprobieren, um einen in den Leerraum passenden Buchstaben zu ermitteln, erkennen wir, daß es kein

Wort gibt, von dem dieses th ein Teil sein kann. Wir sind also beschränkt auf

t ee,

und wir gelangen, wenn wir – falls nötig – wie vorher das Alphabet durchgehen, zum Worte ›tree‹ als einzig möglichem. Dadurch gewinnen wir einen weiteren Buchstaben, das r, dargestellt durch (, zusammen also die beiden Wörter: the tree. Wenn wir ein kurzes Stück weitergehen, stoßen wir wiederum auf die Verbindung ;48 und verwenden sie als Schluß des unmittelbar Vorhergehenden. Wir bekommen also die Anordnung:

the tree ;4(‡?34 the,

oder, wenn wir die uns schon bekannten Buchstaben einsetzen,

the tree thr‡?3h the.

Wenn wir jetzt an Stelle der unbekannten Buchstaben freien Raum lassen oder diesen durch Punkte bezeichnen, lesen wir:

the tree thr...h the,

worauf wir sofort das Wort ›through‹ erkennen. Diese Entdekkung verschafft uns jedoch drei neue Buchstaben, o, u, g, dargestellt durch die Zeichen ‡,? und 3.
Sehen wir jetzt den Text nach Verbindungen bekannter Zeichen durch, so begegnet uns ziemlich am Anfang die Anordnung:

83(88, oder egree,

was offenbar der Schluß des Wortes ›degree‹ ist und uns einen neuen Buchstaben, d, dargestellt durch †, gibt.

Vier Buchstaben hinter dem Wort ›degree‹ bemerken wir die Verbindung:

;46(;88*.

Setzen wir nun die bekannten Buchstaben ein und bezeichnen wir zuvor die unbekannten durch Punkte, so lesen wir:

th.rtee.,

eine Anordnung, die sofort das Wort ›thirteen‹ erkennen läßt und uns wiederum zwei Zeichen, i und n, dargestellt durch 6 und *, liefert.
Kehren wir jetzt zum Anfang des Textes zurück, so finden wir die Verbindung:

53‡‡†.

Übertragen wir dies wie zuvor, so erhalten wir

.good,

wodurch uns bestätigt wird, daß der erste Buchstabe A ist und die beiden ersten Wörter lauten: ›A good‹.
Es ist jetzt an der Zeit, daß wir unseren Code zusammenstellen, indem wir, um Verwirrungen zu vermeiden, die bereits entschlüsselten Zeichen in Tabellenform anordnen. Wir erhalten so:

5 bedeutet a
† bedeutet d
8 bedeutet e
3 bedeutet g
4 bedeutet h
6 bedeutet i
* bedeutet n

‡ bedeutet o
(bedeutet r
; bedeutet t
? bedeutet u

Wir haben nunmehr nicht weniger als elf der wichtigsten Buchstaben ermittelt und brauchen daher nicht länger bei Einzelheiten zu verweilen. Meine Ausführungen haben Sie wohl zur Genüge davon überzeugt, daß Geheimschriften dieser Art leicht entziffert werden können, auch haben Sie einen Einblick in das logische Prinzip, nach dem sie entwickelt worden sind, erhalten. Sie können indessen versichert sein, daß unser Beispiel zur einfachsten Art von Geheimschriften zählt. Ich will Ihnen nur noch die volle Übersetzung des auf dem Pergament befindlichen ungelösten Textes geben. Sie lautet folgendermaßen:
›*A good glass in the bishop's hostel in the devil's seat forty-one degrees and thirteen minutes northeast and by north main branch seventh limb east side shoot from the left eye of the death's-head a bee-line from the tree through the shot fifty feet out.*‹«
»Gleichwohl«, sagte ich, »dünkt mir das Rätsel noch nicht klarer zu sein als zuvor. Wie ist es möglich, aus all diesem Rotwelsch wie ›Teufelssitze‹, ›Totenköpfe‹ und ›Bischofshotel‹ einen Sinn herauszufinden?«
»Ich gebe zu«, erwiderte Legrand, »daß die Sache, flüchtig betrachtet, immer noch ziemlich schwierig aussieht. Meine erste Bemühung bestand darin, den Text in der vom Geheimschreiber beabsichtigten natürlichen Form aufzuteilen.«
»Meinen Sie damit, daß Sie ihn interpunktieren wollten?«
»Etwas dergleichen.«
»Aber wie ließ sich das bewerkstelligen?«
»Ich überlegte, daß sich's der Schreiber angelegen sein ließ, seine Wörter ungetrennt zusammenzuschreiben, weil er dadurch die Schwierigkeit der Lösung vergrößern wollte. Ein nicht übermäßig begabter Mensch wäre nun bei der Erledigung

einer solchen Aufgabe kaum gegen Übertreibungen sicher. Wenn er im Verlauf der Niederschrift an einen Einschnitt kam, der natürlich eine Sperrung verlangte, so mußte er seine Zeichen hier gerade besonders dicht aneinanderrücken. Wenn Sie sich den Text daraufhin ansehen, werden Sie leicht fünf Fälle derartig ungewöhnlich zusammengedrängter Stellen entdecken. Diesem Hinweis folgend, nahm ich die Teilung so vor:

›A good glass in the bishop's hostel in the devil's seat – forty-one degrees and thirteen minutes – northeast and by north – main branch seventh limb east side – shoot from the left eye of the death's-head – a bee-line from the tree through the shot fifty feet out.‹«

(›Ein gut Glas in Bischofs Hotel in des Teufels Sitz – einundvierzig Grad dreizehn Minuten – nordöstlich und nördlich – ein Hauptast siebenter Zweig Ostseite – schieß durch linkes Auge des Totenkopfes – eine Gerade vom Baum durch den Schuß fünfzig Fuß hinaus.‹)

»Selbst in dieser Aufteilung«, sagte ich, »läßt es mich immer noch im unklaren.«

»Es war mir auch unklar«, antwortete Legrand, »wenigstens für ein paar Tage. Inzwischen fahndete ich in der Nachbarschaft der Sullivaninsel nach einem Gebäude mit dem Namen ›Bischofs-Hotel‹, den veralteten Namen *hostel* hatte ich fallenlassen. Da ich hierüber keine Aufklärung erhalten konnte, wollte ich gerade meinen Forschungskreis erweitern und methodisch vorgehen, als mir plötzlich eines Morgens einfiel, daß sich dieses ›Bischofs-Hotel‹ auf eine alte Familie Bessop beziehen könne, die in lang zurückliegender Zeit etwa vier Meilen nördlich von der Insel einen alten Herrensitz bewohnt hatte. Daraufhin ging ich zur Plantage hinüber und nahm meine Ermittlungen unter den dort lebenden älteren Negern wieder auf. Schließlich verriet mir eine der ältesten Frauen, daß sie von einem Platz ›Bessop's-Schloß‹ gehört habe und glaube, mich dorthin führen zu

können; allerdings sei dies weder ein Schloß noch ein Gasthaus, sondern ein hoher Felsen.
Ich bot ihr guten Lohn für ihre Mühe, und nach einigem Zaudern willigte sie ein, mich zu der Stelle zu begleiten. Wir fanden sie ohne Schwierigkeit, und ich entließ die Negerin und schickte mich an, den Platz zu durchforschen. Das ›Schloß‹ bestand aus einer unregelmäßigen Anhäufung von Klippen und Felsen, worunter einer war, der durch seine Höhe, seine abgetrennte Lage und sein unnatürliches Aussehen auffiel. Ich erklomm seinen Gipfel und war sehr ratlos, was ich weiter tun solle.
Während ich darüber nachsann, fiel mein Blick auf einen schmalen Vorsprung an der Ostseite des Felsens – etwa eine Elle unterhalb des Gipfels, auf dem ich stand. Er war ungefähr achtzehn Zoll lang und nicht mehr als einen Fuß breit. Eine Vertiefung in dem ihn überragenden Felsen verlieh ihm eine gewisse Ähnlichkeit mit einem jener hochlehnigen Stühle, die von unseren Vorfahren benutzt wurden. Ich zweifelte nicht, daß dies der in der Schrift genannte ›Teufelssitz‹ war, und glaubte bereits das ganze Geheimnis entschleiert zu haben.
Das ›gute Glas‹ konnte sich, wie ich wußte, nur auf ein Fernrohr beziehen; denn das Wort ›Glas‹ wird von Seeleuten selten in anderem Sinne gebraucht. Nun erkannte ich sofort, daß hier ein Fernrohr erforderlich war, das in einer bestimmten Richtung, von der nicht abgewichen werden durfte, eingestellt sein mußte. Und ich zweifelte auch nicht, daß die Angaben ›einundvierzig Grad dreizehn Minuten‹ und ›nordöstlich und nördlich‹ diese Einstellung bezeichneten. Sehr erregt über diese Entdekkungen, ging ich eilends nach Hause, holte mir ein Fernrohr und kehrte damit zu dem Felsen zurück.
Ich ließ mich auf den Felsvorsprung hinunter und stellte fest, daß es hier nur eine einzige Möglichkeit zum Sitzen gab. Dies bestärkte mich in meiner vorgefaßten Annahme. Ich ging nun dazu über, mich des Fernrohrs zu bedienen. Die Angabe ›ein-

undvierzig Grad dreizehn Minuten‹ konnte sich nur auf die Erhebung über dem sichtbaren Horizont beziehen; denn die horizontale Richtung war bereits durch die Worte ›nordöstlich und nördlich‹ gegeben. Diese Richtung stellte ich sogleich mit einem Taschenkompaß fest. Indem ich das Glas nun in einem Winkel von schätzungsweise einundvierzig Grad hob, bewegte ich es langsam auf und nieder, bis meine Aufmerksamkeit auf eine kreisrunde Lücke im Laubwerk eines entfernten großen Baumes gelenkt wurde, der alle anderen überragte. Im Mittelpunkt dieser Lücke gewahrte ich einen weißen Fleck, konnte aber zunächst nicht erkennen, was er zu bedeuten hatte. Ich stellte das Fernrohr nunmehr auf die richtige Schärfe ein und erkannte bei nochmaligem Hinsehen, daß es ein Menschenschädel war.

Diese Entdeckung machte mich so zuversichtlich, daß ich das Rätsel vollends gelöst zu haben glaubte; denn die Angabe ›Hauptast siebenter Zweig Ostseite‹ konnte sich nur auf die Lage des Schädels im Baume beziehen. Die Bemerkung ›schieß vom linken Auge des Totenkopfes‹ ließ ebenso, falls es sich um die Suche nach einem vergrabenen Schatze handelte, nur eine einzige Deutung zu. Ich erriet, daß man eine Kugel durch das linke Auge des Totenkopfes fallen lassen und eine Gerade von der nächsten Stelle des Stammes durch den ›Schuß‹ (das heißt den Punkt, wo die Kugel niederfiel) und darüber hinaus bis zu einer Entfernung von fünfzig Fuß ziehen müsse. Damit wurde dann ein bestimmter Punkt bezeichnet, wo – so ließ es sich wenigstens vermuten – der verborgene Schatz ruhen mochte.«

»Dies alles«, sagte ich, »ist völlig klar und obwohl geistreich erdacht, dennoch einfach und verständlich. Was geschah nun, als Sie das Bischofs-Hotel verließen?«

»Nun, ich kehrte, nachdem ich mir den Baum sorgfältig eingeprägt hatte, nach Hause zurück. In dem Augenblick, als ich den Teufelssitz verließ, entschwand der kreisförmige Ausschnit meinem Blicke; und ich konnte ihn nicht wiederfinden, in welcher Richtung ich auch nach ihm ausspähte. Was ich für den besonderen Witz der ganzen Sache halte, ist die Tatsache (wiederholte Prüfungen haben mich davon überzeugt, daß es eine Tatsache ist), daß diese kreisförmige Lücke von keinem anderen erreichbaren Punkt sichtbar ist als von jenem schmalen Vorsprung auf der Vorderseite des Felsens.

Auf dieser Expedition zum Bischofs-Hotel wurde ich von Jupiter begleitet. Zweifellos hatte dieser seit einigen Wochen meine Zerfahrenheit beobachtet und sich besonders darum gesorgt, mich nicht allein zu lassen. Trotzdem gelang es mir am anderen Tage, indem ich sehr früh aufstand, ihm heimlich zu entwischen und mich auf die Suche nach dem Baum in das Hügelgelände zu begeben. Nach vieler Mühe fand ich ihn auch. Als ich in der Nacht heimkehrte, machte mein Diener Miene, mir eine Tracht Prügel zu verabfolgen. Was den Rest des Abenteuers anbelangt, sind Sie, denke ich, damit so bekannt wie ich selbst.«

»Ich schätze«, sagte ich, »daß Sie die Stelle beim ersten Graben verfehlten, weil Jupiter so dumm war, den Käfer durch das rechte statt durch das linke Auge des Schädels fallen zu lassen.«

»Sie haben es getroffen. Dieser Irrtum machte beim ›Schuß‹ einen Unterschied von etwa zweieinhalb Zoll aus – das heißt, was die Lage des Pflockes beim Baume anging. Hätte sich der Schatz unter dem ›Schuß‹ befunden, so wäre der Fehler unbedeutend gewesen. Aber der ›Schuß‹ und die nächste Stelle am Baum waren ja nur zwei Punkte zur Ziehung einer Linie. Natürlich vergrößerte sich der anfangs nur unbeträchtliche Fehler allmählich und ließ uns bei der Entfernung von fünfzig Fuß vollends die Spur verlieren. Wäre nicht meine unerschütterliche Überzeugung von einem irgendwo in der Gegend vergrabenen Schatz gewesen, so hätte unsere Mühe leicht umsonst sein können.«

»Aber wie Sie sich in die Brust warfen und sich so unerhört komisch gebärdeten, indem Sie den Käfer schwangen, hielt ich Sie rundweg für verrückt. Und warum bestanden Sie eigentlich darauf, ausgerechnet den Käfer anstatt einer Kugel durch den Schädel herabfallen zu lassen?«

»Um ehrlich zu sein: Ich war etwas gekränkt, weil Sie offenbar an meinem Verstand zweifelten. Daher beschloß ich, Sie auf meine Art – durch etwas Geheimniskrämerei – ein wenig dafür zu bestrafen. Deshalb schwang ich den Käfer, deshalb ließ ich ausgerechnet ihn vom Baume herabfallen. Ihre eigene Äußerung über sein bedeutendes Gewicht gab mir diesen Gedanken ein.«

»Aha, ich verstehe. Und jetzt bleibt nur noch ein Punkt, den ich geklärt wissen möchte. Was hatten die Skelette zu bedeuten, die wir in der Grube fanden?«

»Das ist eine Frage, die ich Ihnen nicht besser beantworten kann, als Sie selbst können. Allerdings gibt es wohl nur eine Möglichkeit, sie zu klären. Es ist freilich furchtbar, sich etwas so Grausiges, wie ich es vermute, vorstellen zu müssen. Es versteht sich, daß Kidd – wenn tatsächlich er, woran ich übrigens nicht zweifle, den Schatz verbarg – bei der Arbeit Helfershelfer gehabt haben mußte. Später mag er es für ratsam gehalten haben, sich aller Mitwisser seines Geheimnisses zu entledigen. Vielleicht genügten einige wenige Schläge mit einer Hacke, während seine Gefährten in der Grube arbeiteten – vielleicht war sogar ein Dutzend nötig: wer kann es wissen?«

Grube und Pendel

Mir war so elend – zum Sterben elend von dieser langen Qual; und als sie endlich meine Bande lösten, als ich sitzen durfte, fühlte ich, daß mich meine Sinne verließen. Das Urteil, dieses entsetzliche Urteil: der Tod – war das letzte, was deutlich an mein Ohr drang. Danach schien der Klang der richterlichen Stimmen in ein traumhaft unbestimmtes Murmeln überzugehen. Es weckte in meiner Seele die Vorstellung eines Kreisens – vielleicht, weil es sich mir mit dem Rauschen eines Mühlrads verband. Dies währte jedoch nur kurze Zeit; denn bald hörte ich gar nichts mehr. Doch für eine Weile sah ich – aber wie fürchterlich übertrieben! –, ich sah die Lippen der schwarzgekleideten Richter. Mir schienen sie weiß – weißer als das Blatt, auf das ich diese Worte aufzeichne – und dünn bis zur Lächerlichkeit; ganz dünn in dem angespannten Ausdruck ihrer Härte – ihrer unerschütterlichen Entschlossenheit – ihrer eisernen Nichtachtung menschlicher Leiden. Ich sah noch, wie der Beschluß über das, was mir Schicksal werden sollte, von diesen Lippen ausgesprochen wurde. Ich sah, wie sie sich zu todverkündender Rede verzogen. Ich sah, wie sie die Silben meines Namens formten. Und ich schauderte, weil sie keinen Laut hervorbrachten. Ein paar Augenblicke lang fieberte ich auch in Schrecken, als ich das sanfte und fast unmerkbare Wehen der düsteren Draperien sah, die die Wände des Zimmers verhüllten. Und dann fiel mein Blick auf die sieben hohen Kerzen des Tisches. Anfangs tat ihr Anblick wohl, und sie schienen weiße schlanke Engel, die mich retten würden; aber dann auf einmal überfiel mich eine tödliche Übelkeit, und ich fühlte jede Fiber meines Körpers beben, als hätte ich den Draht eines galvanischen Elements berührt, während die Engel wesenlose Geister mit Flammenköpfen wurden, und ich sah, daß mir von da keine

Hilfe kommen würde. Und dann stahl sich mir wie ein herrlicher Klang von Musik der Gedanke in den Sinn, welch süße Ruhe im Grabe sein würde. Der Gedanke nahte behutsam und heimlich, und es muß wohl lange gedauert haben, bis ich ihn ganz begriffen hatte; aber eben als mein Geist endlich dazu gelangt war, ihn recht eigentlich zu empfinden und zu nähren, verschwanden die Gestalten der Richter vor mir wie durch Zauberei; die hohen Kerzen sanken in nichts zusammen; ihre Flammen verloschen; schwarze Finsternis herrschte; alle Wahrnehmungen schienen verschlungen, von einem rasenden Fall, als stürze die Seele in den Hades. Dann war die Welt Stille und Schweigen und Nacht.
Ich war in Ohnmacht gefallen; aber doch will ich nicht sagen, daß mich das Bewußtsein ganz verlassen hatte; was davon geblieben war, will ich nicht zu bestimmen oder gar zu schildern versuchen; und doch war nicht alles vergangen. Nein – im tiefsten Schlaf – im Fieber – in der Ohnmacht – im Tod – ja! – selbst im Grab ist nicht *alles* vergangen, sonst gäbe es keine Unsterblichkeit für die Menschen. Wenn wir aus dem tiefsten Schlummer auftauchen, zerreißen wir das dünne Gewebe irgendeines Traumes. Doch das Gewebe mag so zart gewesen sein, daß wir uns eine Sekunde später nicht an das erinnern, was wir geträumt haben. Auf der Rückkehr aus der Ohnmacht ins Leben gibt es zwei Abschnitte: der erste ist das Erwachen des gefühlsmäßigen oder geistigen Sinns, der zweite das des körperlichen Sinns, des Daseins. Wenn wir nun das zweite Stadium erreicht haben und uns die Eindrücke des ersten zurückrufen, würden wir wahrscheinlich unter diesen Eindrücken viele Erinnerungen an den Abgrund jenseits finden. Und was ist dieser Abgrund? Wie zumindest sollen wir seine Schatten von denen des Grabes unterscheiden? Denn wenn die Eindrücke dessen, was ich den ersten Abschnitt nannte, nicht mit Absicht zurückgerufen werden – kehren sie nicht doch nach langer Zeit ungerufen wieder, während wir uns wundern, woher sie kommen? Wer

nie bewußtlos war, der findet auch nie seltsame Paläste und unendlich vertraute Gesichter im Glühen des Feuers; der sieht nicht die traurigen Gesichte, die in der Luft schweben und die die Menge nicht sehen darf, der sinnt nicht über den Duft einer fremden Blume nach, der läßt sich nicht vom Sinn eines musikalischen Rhythmus verzaubern, der ihn nie zuvor berührt hat.
Während ich immer wieder ernsthafte und bewußte Anstrengungen machte, mich zu besinnen, mitten in dem eifrigen Bemühen, ein Zeichen des scheinbaren Nichts zu erhaschen, in das meine Seele gesunken war, gab es Augenblicke, in denen ich glaubte, es gelinge mir; gab es kurze, sehr kurze Zeiträume, in denen ich Erinnerungen heraufbeschwor, und diese Erinnerungen konnten – so belehrte mich der klare Verstand späterer Zeiten – nur in jenem Zustand scheinbarer Bewußtlosigkeit eine Beziehung gehabt haben. Diese Erinnerungsschatten erzählen undeutlich von hohen Gestalten, die mich aufhoben und in aller Stille hinabtrugen – hinab – noch tiefer – bis ein widerlicher Schwindel mich faßte bei der bloßen Vorstellung, daß dieses Niedersteigen nie ein Ende nehmen könnte. Sie erzählen auch von einem unbestimmten Schrecken meines Herzens darüber, daß dies Herz so unnatürlich still war. Dann durchdrang ein plötzliches Gefühl der Reglosigkeit alle Dinge, als hätten die, die mich trugen (ein gespenstischer Zug), in ihrem Abstieg die Grenzen des Grenzenlosen überschritten und ruhten nun, müde von ihrer schweren Arbeit; dann erinnere ich mich an Öde und Feuchtigkeit; und dann dieser ganze Irrsinn – dieser Irrsinn einer Erinnerung, die sich mit lauter Unmöglichem abquält.
Ganz plötzlich kehrten meiner Seele Bewegung und Ton zurück: die stürmische Bewegung des Herzens und in mein Ohr der Ton seines Schlagens. Dann eine Pause – alles ist leer. Dann wieder Ton und Bewegung und Berührung – ein bebendes Gefühl, das meinen Körper durchzuckt. Dann das bloße Bewußtsein des Daseins ohne Gedanken – ein Zustand, der lange an-

hält. Dann ganz plötzlich Gedanken und schaudernder Schrekken und ein ernsthafter Versuch, meinen tatsächlichen Zustand zu begreifen. Dann ein heftiges Verlangen, in Gefühllosigkeit zu versinken. Dann ein rasches Wiederaufleben der Seele und eine erfolgreiche Anstrengung, sich zu bewegen. Und nun ein volles Erinnern an das Verhör, an die Richter, an die düsteren Draperien, an den Urteilsspruch, an die Übelkeit, an die Ohnmacht. Alles, was darauf folgte, hatte ich vollständig vergessen; erst später gelang es mir nach sehr heftigen Bemühungen, mich an all dies undeutlich zu erinnern.
Bis jetzt hatte ich meine Augen nicht geöffnet. Ich fühlte, daß ich ungefesselt auf dem Rücken lag. Ich streckte meine Hand aus, und sie fiel schwer auf etwas Feuchtes, Hartes. Dort ließ ich sie viele Minuten liegen, während ich mich bemühte, herauszufinden, wo und *was* ich sein könnte. Ich sehnte mich, meine Augen zu gebrauchen, aber ich wagte es nicht. Ich fürchtete den ersten Blick auf die Dinge rund um mich. Nicht, daß ich gefürchtet hätte, Furchtbares zu sehen, sondern mir graute bei dem entsetzlichen Gedanken, gar nichts zu sehen. Endlich, eine wilde Verzweiflung im Herzen, schlug ich schnell meine Augen auf. Meine schlimmsten Vorstellungen wurden bestätigt. Die Schwärze ewiger Nacht umgab mich. Ich rang nach Atem. Die dichte Dunkelheit erdrückte und erstickte mich fast. Die Luft war unerträglich dick. Ich lag noch ruhig und mühte mich, meinen Verstand arbeiten zu lassen. Ich rief mir das Vorgehen der Inquisition ins Gedächtnis zurück, und von diesem Punkt her versuchte ich, meine tatsächliche Lage zu entwickeln. Das Urteil war gesprochen, und es schien mir, als sei sehr lange Zeit seitdem verstrichen. Doch keinen Augenblick lang glaubte ich, daß ich wirklich tot sei. Wenn man davon auch in Geschichten liest, so ist doch solch eine Annahme nicht zu vereinen mit tatsächlichem Dasein; aber wo war ich und in welchem Zustand befand ich mich? Die zum Tode Verurteilten, das wußte ich, kamen gewöhnlich bei Ketzerverbrennungen ums Leben, und

eine solche war gerade in der Nacht meines Urteilstages abgehalten worden. Wurde ich in meinem Kerker in Haft gehalten, um die nächste Verbrennung zu erwarten, die erst in vielen Monaten wieder stattfinden würde? Ich sah sogleich ein, daß dies nicht der Fall sein konnte. Nach Opfern wurde immer sofort verlangt. Überdies hatte mein Kerker, wie die Zellen aller Verurteilten in Toledo, Steinboden gehabt, und das Licht war nicht gänzlich ausgeschlossen gewesen.
Ein furchtbarer Gedanke trieb mir plötzlich alles Blut zum Herzen, und für kurze Zeit sank ich erneut in Besinnungslosigkeit zurück. Als ich wieder zu mir kam, sprang ich sogleich auf die Füße, ein krampfhaftes Zittern in allen Gliedern. Ich warf meine Arme wild über mich und rund um mich in alle Richtungen. Ich fühlte nichts, doch ich fürchtete mich, einen Schritt zu tun, um nicht von den Wänden eines Grabes aufgehalten zu werden. Der Schweiß brach mir aus allen Poren und stand in großen kalten Tropfen auf meiner Stirn. Die Qual der Spannung wurde endlich unerträglich, und ich bewegte mich vorsichtig vorwärts, die Arme ausgestreckt, und die Augen traten mir aus den Höhlen, so strengte ich sie an in der Hoffnung, einen schwachen Lichtstrahl zu erspähen. Ich ging viele Schritte vorwärts; aber noch war alles schwarz und leer. Ich atmete freier! Offenbar hatte mich wenigstens nicht das grauenhafteste aller Schicksale ereilt.
Und nun, als ich noch vorsichtig so weiterging, kamen mir tausend dunkle Gerüchte in den Sinn, die ich über die Schrecken von Toledo gehört hatte. Von den Kerkern dort wurden seltsame Dinge berichtet – ich hatte sie immer für Fabeln gehalten, aber sie waren doch sonderbar und so gespenstisch, daß man sie nur im Flüsterton weitererzählen konnte. Sollte ich denn in dieser unterirdischen Welt der Finsternis Hungers sterben, oder welches Schicksal erwartete mich? War es vielleicht noch furchtbarer? Ich kannte den Charakter meiner Richter zu gut, um daran zu zweifeln, daß das Ende der Tod sein würde, und

zwar ein ungewöhnlich bitterer. Mich beschäftigte und quälte nur dies, wie und wann er mich ereilen würde.
Endlich stieß meine ausgestreckte Hand auf ein festes Hindernis. Es war eine Wand, offenbar steinernes Mauerwerk – sehr glatt, schleimig und kalt. Ich ging ihr nach und trat auf mit allem sorgfältigen Mißtrauen, das mir gewisse alte Berichte eingeflößt hatten. Dieses Verfahren jedoch erlaubte mir nicht, die Ausmaße meines Kerkers zu bestimmen, da ich ja die Runde machen und zu dem Punkt, von dem ich ausgegangen war, zurückkehren konnte, ohne dessen gewahr zu werden, so vollkommen gleichartig schien die Wand. Deshalb suchte ich nach dem Messer, das in meiner Tasche gewesen war, als ich in den Untersuchungssaal geführt wurde, aber es war fort. Meine Kleider waren gegen einen Rock von grobem Stoff vertauscht worden. Ich hatte daran gedacht, die Klinge in eine kleine Spalte im Mauerwerk zu treiben, um so den Punkt festzulegen, von dem ich ausging. Die Schwierigkeit war zwar nur unbedeutend, doch in der Verwirrung meiner Phantasie kam sie mir zuerst unüberwindlich vor. Endlich riß ich ein Stück vom Rocksaum ab und legte den Fetzen in voller Länge im rechten Winkel zur Wand. Wenn ich mich nun durch mein Gefängnis tastete, müßte ich bei meiner Runde unbedingt auf den Lumpen stoßen. So dachte ich es mir jedenfalls; aber ich hatte nicht mit der Größe des Kerkers gerechnet und nicht mit meiner eigenen Schwäche. Der Boden war feucht und schlüpfrig. Eine Weile war ich vorwärts gewankt, da stolperte ich und stürzte. Meine übergroße Müdigkeit überwältigte mich, so daß ich auf dem Boden liegenblieb; und wie ich so lag, überkam mich rasch der Schlaf.
Als ich aufwachte und einen Arm ausstreckte, fand ich neben mir einen Brotlaib und einen irdenen Krug mit Wasser. Ich war zu erschöpft, um über diesen Umstand nachzudenken, ich aß und trank nur gierig. Bald darauf nahm ich meinen Gang rund um das Gefängnis wieder auf, und mit vieler Mühe gelangte ich endlich zu dem Stoffetzen. Bis dahin, wo ich gestürzt war, hatte

ich zweiundfünfzig Schritte gezählt, und als ich dann meinen Weg weitergegangen war, hatte ich noch achtundvierzig gezählt, bis ich bei dem Fetzen angelangt war. Das gab zusammen hundert Schritte; und wenn ich zwei Schritte auf eine Elle rechnete, konnte ich annehmen, der Kerker habe einen Umfang von fünfzig Ellen. Ich hatte jedoch in der Mauer viele Winkel gefunden, und so konnte ich mir keine Vorstellung von der Form der Gruft machen; denn ich glaubte nichts anderes, als daß es eine Gruft sei.

Diese Nachforschungen hatten wenig Zweck und boten sicherlich keine Hoffnung; aber eine unbestimmte Neugier veranlaßte mich, darin fortzufahren. Ich verließ die Mauer und beschloß die Fläche des Raumes quer zu überschreiten. Anfangs ging ich mit äußerster Vorsicht; denn der Boden war zwar offensichtlich fest gefügt, aber wegen der Schlammschicht sehr gefährlich. Jedoch endlich faßte ich Mut und zögerte nicht mehr, fest aufzutreten, und so versuchte ich, in einer möglichst geraden Linie hinüberzukommen. Dabei war ich zehn bis zwölf Schritte vorwärts gegangen, als ich mich mit meinen Füßen in die Reste des zerrissenen Saumes verwickelte. Ich trat darauf und fiel heftig aufs Gesicht.

In der Aufregung über meinen Sturz bemerkte ich nicht sogleich etwas einigermaßen Sonderbares, das jedoch meine Aufmerksamkeit ein paar Sekunden später erregte, während ich noch auf den Boden gestreckt lag. Es war dies, daß mein Kinn auf dem Kerkerboden lag, meine Lippen jedoch und der obere Teil meines Kopfes gar nichts berührten, obwohl sie doch allem Anschein nach tiefer lagen als das Kinn. Zugleich schien meine Stirn gebadet in einem feuchtkalten Dunst, und der eigentümliche Geruch von moderndem Schwamm stieg mir in die Nase. Ich streckte meinen Arm nach vorn und schauderte, als ich entdeckte, daß ich gerade am Rand einer runden Grube lag, deren Ausmaß ich natürlich im Augenblick nicht feststellen konnte. Ich tastete am Mauerwerk hin, dicht unter dem Rand, und es gelang mir, ein kleines Stück loszulösen und in den Abgrund fallen zu lassen. Ein paar Sekunden lang horchte ich auf seinen Schall, wie es beim Stürzen an die Seiten der Grube schlug, und endlich fiel es ins Wasser mit einem dumpfen Geräusch, dem laute Echos folgten. Im selben Augenblick vernahm ich einen Laut wie das schnelle Öffnen und eilige Schließen einer Tür über mir, und ein schwacher Lichtschimmer schoß plötzlich durchs Dunkel und verschwand ebenso plötzlich wieder.

Klar sah ich das Schicksal, das mir bestimmt gewesen war, und ich gratulierte mir selber zu dem Zufall, durch den ich ihm rechtzeitig entronnen war. Noch ein Schritt, ehe ich stürzte, und die Welt hätte mich nicht mehr gesehen. Und die Art des Todes, dem ich eben entgangen war, entsprang genau dem, was ich in den Geschichten über die Inquisition immer für ungeheuerlich und leichtfertig übertrieben gehalte hatte. Den Opfern ihrer Tyrannei blieb die Wahl zwischen einem Tod mit gräßlichen körperlichen Qualen oder einem unter den schaurigsten seelischen Schrecken. Mir war der letztere bestimmt. Das lange Leiden hatte meine Nerven geschwächt, daß ich beim Ton meiner eigenen Stimme zusammenfuhr, und in jeder Hinsicht war ich nun ein geeignetes Opfer der Marter geworden, die mich erwartete.

An allen Gliedern zitternd, tastete ich mich zur Wand zurück – entschlossen, eher dort umzukommen, als mich zu den Schrekken jener vielen Gruben zu wagen, die meine Phantasie sich überall im Kerker vorstellte. In einer anderen Geistesverfassung hätte ich wohl den Mut gehabt, meinem Unglück sogleich ein Ende zu machen und mich in eine dieser Gruben zu stürzen; jetzt aber war ich ein jämmerlicher Feigling. Ich konnte auch nicht vergessen, was ich über diese Gruben gelesen hatte – nämlich, daß es nicht ihre grausige Bestimmung war, das Leben *plötzlich* auszulöschen.

Überlegungen hielten mich viele Stunden lang wach; aber endlich schlief ich wieder ein. Als ich erwachte, fand ich neben mir

wie zuvor einen Laib Brot und einen irdenen Krug mit Wasser. Ein brennender Durst quälte mich, und ich leerte das Gefäß auf einen Zug. Es mußte ein Schlafmittel darin gewesen sein; denn kaum hatte ich getrunken, da überfiel mich eine unwiderstehliche Müdigkeit. Ich sank in einen tiefen, todesähnlichen Schlaf. Wie lange er währte, weiß ich natürlich nicht; aber als ich meine Augen wieder öffnete, waren die Dinge um mich her sichtbar. Ein abenteuerlicher, schwefelfarbener Glanz, dessen Ursprung ich nicht sogleich entdecken konnte, machte es mir möglich, Größe und Aussehen meines Gefängnisses zu überblicken.
In seiner Größe hatte ich mich gewaltig getäuscht. Die ganze Mauerrundung betrug nicht mehr als fünfzig Schritt. Ein paar Minuten lang bereitete mir das unnötige Sorgen; sie waren wahrhaftig unnötig, denn was war unwichtiger als die Größe meines Kerkers, da ich mich einmal in so fürchterlichen Umständen befand? Aber ich erregte mich leidenschaftlich über Kleinigkeiten und quälte mich ab mit Versuchen, mir den Irrtum zu erklären, der mir beim Messen unterlaufen war. Endlich durchzuckte mich die Wahrheit wie ein Blitz. Bei meinem ersten Erforschungsversuch hatte ich zweiundfünfzig Schritte bis zu der Stelle gezählt, wo ich hingefallen war; da mußte ich noch einen Schritt oder zwei von dem Stoffetzen entfernt gewesen sein; ich hatte also wirklich die Runde in der Gruft gemacht. Dann hatte ich geschlafen, und als ich aufgewacht war, mußte ich wohl denselben Weg wieder zurückgegangen sein; so glaubte ich, die Rundung sei fast doppelt so groß, wie sie wirklich war. In meiner geistigen Verwirrung bemerkte ich nicht, daß ich meine Wanderung mit der Wand zur Linken begonnen hatte und mit der Wand zur Rechten abschloß.
Auch in der Form des Raumes hatte ich mich getäuscht. Als ich meinen Weg ertastete, hatte ich viele Winkel gefunden und deshalb auf eine große Unregelmäßigkeit geschlossen; so ungeheuerlich verwirrt völlige Dunkelheit, wenn man aus Betäubung oder Schlaf erwacht. Die Winkel waren nichts weiter als ein

paar geringfügige Vertiefungen oder Unebenheiten in verschiedenen Abständen. Im allgemeinen war der Kerker rechteckig. Was ich für Mauerwerk gehalten hatte, schien Eisen zu sein oder ein anderes Metall in großen Platten, deren Nähte oder Fugen die Vertiefungen bildeten. Die ganze Oberfläche dieser Metallwände war kunstlos beschmiert mit lauter widerlichen und abstoßenden Zeichnungen, die dem Totenaberglauben der Mönche entsprungen waren. Die Gestalten von Unholden mit drohenden Gesten, Skelette und andere noch furchtbarere Bilder bedeckten und verunstalteten die Wände. Ich sah, daß die Umrisse dieser Mißgebilde recht deutlich waren, aber die Farben schienen verblaßt und verwischt durch die Wirkung dunstiger Luft. Ich sah nun auch den Boden, und der war von Stein. In der Mitte gähnte der runde Abgrund, dessen Rachen ich entronnen war; aber er war der einzige im Kerker.
Dies alles sah ich undeutlich und mit großer Mühe. Denn mein persönlicher Zustand hatte sich während des Schlafes sehr verändert. Ich lag nun auf dem Rücken ausgestreckt auf einer Art niedrigem Holzgestell. Daran war ich mit einem langen Riemen festgebunden, der aussah wie der Gurt eines Priesterrocks. Er schlang sich in vielen Windungen um meine Glieder und meinen Körper und ließ nur meinen Kopf und meinen linken Arm so weit frei, daß ich mich unter großer Kraftanstrengung mit Essen aus einer irdenen Schüssel versorgen konnte, die neben mir auf dem Boden stand. Zu meinem Schrecken sah ich, daß der irdene Krug weggenommen worden war. Zu meinem Schrekken, sage ich; denn ein unerträglicher Durst quälte mich. Diesen Durst schienen meine Peiniger absichtlich erregen zu wollen; denn das Essen in der Schüssel war scharf gewürztes Fleisch.
Ich sah nach oben und überblickte die Decke meines Gefängnisses. Sie war etwa dreißig bis vierzig Fuß hoch und fast so gebaut wie die Wände. In einem ihrer Felder fesselte eine sonderbare Figur meine ganze Aufmerksamkeit. Es war eine gezeichnete

Gestalt der Zeit, wie sie gewöhnlich dargestellt wird, nur hielt sie statt der Sense etwas, was ich beim flüchtigen Hinsehen für das gemalte Bild eines großen Pendels hielt, wie man es an alten Uhren findet. Doch etwas an der Mechanik dieses Pendels veranlaßte mich, es aufmerksamer zu betrachten. Während ich so unmittelbar aufwärts und darauf blickte (denn es war genau über mir angebracht), glaubte ich zu sehen, daß es sich bewegte. Einen Augenblick später wurde die Einbildung bestätigt. Sein Schwingen war kurz und natürlich langsam. Ein paar Minuten lang beobachtete ich es etwas ängstlich, aber mehr noch verwundert. Endlich wurde ich es müde, seiner langweiligen Bewegung zuzusehen, und wandte meinen Blick anderen Gegenständen im Keller zu.

Ein schwaches Geräusch lenkte meine Aufmerksamkeit auf sich, und als ich auf den Boden sah, gewahrte ich mehrere gewaltige Ratten, die darüber hinliefen. Sie waren aus der Grube herausgekommen, die zur Rechten gerade in meinem Blickfeld lag. Selbst jetzt noch, während ich hinsah, kamen sie in Scharen herauf, eilig, mit gierigen Augen, angelockt vom Geruch des Fleisches, und es kostete viel Mühe und Aufmerksamkeit, sie davon wegzuscheuchen.

Eine halbe Stunde, vielleicht sogar eine Stunde mochte verflossen sein (ich konnte mir von der Zeit nur einen ungenauen Begriff machen), bis ich wieder einen Blick nach oben warf. Was ich nun sah, verwirrte und wunderte mich. Das Schwingen des Pendels hatte in seinem Ausmaß fast um einen Meter zugenommen. Infolgedessen war natürlich auch seine Geschwindigkeit viel größer geworden. Aber vor allem störte es mich, daß ich mir einbildete, es habe sich merklich *gesenkt*. Ich sah nun – unnötig zu sagen, mit welchem Schrecken – , daß sein unteres Ende aus blitzendem Stahl wie ein Halbmond geformt war, etwa ein Fuß in der Länge von Horn zu Horn; die Hörner waren nach oben gebogen, und der untere Rand war offenbar scharf wie eine Klinge. Auch schien es wie eine Klinge dick und

schwer, und von der Schneide lief es nach oben in ein breites, festes Gefüge. Es war an einem schweren Metallstab befestigt, und das Ganze pfiff, wie es so die Luft durchschnitt.
Ich konnte nicht länger darüber im Zweifel sein, welches Schicksal mir mönchische Erfindungsgabe im Foltern zugedacht hatte. Die Diener der Inquisition hatten bemerkt, daß ich von der Grube wußte – jener Grube, deren Schrecken man für mich kühnen Ketzer bestimmt hatte –, jener Grube, die das Sinnbild der Hölle war und von den Gerüchten für die schlimmste all ihrer Strafen gehalten wurde. Durch einen bloßen Zufall hatte ich den Sturz in diese Grube vermieden, und ich wußte: Überraschung und Benommensein durch die Qualen hatten die meiste Schuld an all diesen ungeheurlichen Foltermorden. Da ich den Sturz vermieden hatte, war es ihr teuflischer Plan also nicht mehr, mich in die Grube zu treiben. Nun wartete meiner eine andere und mildere Vernichtung. Eine andere Möglichkeit gab es nicht. Milder! Ich lächelte halb in meiner Qual, als ich diesen Begriff hier brauchte.
Was hilft es, von den langen, langen Stunden übermenschlichen Entsetzens zu erzählen, in denen ich die raschen Schwingungen des Stahls zählte! Millimeter um Millimeter – man konnte es nur in Abständen feststellen, die wie Jahre schienen – sank er tiefer und immer tiefer. Tage vergingen – vielleicht vergingen viele Tage, ehe er so dicht über mir schwebte, daß er mir seinen beißenden Atem zufächelte. Der Geruch des scharfen Stahls drängte mir entgegen. Ich betete – ich machte den Himmel müde mit meinen Gebeten, er möge schnell herabsinken. Ich wurde fast wahnsinnig und quälte mich, um mich dem Schwingen der furchtbaren gekrümmten Schneide entgegenzuheben. Und dann wurde ich plötzlich ruhig und lag da und lächelte über den blitzenden Tod wie ein Kind über ein seltsames Spielzeug.
Wieder verfiel ich für kurze Zeit in völlige Bewußtlosigkeit; es währte nicht lange, denn als ich wieder zur Besinnung kam,

hatte sich das Pendel nicht wahrnehmbar gesenkt. Aber es kann auch lange gedauert haben – ich wußte ja, daß Teufel meine Ohnmacht erspähten und die Schwingungen nach Belieben aufhielten. Und während ich zu mir kam, fühlte ich mich doch sehr – nein! unaussprechlich – elend und schwach wie durch lange Entkräftigung. Und selbst unter den Qualen dieses Augenblicks verlangte die menschliche Natur nach Nahrung. Unter qualvollen Anstrengungen streckte ich den linken Arm so weit aus, wie meine Bande es erlaubten, und nahm mir die kleinen Reste, die die Ratten übriggelassen hatten. Als ich ein Stück davon zwischen die Lippen schob, schoß mir ein noch nicht geformter Gedanke der Freude – der Hoffnung durch den Kopf. Und doch – was konnte ich noch für Hoffnung hegen? Wie gesagt, es war ein halbgedachter Gedanke – wie man sie oft hat, ohne sie je zu Ende zu denken. Ich fühlte, daß er Freude und Hoffnung bedeutete; aber ich fühlte auch, daß er sich verlor, während ich es versuchte, ihn zu entwickeln. Vergebens mühte ich mich, ihn zu vollenden, ihn wiederzufinden. Das lange Leiden hatte all meine normalen Geisteskräfte fast zerstört. Ich war ein Narr – ein Verrückter.

Das Pendel schwang im rechten Winkel zu meiner Lage. Ich sah, daß die Sichel die Herzgegend durchschneiden sollte. Sie würde den Stoff meines Kleides schlitzen – würde wiederkehren und ihr Werk wiederholen – wieder und wieder. Wenn auch ihr Schwung ungeheuer weit war (einige dreißig Fuß oder noch mehr) und wenn sie auch mit einer zischenden Gewalt niedersauste, die genügt hätte, selbst diese Eisenwände zu zerschneiden, würde sie doch viele Minuten lang nichts weiter tun als mein Gewand zerreißen. Und bei diesem Gedanken hielt ich inne. Ich wagte es nicht, über diese Überlegung hinauszugehen. Ich blieb dabei mit einer Beharrlichkeit, als ob ich den Stahl hindern könnte, tiefer zu sinken, indem ich da verharrte. Ich zwang mich, über das Geräusch des Halbmondes nachzudenken, wenn er über das Gewand hingehen würde, über die merkwürdig spannende und erregende Wirkung, die die Reibung von Stoff auf die Nerven hat. Ich dachte nach über all diese Nichtigkeiten, bis es mir darüber in allen Fingerspitzen kribbelte.

Tiefer – unablässig tiefer sank es. Es machte mir einen teuflischen Spaß, seine Abwärtsbewegung mit seiner waagerechten Geschwindigkeit zu vergleichen. Nach rechts – nach links – weit – weit – mit dem Kreischen einer verdammten Seele; immer weiter auf mein Herz zu mit dem schleichenden Schritt eines Tigers. Ich lachte und weinte abwechselnd, je nachdem das eine oder das andere Gefühl eben mächtiger war.

Tiefer – unbeirrbar, unablässig tiefer! Es schwang nun vielleicht drei Zoll über meiner Brust! Ich mühte mich heftig, ja, verzweifelt, meinen linken Arm frei zu machen. Er war nur vom Ellbogen bis zur Hand frei. Mit der Hand konnte ich unter großer Mühe von der Schüssel bis zu meinem Mund reichen, aber weiter nicht. Hätte ich den Riemen überm Ellbogen lösen können, dann hätte ich das Pendel gefaßt und anzuhalten versucht. Aber ebensogut hätte ich wohl versuchen können, eine Lawine aufzuhalten.

Tiefer – immer noch unaufhörlich – unausweichbar tiefer. Bei jeder Schwingung keuchte und mühte ich mich. Bei jedem Schwung zuckte ich kramphaft zusammen. Meine Augen folgten seinem Auswärts- oder Aufwärtspendeln mit dem Eifer sinnloser Verzweiflung. Sie schlossen sich hastig, wenn es niedersank, und doch wäre mir der Tod eine Erlösung gewesen – oh, wie sehnte ich mich danach! Aber jeder Nerv in mir bebte bei dem Gedanken, um wie wenig das Instrument sich nur noch zu senken brauchte, um mit seiner scharfen, funkelnden Sichel meine Brust zu durchschneiden. Die Hoffnung war es, die den Nerven einflüsterte, so zu beben – die dem Körper befahl, zu zittern. Die Hoffnung war es – die Hoffnung, die über die Folter triumphiert –, die dem zum Tode Verdammten noch in den Kerkern der Inquisition Mut zuspricht.

Ich bedachte, daß nach etwa zehn oder zwölf Schwingungen der Stahl mein Gewand unmittelbar berühren würde, und bei dieser Überlegung überkam meinen Geist plötzlich die ganze bittere, gesammelte Ruhe der Verzweiflung. Zum ersten Male seit vielen Stunden – oder Tagen vielleicht – *dachte* ich. Es fiel mir jetzt auf, daß das Band oder der Gurt, der mich umschloß, der einzige war. Ich war nicht mit einem besonderen Strick angebunden. Der erste Schnitt des klingengleichen Halbmondes schräg über ein Stück der Fessel würde sie so loslösen, daß ich sie mit Hilfe meiner linken Hand von meinem Körper losbinden könnte. Aber wie furchtbar wäre dann der nahe Stahl! Wie tödlich die geringste Bewegung! Und überdies hatten die Diener meiner Peiniger diese Möglichkeit ja höchstwahrscheinlich vorausgesehen und entsprechende Vorkehrungen getroffen. Würde wohl die Fessel da über meine Brust laufen, wo das Pendel schwang? In der Angst, meine schwache und scheinbar letzte Hoffnung vereitelt zu finden, hob ich meinen Kopf so weit, daß ich meine Brust deutlich sehen konnte. Die Fessel umschnürte meine Glieder und meinen Körper dicht in allen Richtungen, nur da nicht, wo die tödliche Sichel pendelte.
Kaum hatte ich meinen Kopf zurücksinken lassen, da fiel mir etwas ein: es war nichts anderes als die vage Hälfte jener Befreiungsidee, von der ich schon vorhin sprach und deren Hälfte mir nur unklar in den Sinn gekommen war, als ich das Essen zu meinen brennenden Lippen führte. Nun war der ganze Gedanke da – schwach, unklar, unbestimmt – aber doch *ganz*. Mit der zitternden Kraft der Verzweiflung machte ich mich sofort daran, seine Ausführung zu versuchen.
Viele Stunden lang drängten sich die Ratten förmlich in unmittelbarer Nähe des niederen Gestells, auf dem ich lag. Sie waren wild, dreist und gierig – ihre roten Augen funkelten mich geradezu an, als warteten sie nur darauf, daß ich mich nicht mehr bewege, um über mich herzufallen. An was für Futter mögen sie in der Grube gewöhnt sein? dachte ich.

Trotz all meiner Mühe, sie daran zu hindern, hatten sie von dem Inhalt der Schüssel alles vertilgt bis auf einen kleinen Rest. Ich hatte mich daran gewöhnt, mit der Hand über der Schüssel hin und her zu fahren, und endlich verlor die unbewußte Einförmigkeit der Bewegung ihre Wirkung. Die Untiere schlugen in ihrer Gefräßigkeit ein paarmal ihre scharfen Zähne in meine Finger. Mit den fettigen, gewürzten Fleischstückchen, die noch übrig waren, rieb ich nun den Riemen gründlich ein, wo ich ihn nur erreichen konnte; dann hob ich meine Hand vom Boden und lag reglos still.

Die Veränderung erschreckte die gierigen Tiere; sie waren bestürzt, daß die Bewegung aufgehört hatte.

Aufgeregt schraken sie zurück: viele suchten ihre Zuflucht in der Grube. Aber das war nur ein Augenblick. Ich hatte nicht umsonst mit ihrer Gefräßigkeit gerechnet. Als sie bemerkten, daß ich reglos lag, sprangen zwei oder drei von den frechsten auf das Gestell und rochen an dem Gurt. Dies schien das Zeichen für einen allgemeinen Ansturm. In neuen Trupps kamen sie aus der Grube. Sie kletterten aufs Holz, rannten darüber hin und sprangen zu Hunderten auf meinen Körper. Die abgemessene Bewegung des Pendels störte sie ganz und gar nicht. Sie wichen seiner Bewegung aus und machten sich an der eingefetteten Fessel zu schaffen. In immer größeren Haufen bedrängten und umschwärmten sie mich. Sie krochen um meinen Hals; ihre kalten Lippen suchten nach den meinen; ich wurde halb erstickt unter ihrem drängenden Druck; ein Abscheu, für den es keine Worte gibt, übermannte mich und ließ mir das Herz zu Eis erstarren. Doch ich fühlte: eine Minute noch, dann war der Kampf vorbei. Ich bemerkte ganz deutlich, wie das Band sich lockerte. Ich wußte, daß es schon an mehr als einer Stelle gerissen sein mußte. Mit einer übermenschlichen Entschlossenheit hielt ich still.

Ich hatte mich in meinen Berechnungen auch nicht geirrt und nicht umsonst ausgehalten. Ich fühlte schließlich, daß ich frei

war. Der Gurt hing mir in Stücken vom Leibe. Aber der Schlag des Pendels drängte schon zu meiner Brust. Es hatte den Stoff meines Gewandes zerrissen. Es hatte das Linnen darunter zerschnitten. Zweimal schwang es noch, dann zuckte mir ein scharfer Schmerz durch jeden Nerv. Aber der Augenblick der Flucht war gekommen. Eine Handbewegung, und meine Befreier hasteten überstürzt davon. Mit einer stetigen Bewegung –

vorsichtig, behutsam und langsam glitt ich seitwärts aus der Umarmung der Fessel und aus der Reichweite der Klinge. Für den Augenblick wenigstens war ich frei!
Frei! – in den Klauen der Inquisition und frei! – Kaum war ich von meinem hölzernen Schreckensbett auf den Steinboden des Kerkers getreten, als die Bewegung der höllischen Maschine aufhörte und ich sah, wie sie von einer unsichtbaren Hand zur Decke hochgezogen wurde. Dies war eine Lehre, die ich mir sehr zu Herzen nahm. Jede meiner Bewegungen wurde überwacht, das stand außer Zweifel. Frei! – Ich war nur einer Form der Todesqual entronnen und würde einer anderen ausgeliefert werden, die noch schlimmer war als der Tod selber. Mit diesem Gedanken ließ ich meine Augen erregt an den Eisenwänden umherstreifen, die mich umgaben. Etwas Ungewöhnliches, eine Veränderung, die ich anfangs nicht deutlich wahrnehmen konnte, war offensichtlich in dem Raum vor sich gegangen. In unklarer und zitternder Zerstreutheit quälte ich mich viele Minuten lang mit abgerissenen Gedanken. Indessen gewahrte ich zum ersten Male den Ursprung des schwefelfarbenen Lichts, das das Gewölbe beleuchtete. Es entsprang einem Spalt von einem Zentimeter Breite, der rund um den ganzen Kerker lief, und zwar am Fuß der Wände, die auf diese Weise völlig vom Boden getrennt schienen, und was waren sie auch. Ich versuchte, durch die Öffnung zu sehen, aber natürlich vergebens.
Als ich mich von diesem Versuch erhob, brach die Erkenntnis dessen, was das Zimmer so geheimnisvoll veränderte, plötzlich über mich herein. Ich sagte schon, daß die Umrißlinien der Figuren an den Wänden wohl recht deutlich waren, die Farben aber verwischt und unbestimmt schienen. Diese Farben nun nahmen von Augenblick zu Augenblick einen immer erschrekkenderen und außerordentlich durchdringenden, starken Glanz an, und dieser Glanz gab den gespenstischen, teuflischen Bildern ein Aussehen, das selbst stärkere Nerven als die meinen wohl hätte erschüttern können. Dämonenaugen von wildem,

grausigem Feuer starrten mich von allen Seiten an, aus tausend Richtungen, wo man vorher keine gesehen hatte, und sie leuchteten in einem so unheimlichen, feurigen Glanz, daß ich mich nicht zu der Vorstellung zwingen konnte, dies Feuer sei kein wirkliches.

Kein wirkliches! – Mir stieg ja sogar beim Atmen ein Hauch vom Dampf erhitzten Eisens in die Nase. Eine stickige Luft drang in den Kerker. Das Glühen der Augen, die auf meine Qualen starrten, wurde stärker mit jedem Augenblick. In immer tieferes Rot waren die gezeichneten blutigen Schreckensbilder getaucht. Ich keuchte! Ich rang nach Atem! Nun gab es keinen Zweifel mehr über den Plan meiner Peiniger – oh, diese Unmenschen – diese vom Teufel Besessenen! Ich wich vor dem glühenden Metall zurück in die Mitte des Kerkers. Als ich an den Feuertod dachte, der mir drohte, senkte sich die Vorstellung von der Kühle der Grube wie Balsam auf meine Seele. Ich eilte zu ihrem tödlichen Rand und starrte angestrengt nach unten. Der Glanz der erleuchteten Decke erhellte die innersten Schlupfwinkel der Grube, und doch weigerte sich mein Geist einen wirren Augenblick lang, den Sinn dessen zu erfassen, was ich sah. Endlich erzwang, erkämpfte es sich den Weg in meine Seele – es brannte sich in meinen schaudernden Verstand ein. Ach – keine Stimme kann es aussprechen –oh, Schrecken, – oh, jeder Schrecken – nur diesen nicht! Mit einem Schrei wich ich vom Rand zurück, vergrub mein Gesicht in beide Hände und weinte bitterlich.

Die Hitze wuchs schnell, und noch einmal sah ich auf und bebte in fiebrigen Schauern. Noch eine Veränderung war in der Zelle vor sich gegangen, und nun hatte sich offensichtlich die Form verändert. Vergebens – wie zuvor – versuchte ich anfangs, zu sehen oder zu verstehen, was geschah. Aber ich wurde nicht lange im Zweifel darüber gelassen. Mein zweimaliges Entkommen hatte die Rache der Inquisition noch angestachelt, und nun wurde es ernst mit dem König aller Schrecken! Der Raum war

rechtwinklig gewesen, nun sah ich, daß zwei seiner Eisenwinkel spitz waren und zwei infolgedessen stumpf. Diese entsetzliche Veränderung nahm schnell zu mit einem leise rollenden oder stöhnenden Geräusch. In einem Augenblick hatte der Raum die Form eines Rhombus angenommen, aber dabei hielt die Verwandlung nicht an – ich hoffte und wünschte auch nicht mehr, daß sie anhalten möge. Ich hätte die roten Wände ans Herz schließen mögen als das Gewand eines ewigen Friedens. »Sterben!« rief ich, »sterben, nur nicht in der Grube!« Ich Narr! Sah ich nicht, daß das glühende Eisen mich eben in die Grube treiben wollte? Konnte ich seinem Glühen widerstehen? Oder wenn auch das, konnte ich seinem Druck standhalten? Flacher und flacher wurde jetzt der Rhombus mit einer Geschwindigkeit, die mir keine Zeit ließ, nachzudenken. Seine Mitte und natürlich seine größte Weite stand gerade über der gähnenden Grube. Ich schrak zurück – aber die Wände, die sich schlossen, drängten mich widerstandslos vorwärts. Endlich blieb meinem verbrannten, gekrümmten Körper kein Fußbreit mehr auf dem festen Boden des Kerkers. Ich kämpfte nicht mehr, aber die Qual meiner Seele befreite sich in einem lauten, langen, letzten Schrei der Verzweiflung. Ich fühlte, daß ich auf dem Rand wankte – ich wandte meine Augen ab.
Da – ein mißtönendes Gewirr von Menschenstimmen! Ein lautes Blasen wie von vielen Trompeten, ein schweres Dröhnen wie von tausend Donnern! Schnell schoben sich die Feuerwände zurück. Ein ausgestreckter Arm ergriff den meinen, als ich im Begriff war, bewußtlos in die Grube zu stürzen. Es war General Lasalle. Die französische Armee war in Toledo eingerückt. Die Inquisition war in den Händen der Gegner.

Die Brille

Vor vielen Jahren gehörte es zum guten Ton, sich über den Gedanken der »Liebe auf den ersten Blick« lustig zu machen; aber Menschen von Verstand und tieferem Empfinden haben doch immer ihre Existenz verteidigt. Neuere Entdekkungen auf dem Gebiete des ethischen oder des ästhetischen Magnetismus machen es wahrscheinlich, daß die natürlichsten, also die stärksten und ursprünglichsten Triebe im Herzen wie durch elektrische Sympathie ausgelöst werden, was besagt, daß die Anknüpfung der schönsten und dauerhaftesten Seelenbande durch einen einzigen Blick erfolgt. Das Bekenntnis, das ich abzulegen im Begriff stehe, wird zu den fast schon zahllosen Beispielen von der Wahrheit jener These ein weiteres beisteuern.

Meine Geschichte verlangt, daß ich etwas umständlich aushole. Ich bin noch jung, nicht ganz zweiundzwanzig Jahre alt. Mein jetziger Name ist recht gewöhnlich, man möchte sagen plebejisch: Simpson. Ich sage »mein jetziger Name«; denn erst seit kurzem heiße ich so. Ich mußte im letzten Jahre diesen Zunamen gesetzlich annehmen, um eine mir von einem entfernten Verwandten, Adolphus Simpson Wohlgeboren, hinterlassene beträchtliche Erbschaft antreten zu können. Das Vermächtnis war mit der Bedingung verknüpft, daß ich den Namen des Erblassers – seinen Zu-, nicht seinen Vornamen – annähme. Mein Vorname, vielmehr mein erster und zweiter Name lauten Napoleon Bonaparte.

Ich nahm den Namen Simpson mit einigem Widerstreben an, weil ich auf meinen richtigen Vatersnamen, Froissart, mit Recht stolz sein konnte; glaubte ich doch, meine Abstammung vom unsterblichen Autor der »Chroniken« herleiten zu dürfen. Da ich gerade von Namen spreche, möchte ich am Rande erwähnen, welche merkwürdige klangliche Übereinstimmung zwischen den Namen einiger meiner unmittelbaren Vorfahren besteht. Mein Vater war ein Monsieur Froissart aus Paris. Seine Frau – meine Mutter –, die er als fünfzehnjähriges Mädchen heiratete, war ein Fräulein Croissart, die älteste Tochter des Bankiers Croissart. Dessen Frau, die mit nur sechzehn Jahren geheiratet hatte, war hinwiederum die älteste Tochter eines Victor Voissart. Monsieur Voissart hatte höchst seltsamerweise eine Dame ähnlichen Namens, ein Fräulein Moissart, geheiratet. Auch sie war fast ein Kind, als sie heiratete; und auch ihre Mutter, Madame Moissart, war erst vierzehn, als sie zum Altar geführt wurde. Diese frühen Heiraten sind in Frankreich üblich. Also folgen hier die Moissart, Voissart, Croissart und Froissart in direkter Linie aufeinander. Ich selbst dagegen erhielt, wie gesagt, kraft des Gesetzes den Namen Simpson – doch mit so großem Widerstreben meinerseits, daß ich eine Zeitlang ernstlich zögerte, das mit einer so zwecklosen und lästigen Klausel verbundene Vermächtnis anzunehmen.

Was meine persönlichen Talente betrifft, brauche ich mein Licht nicht unter den Scheffel zu stellen. Im Gegenteil, ich halte mich für wohlgestaltet und besitze das, was neun Zehntel der Welt ein hübsches Gesicht nennen würden. Ich bin fünf Fuß elf Zoll groß. Mein Haar ist schwarz und lockig. Meine Nase hat eine hinreichend angenehme Form. Meine Augen sind groß und von grauer Farbe; aber obgleich sie in überaus störendem Grade schwach sind, ist dieser Fehler äußerlich nicht zu bemerken. Die Kurzsichtigkeit selbst hat mich freilich immer sehr gestört, und ich habe alles Mögliche dagegen unternommen – abgesehen davon, daß ich eine Brille getragen hätte. Da ich jung bin und gut aussehe, kann ich Brillen natürlich nicht leiden und habe mich standhaft geweigert, mich ihrer zu bedienen. Ich wüßte tatsächlich nichts, was ein junges Gesicht mehr entstellt oder einem Menschen ein so biederes, ja scheinheiliges und altes Aussehen verleiht. Ein Lorgnon dagegen hat geradezu einen

Anstrich von Geckenhaftigkeit und Affektiertheit. Bisher bin ich, so gut es gehen mochte, ohne dergleichen ausgekommen. Doch genug von diesen persönlichen Einzelheiten, die im Grunde von nur geringer Bedeutung sind. Ich will mich darauf beschränken, hinzuzufügen, daß ich sanguinischen Temperaments, rasch, hitzig und begeisterungsfähig und zeit meines Lebens ein ergebener Bewunderer der Frauen gewesen bin.

Eines Abends im letzten Winter betrat ich in Begleitung meines Freundes, Mister Talbot, eine Loge des P-Theaters. Man gab eine Oper, und der Zettel verhieß eine besondere Attraktion, so daß das Haus ungewöhnlich besetzt war. Indessen kamen wir rechtzeitig, um die vorderen Sitze, die für uns aufgehoben waren, zu erhalten, und wir bahnten uns mit einiger Schwierigkeit einen Weg dorthin.

Zwei Stunden lang richtete mein Gefährte, ein Musikfanatiker, seine ungeteilte Aufmerksamkeit auf die Bühne; inzwischen vergnügte ich mich damit, das Publikum, das hauptsächlich aus den oberen Kreisen der Stadt bestand, zu beobachten. Als ich mir hiermit Genüge getan hatte, wollte ich den Blick gerade auf die Primadonna richten, als er wie von ungefähr auf eine Gestalt fiel, die in einer der Privatlogen saß und meiner Aufmerksamkeit bis jetzt entgangen war.

Wenn ich tausend Jahre zu leben hätte, könnte ich doch nie die nachhaltige Erregung, mit der ich diese Gestalt betrachtete, vergessen. Es war die Gestalt einer Frau, und ich hatte noch nie etwas Köstlicheres gesehen. Das Gesicht war der Bühne zugewandt, so daß ich es einige Minuten lang nicht richtig sehen konnte – aber die Form des Kopfes hatte etwas Göttliches. Kein anderes Wort kann ihr herrliches Ebenmaß angemessener ausdrücken – und sogar das Wort »göttlich« wirkt, indem ich es niederschreibe, lächerlich matt.

Die Magie eines holden Frauenwesens, der Zauber weiblicher Anmut übte schon immer eine Macht über mich aus, der ich nicht widerstehen konnte; dies hier war jedoch die Grazie in

Person, die Verkörperung meiner kühnsten und begeistertsten Träume. Die Gestalt, in der Loge fast ganz sichtbar, war etwas über mittelgroß und hatte beinahe etwas Majestätisches. Ihre vollendeten Rundungen und Konturen waren zum Entzücken. Der Kopf, von dem ich nur die hintere Partie sehen konnte, wetteiferte im Umriß mit dem der griechischen Psyche und wurde von einer eleganten Kapuze aus »gaze aérienne«, die mich an das »ventum textilem« des Apuleius erinnerte, mehr zur Geltung gebracht als verhüllt. Der rechte Arm lag auf der Logenbrüstung und erschütterte durch sein Ebenmaß jede Fiber meines Leibes. Sein oberer Teil war mit einem jener losen und offenen Ärmel nach der letzten Mode bekleidet. Er reichte nur wenig über den Ellbogen herab. Darunter befand sich ein anderer aus irgendeinem duftigen Material, eng anliegend und in einer Manschette aus reicher Spitze endigend, die zierlich über die ganze Hand fiel und nur die zarten Finger freiließ, auf deren einem ein Diamantring von außerordentlichem Wert blitzte. Die erlesene Rundung des Handgelenks wurde durch ein mit einer prächtigen, juwelenbesetzten Spange geschmücktes Armband hervorgehoben. Auch diese Spange sprach in unmißverständlichen Worten vom Reichtum und vom verwöhnten Geschmack ihrer Besitzerin.
Mindestens eine halbe Stunde lang wandte ich den Blick nicht ab von dieser königlichen Erscheinung, als wäre ich plötzlich in Stein verwandelt worden; und während dieser Zeit empfand ich die volle Gewalt und Wahrheit alles dessen, was je über die »Liebe auf den ersten Blick« gesagt und gesungen wurde. Meine Gefühle unterschieden sich völlig von allen, die ich bisher erfahren hatte – mochte es sich selbst um die berühmtesten Beispiele weiblicher Anmut handeln. Eine unerklärliche und – ich muß es aussprechen – magnetische Sympathie von Herz zu Herzen schien nicht nur meinen Blick, sondern auch alle meine Geistes- und Gefühlskräfte auf dieses Wesen dort vor mir hinzulenken. Ich sah, ich empfand, ich wußte, daß ich zutiefst, daß

ich wahnsinnig, daß ich unwiderruflich verliebt war, ohne auch nur das Antlitz des geliebten Wesens gesehen zu haben. Die Leidenschaft, die mich verzehrte, war allerdings so heftig, daß ich durchaus glaubte, sie wäre kaum abgeschwächt worden, wenn sich die noch unbekannten Gesichtszüge als ganz gewöhnlich erwiesen hätten. So widersinnig ist die Natur der wahren Liebe, der Liebe auf den ersten Blick – und so wenig hängt sie in der Tat von den äußeren Bedingungen ab, die sie hervorzurufen und zu lenken scheinen.

Während ich mich so in die Bewunderung dieser reizenden Erscheinung verlor, wurde sie durch eine plötzliche Unruhe im Publikum veranlaßt, mir teilweise ihren Kopf zuzuwenden, so daß ich ihr ganzes Gesichtsprofil zu erblicken vermochte. Seine Schönheit übertraf meine kühnsten Erwartungen, und doch lag etwas darin, was mich enttäuschte, ohne daß ich genau angeben konnte, was es war. Ich sagte »enttäuschte«; doch ist dieses Wort nicht unbedingt richtig. Meine Gefühle wurden gleichzeitig besänftigt und gesteigert. Was sie an stürmischem Entzükken verloren, gewannen sie an einer Art stiller Begeisterung. Dieses Gefühl war vielleicht dem madonnenhaft-mütterlichen Ausdruck des Antlitzes zuzuschreiben; doch verstand ich sogleich, daß dies nicht die einzige Veranlassung war. Es gab da noch etwas anderes, irgendein Geheimnis, das ich nicht zu entschleiern vermochte – ein Gesichtsausdruck, der mich leicht beunruhigte, andererseits aber meine Anteilnahme erhöhte. Allerdings befand ich mich gerade in einem Gemütszustand, der empfängliche junge Leute zu übermütigen Handlungen verleitet. Wäre die Dame allein gewesen, so wäre ich zweifellos in ihre Loge gegangen und hätte sie ohne weiteres angesprochen; aber zum Glück befand sie sich in zweifacher Begleitung – eines Herrn und einer auffallend schönen Dame, die anscheinend etwas jünger war als sie selbst.

Ich wälzte tausend Pläne im Kopfe, auf welche Art ich der älteren Dame später vorgestellt werden oder wenigstens sofort ihre

Schönheit genauer sehen könne. Ich hätte meinen Platz mit einem in ihrer Nähe vertauscht, wenn das Theater nicht so gedrängt voll gewesen wäre. Und die gestrengen Vorschriften der Mode hatten kürzlich den Gebrauch des Opernglases in solchen Fällen kategorisch verboten, sogar wenn ich so glücklich gewesen wäre, eins bei mir zu haben, aber das war nicht der Fall; so befand ich mich denn in völliger Verzweiflung.

Schließlich kam mir der Gedanke, mich an meinen Begleiter zu wenden.

»Talbot«, sagte ich, »Sie haben ein Opernglas bei sich. Geben Sie es mir bitte.«

»Ein Opernglas? Nein. Was sollte ich denn nach Ihrer Meinung mit einem solchen Ding anfangen?« Damit wandte er sich ungeduldig wieder der Bühne zu.

»Aber, Talbot«, fuhr ich fort und legte ihm die Hand auf die Schulter, »hören Sie mich doch an. Sehen Sie die Loge dort... nein, die nächste. – Haben Sie je eine so liebliche Frau erblickt?«

»Sie ist zweifellos sehr schön«, sagte er.

»Ich möchte wissen, wer sie ist.«

»Na, in aller Heiligen Namen, wissen Sie das denn wirklich nicht? ›Sie nicht zu kennen, offenbart dich selbst als Unwissenden.‹ Es ist die berühmte Madame Lalande, *die* Schönheit des Tages und das augenblickliche Stadtgespräch. Dazu unermeßlich reich... Witwe... und eine sehr gute Partie... soeben aus Paris gekommen.«

»Kennen Sie sie?«

»O ja, ich habe die Ehre.«

»Wollen Sie mich ihr vorstellen?«

»Gewiß, mit dem größten Vergnügen. Wann soll es denn sein?«

»Morgen mittag um eins. Ich hole Sie bei den B.s ab.«

»Gut also, aber halten Sie jetzt bitte den Mund, wenn es Ihnen möglich ist.«

Was dies betraf, war ich freilich genötigt, dem Rate Talbots zu folgen; denn er blieb gegen jede weitere Frage oder jeden Vorschlag taub und beschäftigte sich für den Rest des Abends ausschließlich mit den Vorgängen auf der Bühne.
Inzwischen hielt ich meine Augen auf Madame Lalande geheftet und hatte endlich das Glück, ihr ganzes Gesicht zu sehen. Es war von auserlesenem Liebreiz. Natürlich hatte mir dies mein Herz schon vorher gesagt, auch wenn mich Talbot über diesen Punkt nicht völlig zufriedengestellt hätte; aber noch immer beunruhigte mich jenes mir unverständliche Etwas. Ich kam zu dem Schlusse, daß meine Sinne von einer gewissen Strenge, Trauer oder eigentlich Müdigkeit beeindruckt wurden, die ihrem Gesicht etwas Frische und Jugendlichkeit raubten, um es zum Entgelt mit einer seraphischen Zartheit und Würde auszustatten – was bei meinem begeisterten und romantischen Temperament meine Neigung natürlich verzehnfachte.
Während ich so meine Augen schwelgen ließ, bemerkte ich zu meinem großen Erschrecken an einem fast unwahrnehmbaren Zusammenzucken der Dame, daß sie der Kraft meines Blickes plötzlich gewahr geworden war. Ich war jedoch völlig verhext und daher außerstande, ihn – wenigstens im Augenblick – abzuwenden. Sie drehte ihr Gesicht zur Seite, und wieder sah ich nur den gemeißelten Umriß ihres Hinterkopfes. Einige Minuten später wandte sie, wie aus Neugierde, ob ich noch immer nach ihr hinblickte, ihr Gesicht allmählich wieder zurück und begegnete erneut meinen verzehrenden Blicken. Sofort schlug sie ihre großen, dunklen Augen nieder, und ein tiefes Rot färbte ihre Wangen. Aber wie erstaunt war ich, als sie diesmal ihr Gesicht nicht nur nicht abwandte, sondern ein Lorgnon aus ihrem Gürtel nahm, es an die Augen führte und dann bewußt und gründlich für die Dauer mehrerer Minuten auf mich richtete.
Wäre vor meinen Füßen ein Blitz zur Erde gefahren, so hätte ich nicht tiefer bestürzt sein können; aber ich war nicht im geringsten beleidigt oder abgestoßen, obwohl mich ein so verwegenes

Unterfangen bei jeder anderen Dame höchstwahrscheinlich beleidigt oder abgestoßen hätte. Das Ganze geschah mit so viel Ruhe, Lässigkeit und Würde, mit einer so großen Wohlerzogenheit, daß ich nichts Befremdendes dabei bemerkte und meine Gefühle lediglich meine Bewunderung und Überraschung zum Ausdruck brachten.
Ich stellte fest, daß sie beim ersten Gebrauch des Glases von der kurzen Prüfung meiner Person befriedigt zu sein schien und es herunternahm. Als wäre ihr jedoch ein neuer Gedanke gekommen, hob sie es abermals und fuhr fort, mich mit genauer Aufmerksamkeit mehrere Minuten lang zu beobachten; ich bin überzeugt, daß es allerwenigstens fünf Minuten waren.
Diese in einem Theater Amerikas so auffallende Handlungsweise erregte allgemeine Aufmerksamkeit und ließ sogar eine unbestimmte Bewegung, ein Gemurmel unter den Zuschauern entstehen, was mich für einen Augenblick verwirrte, während es auf dem Antlitz Madame Lalandes keine sichtbare Wirkung hervorbrachte.
Als sie ihre Neugier – wenn es dergleichen war – befriedigt hatte, ließ sie das Glas sinken und wandte sich gelassen wieder der Bühne zu; dabei war mir wie zuvor ihr Profil zugekehrt. Ich fuhr fort, sie unausgesetzt anzuschauen, obwohl ich mir der Taktlosigkeit meines Benehmens vollauf bewußt war. Jetzt sah ich, wie ihr Kopf langsam und ungezwungen seine Lage veränderte, und ich gewann bald die Überzeugung, daß die Dame, indem sie sich der Bühne zu widmen vorgab, in Wirklichkeit mich aufmerksam ansah. Es ist überflüssig zu sagen, wie das Verhalten einer so bezaubernden Frau auf mein erregbares Gemüt wirkte.
Nachdem sie mich auf diese Weise etwa eine Viertelstunde gemustert hatte, wandte sich die Angebetete an den neben ihr sitzenden Herrn, und während sie mit ihm redete, erkannte ich an den Blicken beider, daß sich ihr Gespräch um mich drehte.

Danach kehrte sich Madame Lalande wieder der Bühne zu und schien einige Minuten gänzlich von der Vorstellung gefesselt zu sein. Nach Ablauf dieser Frist geriet ich indessen in höchste Aufregung, als ich bemerkte, daß sie das herabhängende Lorgnon abermals öffnete und voll auf mich richtete, indem sie mich unter Mißachtung des erneuten Gemurmels im Publikum mit der gleichen wunderbaren Gelassenheit, die mich vorher so sehr entzückt und beunruhigt hatte, von oben bis unten musterte.

Dieses außergewöhnliche Betragen, das mich in ein wahres Fieber der Aufregung, in einen Zustand förmlicher Liebesraserei stürzte, war eher geeignet, mir Mut einzuflößen, als mich um meine Fassung zu bringen. In meiner ungestümen Liebe vergaß ich alles bis auf den gegenwärtigen Augenblick und die königliche Anmut des Wesens, das sich meinen Blicken preisgab. Als sich das Publikum wieder einmal völlig im Banne der Oper befand, benützte ich die Gelegenheit, den Blick Madame Lalandes einzufangen und mich leicht, aber unmißverständlich vor ihr zu verbeugen.

Sie errötete tief, kehrte sich ab und blickte dann langsam und vorsichtig in die Runde, als wolle sie sehen, ob meine unbedachte Handlung bemerkt worden war; darauf neigte sie sich dem Herrn zu, der neben ihr saß.

Ich empfand jetzt brennende Scham über meine Ungehörigkeit und erwartete nichts Geringeres als einen augenblicklichen Skandal, wobei mir eine Vision von Pistolen im Morgengrauen schnell und unheimlich durch den Kopf schoß. Indessen war ich sofort bedeutend erleichtert, als ich die Dame nur wortlos dem Herrn den Theaterzettel reichen sah. Aber der Leser mag sich selbst einen Begriff von meinem Erstaunen, meinem tiefen Erstaunen und meiner wahnwitzigen Verwirrung bilden, als sie einen Augenblick darauf, nachdem sie sich verstohlen umgeschaut, ihren strahlenden Augen erlaubte, den Blick der meinen voll und stark zu erwidern und mir dann, mit feinem Lächeln eine Reihe perlweißer Zähne entblößend, zweimal bestimmt und unmißverständlich mit dem Kopfe zunickte.

Natürlich brauche ich nicht bei meiner Wonne, meiner Seligkeit, meiner Hingerissenheit zu verweilen. Wenn je ein Mensch aus Übermaß an Glück wahnsinnig war, so war ich es in jener Minute. Ich liebte. Es war meine erste Liebe, das fühlte ich. Es war eine erhabene, eine unbeschreibliche Liebe. Es war die Liebe auf den ersten Blick – und auf den ersten Blick war sie erkannt und erwidert worden.

Ja, erwidert. Wie und weshalb sollte ich auch nur einen Augenblick daran zweifeln? Welchen anderen Schluß sollte ich aus dem Betragen einer so schönen, reichen und gebildeten Dame ziehen – einer Dame aus so gutem Hause, die einen so hohen Platz in der Gesellschaft einnahm und in jeder Beziehung so sehr geachtet war, wie es Madame Lalande meiner Überzeugung nach sein mußte? Ja, sie liebte mich – sie erwiderte meine leidenschaftliche Liebe mit einer ebenso blinden, unbedingten, unbesonnenen, hingebenden und grenzenlosen Leidenschaft, wie ich sie liebte. Diese berückenden Phantasien und Gedankengänge wurden durch das Fallen des Vorhangs jäh unterbrochen. Das Publikum stand auf und unvermittelt setzte der übliche Lärm ein. Ich verließ Talbot brüsk und bemühte mich unter Aufbietung aller Kräfte, in die Nähe Madame Lalandes zu gelangen. Da das Gedränge dies vereitelte, gab ich die Jagd schließlich auf und lenkte den Schritt heimwärts. In meiner Enttäuschung, daß es mir nicht vergönnt gewesen war, den Saum ihres Kleides zu berühren, tröstete ich mich mit der Vorstellung, daß ich am anderen Vormittag durch Talbot in aller Form bei ihr eingeführt werden würde.

Der Morgen kam schließlich; das heißt, nach einer langen und quälenden Nacht voller Ungeduld dämmerte ein Tag herauf, der sich mit zahllosen trübseligen und im Schneckentempo schleichenden Stunden dahinzog, bis es ein Uhr war. Aber wie es heißt, »alles hat einmal ein Ende« – und so endigte schließlich

auch diese lange Frist. Die Uhr schlug. Als der letzte Ton verhallt war, trat ich bei den B.s ein und fragte nach Talbot.
»Nicht zu Hause!« sagte sein persönlicher Diener.
»Nicht zu Hause?« wiederholte ich, ein halbes Dutzend Schritte zurücktaumelnd, »laß dir sagen, mein lieber Freund, daß dies gänzlich unmöglich ist. Mister Talbot kann nicht weggegangen sein. Was soll das heißen?«
»Nichts weiter, Sir, als daß Mr. Talbot nicht da ist. Das ist alles. Er ist gleich nach dem Frühstück nach S. gefahren und hat hinterlassen, daß er nicht vor einer Woche in die Stadt zurückkehren werde.«
Vor Schrecken und Wut stand ich wie versteinert. Ich wollte antworten, aber die Zunge versagte mir den Dienst. Endlich machte ich bleich vor Zorn kehrt und wünschte bei mir die ganze Sippe der Talbots in den finstersten Abgrund der Hölle. Es verstand sich, daß mein so rücksichtsvoller Freund, der Fanatiker, seine Verabredung mit mir sofort und gänzlich vergessen hatte. Ein Mann von Wort war er noch nie gewesen. Das half aber jetzt nichts; indem ich, so gut es ging, meinen Unmut unterdrückte, schlenderte ich verstimmt die Straße hinauf und zog bei jedem Bekannten, dem ich begegnete, zwecklose Erkundigungen nach Madame Lalande ein. Dem Namen nach kannten sie sie alle, mancher hatte sie gesehen – aber sie befand sich erst seit so wenigen Wochen in der Stadt, daß sich nur wenige ihrer persönlichen Bekanntschaft rühmen konnten. Diese wenigen, die ihr ebenfalls noch verhältnismäßig fremd waren, konnten oder wollten sich nicht die Freiheit nehmen, mich ihr bei einem Vormittagsbesuch förmlich vorzustellen. Während ich so in Verzweiflung dastand und mit drei Freunden über die Frau sprach, die einzig und allein mein Herz erfüllte, geschah es, daß sie selbst vorüberfuhr.
»So wahr ich lebe, da ist sie!« rief einer.
»Erstaunlich schön!« äußerte ein zweiter.
»Ein Engel auf Erden!« entfuhr es dem dritten.

Ich sah hin: in einem offenen Wagen, der uns in gemächlichem Tempo auf der Straße entgegenfuhr, saß das bezaubernde Geschöpf aus der Oper, von der jüngeren Dame, die mit ihr die Loge geteilt, begleitet.

»Auch ihre Begleiterin sieht bemerkenswert gut aus«, sagte der, welcher zuerst gesprochen hatte.

»Erstaunlich«, sagte der zweite. »Sie ist immer noch eine glänzende Erscheinung. Aber die Kunst tut Wunder. Auf mein Wort, sie sieht jetzt besser aus als vor fünf Jahren in Paris. Ist immer noch eine schöne Frau... Meinst du nicht auch, Froissart – Verzeihung, Simpson?«

»Immer noch!« sagte ich. »Und warum nicht? Aber mit ihrer Freundin verglichen, ist sie nur ein Nachtlicht gegen den Abendstern oder ein Glühwurm gegen Antares.«

»Hahaha! Na, Simpson, du hast aber eine erstaunliche Art, Entdeckungen zu machen – originelle Entdeckungen, meine ich.«

Damit trennten wir uns, während einer der drei einen lustigen Gassenhauer trällerte, von dem ich nur diese Zeilen verstand:

»Ninon, Ninon, Ninon à bas –
A bas Ninon de l'Enclos!«

Während dieser kleinen Szene indessen hatte mich ein Umstand, der die Leidenschaft, welche mich verzehrte, freilich nur steigerte, sehr getröstet. Als der Wagen Madame Lalandes an unserer Gruppe vorbeigefahren war, hatte sie, wie ich bemerkte, mich erkannt und mir überdies ein kaum vorstellbares geradezu himmlisches Lächeln geschenkt, in dem kein Vorwurf lag.

Ich mußte alle Hoffnungen, ihr vorgestellt zu werden, fahrenlassen, bis Talbot seine Rückkehr in die Stadt für angezeigt halten würde. In der Zwischenzeit besuchte ich ohne Unterlaß alle bekannten Vergnügungsstätten und hatte endlich im Theater, wo ich sie zuerst gesehen, die namenlose Freude, ihr wieder zu

begegnen und mit ihr Blicke zu tauschen. Dies ereignete sich allerdings erst nach einem Zeitraum von vierzehn Tagen. Unterdessen hatte ich Tag für Tag in Talbots Haus nach diesem gefragt und Tag für Tag bei dem ewigen »Noch nicht zurück« des Dieners einen Wutanfall erlitten.
An dem betreffenden Abend befand ich mich daher in einer an Wahnsinn grenzenden Verfassung. Madame Lalande – so hatte man mir erzählt – war Pariserin und erst vor kurzem aus Paris gekommen: konnte sie nicht plötzlich dorthin zurückkehren – zurückkehren, ehe Talbot wiederkam, und somit auf ewig für mich verloren sein? Der Gedanke war so grauenvoll, daß ich ihn nicht ertragen konnte. Da mein künftiges Glück auf dem Spiel stand, beschloß ich, mit männlicher Tatkraft zu handeln. Kurz, ich verfolgte die Dame nach Beendigung des Schauspiels bis zu ihrer Wohnung, merkte mir ihre Adresse und schickte ihr am Morgen darauf einen ausführlichen und sorgfältig abgefaßten Brief, in welchem ich mein ganzes Herz ausschüttete.
Ich redete eine freie und beherzte Sprache – eine Sprache voller Leidenschaft. Ich verschwieg nichts – nicht einmal mein Augenleiden. Ich erwähnte die romantischen Umstände unserer ersten Begegnung samt den Blicken, die zwischen uns gewechselt worden. Ich verstieg mich zu der Behauptung, daß ich von ihrer Liebe überzeugt sei, bot ihr jedoch dafür die meine mit allen Zeichen aufrichtiger Ergebenheit an: sogleich zwei Entschuldigungsgründe für mein an sich unverzeihliches Benehmen. Als dritten benutzte ich meine Furcht, sie könne die Stadt verlassen, bevor ich Gelegenheit gefunden hätte, ihr vorgestellt zu werden. Ich schloß diesen leidenschaftlichsten aller je geschriebenen Briefe mit einer freimütigen Darlegung meiner pekuniären Verhältnisse, meines Reichtums – und mit dem Anerbieten meiner Hand und meines Herzens.
In qualvoller Spannung erwartete ich die Antwort. Nach einer Zeit, die mir ein Jahrhundert zu sein dünkte, traf sie ein.

Ja, sie traf wirklich ein. Für wie romantisch auch immer man all dies halten möge: ich erhielt wahrhaftig einen Brief von Madame Lalande, von der schönen, reichen und angebeteten Madame Lalande. Ihre Augen, ihre wundervollen Augen hatten ihr edles Herz nicht Lügen gestraft. Wie eine echte Französin, die sie ja war, hatte sie die Prüderie der Welt verachtet und dem unabhängigen Urteil ihrer Vernunft, den großmütigen Regungen ihres Herzens gehorcht. Sie hatte meine Anträge nicht verworfen! Sie hatte sich nicht hinter Schweigen verschanzt! Sie hatte meinen Brief nicht ungeöffnet zurückgehen lassen! Sie hatte mir sogar mit ihren feinen Fingern eine Antwort geschrieben! Diese lautete folgendermaßen:

»Monsieur Simpson mir wollen verzein weil ik nit kan schreib' die schön Sprak von seine contrée so gut ik wolte. Das ist so eine kleine Zeit daß ik sein in dise land und nok nit abe geabt gelegeneit zu l'étudier. Mit dise entschuldigung ik wollen sagen, daß hélas Monsieur Simpson aben geraten nur zu war. Mus ik sagen mer? Hélas! Abe ik nit schon gesagt vil zu vil?

Eugénie Lalande.«

Diese großherzige Botschaft küßte ich millionenmal und beging zweifellos ihretwegen tausend andere Tollheiten, die mir nicht mehr erinnerlich sind. Noch immer wollte Talbot nicht zurückkehren. Ach, hätte er nur die leiseste Vermutung gehabt, wie sein Freund unter seiner Abwesenheit litt – wäre seine mitfühlende Natur mir nicht sofort zu Hilfe geeilt? Allein er kam immer noch nicht. Ich schrieb. Er antwortete, daß er durch dringende Geschäfte zurückgehalten sei, aber bald wiederkommen werde. Er empfahl mir, nicht ungeduldig zu sein, meine Begeisterung zu mäßigen, beruhigende Bücher zu lesen, nichts Stärkeres als Rheinwein zu trinken und in den Tröstungen der Philosophie Hilfe zu suchen. Dieser Narr! Wenn er schon nicht selbst kommen konnte, hätte er mir nicht im Namen aller Vernunft ein Empfehlungsschreiben beilegen können? Ich schrieb ihm wieder, bat ihn, mir ein solches umgehend zu senden. Mein Brief wurde mir mit einem Vermerk auf der Rückseite von seinem Diener zurückgeschickt. Dieser Schurke war auf dem Lande mit seinem Herrn zusammengetroffen.

»Verließ gestern S. mit unbekanntem Ziel, sagte nicht wohin und wann zurück sein werde, daher für richtig erachtet, Ihren Brief zurückzusenden. Kenne Ihre Handschrift und weiß, wie Sie immer in Eile.

Ergebenst
Stubbs.«

Hiernach erübrigt es sich, zu sagen, daß ich den Herrn samt seinem Diener zu allen Teufeln wünschte; aber es hatte keinen Sinn, sich zu ärgern, und alles Klagen brachte keinen Trost.
Dennoch blieb mir, bei meiner angeborenen Dreistigkeit, eine letzte Zuflucht. Sie hatte mir bisher immer geholfen, und so entschloß ich mich jetzt, sie mir für meine Zwecke zunutze zu machen. Welcher Unschicklichkeit hätte ich mich nebenbei nach dem Briefwechsel, der sich zwischen uns angesponnen – natürlich in Grenzen –, schuldig machen können, um noch von Madame Lalande getadelt zu werden? Seit der Briefgeschichte hatte ich mir eine Gewohnheit daraus gemacht, ihr Haus zu beobachten, und auf diese Weise entdeckt, daß sie zur Stunde der Dämmerung unter Bewachung eines livrierten Negers in einer öffentlichen Anlage vor ihren Fenstern spazierenzugehen pflegte. Hier, inmitten üppig belaubter und schattenspendender Bäume, nahm ich im Zwielicht eines lieblichen Sommerabends die Gelegenheit wahr und sprach sie an.
Um ihren Bedienten zu täuschen, ging ich dabei mit dem sicheren Auftreten eines alten und vertrauten Bekannten zu Werke. Mit einer Geistesgegenwart, die die echte Pariserin verriet, ging sie sogleich auf diesen Ton ein und streckte mir eine ihrer höchst bezaubernden Hände zum Gruß entgegen. Der Diener blieb ei-

nige Schritte zurück, und endlich konnten wir uns mit unseren übervollen Herzen lange und vorbehaltlos über unsere Liebe aussprechen.

Da Madame Lalande das Englische kaum fließender sprach, als sie es zu schreiben verstand, mußten wir uns der französischen Sprache bedienen. In dieser schönen, für die Leidenschaft so geeigneten Sprache ließ ich meiner stürmischen Begeisterung freien Lauf und bat sie mit aller mir zu Gebote stehenden Beredsamkeit, in eine baldige Heirat einzuwilligen.

Diese Ungeduld entlockte ihr ein Lächeln. Sie brachte den alten Einwand der Schicklichkeit vor – jenen Kinderschreck, der so viele Menschen solange von ihrer Glückseligkeit abhält, bis die Gelegenheit dazu für immer verloren ist. Unklugerweise – meinte sie – hätte ich meinen Freunden anvertraut, daß ich ihre Bekanntschaft zu machen wünschte, ihr also noch nicht bekannt sei, so daß keine Möglichkeit bestehe, das Datum unserer Bekanntschaft zu verheimlichen. Und dann wies sie errötend auf das noch sehr junge Datum dieser Bekanntschaft hin. Eine sofortige Heirat sei unpassend, unangemessen, ganz und gar unmöglich. All dies sagte sie mit einer hinreißend lieblichen Unschuldsmiene, welche mich gleichzeitig betrübte und – überzeugte. Sie vermied es nicht einmal, mich, wenn auch lachend, der Übereilung, der Unvorsichtigkeit anzuklagen. Sie hieß mich daran denken, daß ich noch nicht einmal wisse, wer sie sei, welche Aussichten und Verbindungen und welche Stellung in der Gesellschaft sie habe. Sie beschwor mich, wiewohl mit einem leichten Seufzer, meinen Vorschlag noch einmal zu überdenken, und nannte meine Liebe eine Verblendung, ein Strohfeuer, eine haltlose Phantasie des Hirns, nicht aber des Herzens. Diese Dinge brachte sie hervor, während sich die Schatten der trauten Dämmerung um uns verdichteten – und dann warf sie mit einem leisen Druck ihrer elfenhaften Hand das Gebäude aus Einwänden, das sich errichtet, in einem einzigen süßen Augenblick um.

Ich antwortete – so gut ich es überhaupt vermochte – wie ein Liebhaber, der es aufrichtig meint. Ich sprach lange und ausdauernd von meiner Ergebenheit, meiner Leidenschaft – von ihrer überwältigenden Schönheit und meiner eigenen begeisterten Bewunderung. Zum Schluß verweilte ich mit überzeugendem Nachdruck bei den Gefahren, die den Lauf der Liebe umlauern – jenen nie ganz ungestörten Lauf wahrer Liebe – und wies so auf die offenbare Gefahr hin, die Wartezeit unnötig zu verlängern.

Dieser Beweisgrund schien endlich die Härte ihres Entschlusses zu mildern. Sie gab nach; aber es bestehe da noch ein Hindernis, sagte sie, das ich gewiß noch nicht reiflich genug erwogen hätte. Dies war ein – besonders für eine Frau – heikler Punkt. Indem sie ihn erwähnte, müsse sie, wie sie sagte, ihre Gefühle zum Opfer bringen; doch sei sie für mich zu jedem Opfer bereit. Sie spielte auf die Frage des Alters an. War ich mir des Unterschiedes unserer Jahre bewußt – vollauf bewußt? Daß das Alter des Mannes das der Frau um einige Jahre – sogar fünfzehn oder zwanzig Jahre – überschritt, wurde von der Welt als zulässig und – man beachte! – sogar als schicklich angesehen. Sie habe jedoch immer in dem Glauben gelebt, daß die Lebensjahre der Frau die des Mannes nie an Zahl übersteigen dürften. Ein Unterschied von so unnatürlicher Art gebe nur allzuoft Anlaß zu einem unglücklichen Leben. Nun war sie sich bewußt, daß mein Alter nicht mehr als zweiundzwanzig Jahre betrug; dagegen sei ich mir vielleicht nicht bewußt, daß die Jahre meiner Eugénie ganz bedeutend darüber hinausgingen.

In diesen Worten lag eine Seelengröße, ein schlichter Adel, die mich bezauberten und entzückten und mich für alle Zeit in Bann schlugen. Kaum konnte ich die maßlose Leidenschaft, die mich hinriß, meistern.

»Meine süßeste Eugénie«, rief ich aus, »was bedeutet das alles schon, wovon Sie reden! Ihre Jahre sind den meinen ein wenig an Zahl voraus. Was hat das zu sagen? Die Bräuche der Welt sind lauter herkömmliche Torheiten. Bedeutet für die, welche sich lieben wie wir, ein Jahr oder eine Stunde einen Unterschied? Ich bin zweiundzwanzig – Sie sagen es; ich gebe es zu. Allerdings könnten Sie mich ebensogut schon dreiundzwanzig nennen. Aber Sie, meine teuerste Eugénie, können nicht mehr zählen als... können nicht mehr zählen als... nicht mehr als... als... als... als...«

Hier hielt ich einen Augenblick inne in der Erwartung, daß mich Madame Lalande durch Ergänzung ihres wahren Alters unterbrechen würde. Aber eine Französin ist selten deutlich und hat immer, wenn es eine lästige Frage zu beantworten gilt, eine Antwort eigener Art bereit. Im vorliegenden Fall ließ Eugénie, die wenige Augenblicke vorher etwas in ihrem Busen gesucht zu haben schien, ein Miniaturbildnis ins Gras fallen, das ich sogleich aufhob und ihr überreichte.

»Behalten Sie es«, sagte sie mit hinreißendem Lächeln, »behalten Sie es um meinetwillen – um derentwillen, die es gar zu schmeichelhaft darstellt. Übrigens finden Sie vielleicht auf der Rückseite den Aufschluß, den Sie zu wünschen scheinen. Jetzt ist es allerdings schon ziemlich dunkel geworden; aber morgen früh können Sie es ja mit Muße betrachten. Inzwischen werden Sie mich jetzt nach Hause geleiten. Meine Freunde veranstalten eine kleine musikalische Abendunterhaltung. Ich kann Ihnen sogar versprechen, daß Sie guten Gesang hören werden. Wir Franzosen sind nicht ganz so förmlich wie ihr Amerikaner, und es wird mir ein leichtes sein, Sie als angeblichen alten Bekannten einzuschmuggeln.«

Mit diesen Worten nahm sie meinen Arm, und ich brachte sie nach Hause. Das Haus hatte ein angenehmes Aussehen und war anscheinend mit Geschmack ausgestattet. In dieser Hinsicht kann ich jedoch kaum als guter Kritiker gelten; denn als wir ankamen, war es bereits dunkel. Zudem trifft man während der heißen Jahreszeit in besseren amerikanischen Häusern um diese, das heißt die köstlichste Stunde des Tages selten Licht an.

Allerdings wurde im Hauptsaal ungefähr eine Stunde nach meiner Ankunft eine einzelne helle Lampe angezündet; und dieser Raum war, wie ich jetzt sehen konnte, mit ungewöhnlich gutem Geschmack und sogar verschwenderisch eingerichtet. Dahingegen blieben zwei andere Räume der Wohnung, in denen sich die Gesellschaft vorwiegend aufhielt, während des ganzen Abends in angenehmes Dunkel gehüllt. Diese Sitte ist sehr verständig, da sie der Gesellschaft zumindest zwischen Licht und Schatten die Wahl läßt, weshalb sich unsere Freunde jenseits des Wassers beeilen sollten, diesen Brauch gleichfalls zu übernehmen.
So verbrachte ich den fraglos köstlichsten Abend meines Lebens. Madame Lalande hatte die musikalischen Fähigkeiten ihrer Freunde nicht überschätzt: einen Gesang, wie ich ihn hier hörte, habe ich – außer in Wien – in privaten Häusern niemals in solcher Vollendung erlebt. Die zahlreichen Musiker besaßen hervorragendes Talent; die Sänger waren größtenteils Damen, von denen jede einzelne zumindest gut singen konnte. Schließlich wurde gebieterisch nach Madame Lalande gerufen, die sich ohne jede Ziererei und ohne jedes Zögern sofort von der Chaiselongue, auf der sie neben mit gesessen, erhob und, von einem oder zwei Herren und ihrer Freundin aus der Oper begleitet, auf das Klavier im Hauptsaal zuschritt. Ich hätte sie selbst dorthin geführt, doch hielt ich es im Hinblick auf meine Einführung in das Haus für besser, unbemerkt auf meinem Platz sitzen zu bleiben. So war ich zwar des Vergnügens beraubt, sie singen zu sehen, nicht aber, sie singen zu hören. Der Eindruck, den sie auf die Gesellschaft machte, hatte etwas Hinreißendes; aber ich selbst fühlte mich noch ein wenig stärker angesprochen. Ich weiß nicht, wie ich diese Wirkung angemessen beschreiben soll. Zum Teil ging sie natürlich aus der Verliebtheit hervor, die mich völlig erfüllte; in der Hauptsache beruhte sie jedoch auf meiner Erkenntnis des außerordentlichen Empfindungsvermögens der Sängerin. Es liegt jenseits der Grenzen der Kunst, Arie

oder Rezitativ mit einem noch leidenschaftlicheren Ausdrucke zu erfüllen, als sie es vermochte. Ihr Vortrag des Liedes aus dem »Othello« – der Ton, mit dem sie die Worte »Sul mio sasso« aus den »Capuletti« brachte, klingen mir immer noch im Gedächtnis nach. Ihre leiseren Töne waren schlechthin wundervoll. Ihre Stimme umfaßte drei vollständige Oktaven vom d der Altstimme bis zum d des oberen Soprans und brachte – obwohl von einer Kraftfülle, die für das San-Carlo-Theater ausgereicht hätte – mit peinlichster Sorgfalt jede Schwierigkeit der Vokalkomposition, Tonleitern, Kadenzen und Koloraturen heraus. Im Finale der »Nachtwandlerin« erzielte sie eine höchst bemerkenswerte Wirkung mit den Worten:

»Ah! non giunge uman pensiero
Al contento ond 'io son piena.«

Hier variierte sie in Nachahmung der Malibran das Original Bellinis insofern, als sie die Stimme bis zum eingestrichenen g senkte, um dann im raschen Übergang das hohe g anzustimmen, somit zwei volle Oktaven überspringend.
Sobald sie sich nach dieser unerhörten stimmlichen Leistung vom Klavier erhoben hatte, nahm sie ihren Platz an meiner Seite wieder ein, und ich gab ihr in Worten höchster Begeisterung mein Entzücken über ihren Vortrag kund. Von meiner Überraschung sagte ich kein Wort – aber überrascht war ich wirklich; denn eine gewisse Schwäche oder ein leises Zittern ihrer Stimme beim Sprechen hatte mich keineswegs darauf vorbereitet, daß sie sich beim Singen mit so bemerkenswertem Geschick aus der Affäre ziehen würde.
Unsere Unterhaltung, die nun folgte, war lang, aufrichtig, ununterbrochen und ohne jeden Vorbehalt. Sie ließ mich viele Ereignisse aus meinem Vorleben berichten und lauschte mit atemloser Spannung jedem Wort meiner Erzählung. Ich verbarg nichts, weil ich fühlte, daß mich ihre vertrauensvolle Zunei-

gung berechtigte, offen zu sein. Durch ihre Aufrichtigkeit bei dem heiklen Thema ihres Alters ermutigt, bekannte ich nicht nur freimütig jeden meiner vielen kleinen Fehler, sondern gestand unumwunden meine moralischen und sogar physischen Schwächen ein – was zwar weit größeren Mut erfordert, aber ein um so höherer Beweis der Liebe ist. Ich streifte die Streiche meines Universitätslebens, meine Ausschweifungen, meine Zechgelage, meine Schulden und meine Liebschaften. Ich vermied es nicht einmal, von einem leichten hektischen Husten zu sprechen, der mich eine Zeitlang heimgesucht hatte – von einem chronischen Rheumatismus, einem angeborenen gichtischen Schmerz und endlich von der unangenehmen und lästigen, bisher jedoch sorgfältig verheimlichten Schwäche meiner Augen.
»Was diesen Punkt betrifft«, sagte Madame Lalande lachend, »sind Sie recht unbesonnen, ihn zu gestehen; denn ohne Ihr eigenes Geständnis hätte Sie wahrscheinlich niemand dieses Verbrechens angeklagt. Übrigens«, setzte sie hinzu, »denken Sie noch ein wenig« – bei diesen Worten kam es mir trotz dem Halbdunkel des Zimmers vor, als käme eine flüchtige Röte über ihre Wangen –, »denken Sie noch ein wenig, mon cher ami, an dieses kleine Hilfsmittel für die Augen, das ich hier am Halse trage?«
Während sie sprach, spielte sie mit derselben Lorgnette, die mich in der Oper in so große Verwirrung gestürzt hatte.
»Ach, ich denke sehr wohl daran«, rief ich aus, indem ich die zarte Hand, die mir das Glas zur Ansicht reichte, leidenschaftlich drückte. Es war ein herrliches und vollendetes Spielzeug in kostbarer Fassung und mit Filigranarbeit versehen, das sogar in dieser halben Beleuchtung von Juwelen glitzerte, so daß ich von seinem hohen Werte sofort überzeugt sein mußte.
»Eh bien, mon ami«, fuhr sie mit einer gewissen Dringlichkeit, die mich fast überraschte, fort, »eh bien, mon ami, Sie haben im Ernst eine Gunst von mir verlangt, die Sie selbst als unermeß-

lich zu bezeichnen beliebten. Sie haben mich gebeten, Ihnen morgen meine Hand zu schenken. Wenn ich Ihrem Wunsche – und ich darf hinzufügen, mit Zustimmung meines eigenen Herzens – nachgeben sollte: wäre ich dann vielleicht berechtigt, eine ganz, ganz kleine Gegengabe von Ihnen zu verlangen?«

»Nennen Sie sie«, rief ich mit einem Eifer, der beinahe die Aufmerksamkeit der Gesellschaft auf uns gelenkt hätte; ich unterließ es daher auch, mich ihr ungestüm zu Füßen zu werfen. »Nennen Sie sie, meine geliebteste Eugénie! Aber ach, sie ist ja schon gewährt, ehe Sie sie ausgesprochen haben!«

»Sie sollen also, mon ami«, sagte sie, »um Ihrer geliebten Eugénie willen diese kleine Schwäche, die Sie gebeichtet haben, überwinden – diese Schwäche, die mehr moralischer als physischer Natur ist und die – lassen Sie mich's aussprechen – zu Ihrem vornehmen Wesen so wenig paßt. Denn wenn Sie sich dieser Schwäche weiterhin unterwerfen, wird sie Sie früher oder später in arge Verlegenheit bringen. Um meinetwillen sollen Sie diese Verstellung, die Sie zum Verschweigen Ihrer Kurzsichtigkeit nötigt, besiegen. Denn Sie leugnen diesen Mangel bewußt, indem Sie sich weigern, das übliche Mittel zu seiner Bekämpfung zu gebrauchen. Sie verstehen: ich will damit sagen, daß Sie eine Brille tragen sollen – unterbrechen Sie mich jetzt nicht! – Sie haben ja schon vorher eingewilligt, mir diesen Gefallen zu tun. Ich will Ihnen dieses kleine Spielzeug, das ich hier in der Hand halte und das zwar ein wertvoller Helfer des Auges, aber wahrlich kein besonders kostbares Kleinod ist, schenken. Sie sehen, daß man es leicht – so oder so – in eine Brille verwandeln oder als Lorgnon in der Tasche tragen kann. Doch haben Sie mir schon versprochen, es um meinetwillen als Brille und ständig zu tragen.«

Dieses Verlangen – muß ich es gestehen? – beunruhigte mich in nicht geringem Maße. Jedoch machte die Bedingung, an die es geknüpft war, jedes Zögern von vornherein unmöglich.

»Es sei!« rief ich mit so viel Begeisterung, wie ich im Augenblick aufbringen konnte. »Es sei – und ich begrüße es mit Freuden! Ihnen zuliebe opfere ich gern alle meine Gefühle. Heute abend werde ich dieses Augenglas als Lorgnon auf dem Herzen tragen; aber sobald der Morgen dämmert und ich Sie beglückt meine Frau nennen darf, werde ich es mir auf die... auf die Nase setzen und es in dieser weniger romantischen, weniger modernen, aber dafür nützlicheren Form Ihrem Wunsche gemäß dort für immer belassen.«

Von da an drehte sich unsere Unterhaltung nur noch um die Einzelheiten unserer Zurüstungen für den morgigen Tag. Talbot war, wie mir meine Verlobte mitteilte, soeben in der Stadt eingetroffen. Ich sollte ihn sofort aufsuchen und ein Fuhrwerk besorgen. Die Soirée würde kaum vor zwei Uhr beendet sein, und um diese Stunde sollte der Wagen vor der Tür stehen. Es verstand sich, daß ihn Madame Lalande in dem Durcheinander des Aufbruchs unauffällig besteigen konnte. Dann wollten wir zum Hause des Geistlichen, der uns erwartete, fahren, uns trauen lassen, Talbot verabschieden und eine kleine Reise nach dem Osten unternehmen und so die vornehme Welt in der Stadt zurücklassen, die sich alles nach ihrem Gutdünken auslegen mochte.

Nachdem das alles festgelegt war, verabschiedete ich mich sofort und brach zu Talbot auf. Unterwegs konnte ich es mir jedoch nicht versagen, in ein Lokal einzutreten, um das Miniaturbild zu betrachten. Hierzu bediente ich mich der Hilfe des starken Augenglases. Das Gesicht war ausnehmend schön! Die großen glänzenden Augen... die stolze griechische Nase... die üppigen, dunklen Locken! »Ach«, sagte ich mit innerem Jauchzen, »dies ist wahrlich das sprechende Abbild meiner Geliebten!« Ich drehte es um und entdeckte die Worte »Eugénie Lalande 27 Jahre und 7 Monate alt.« Ich traf Talbot zu Hause an und weihte ihn sogleich in mein Glück ein. Er verriet natürlich äußerstes Erstaunen, beglückwünschte mich jedoch herzlich und versprach, mir nach bestem Vermögen zu helfen. Kurz, wir führten unseren Plan genau aus, und um zwei Uhr morgens – genau zehn Minuten nach dem Trauungszeremoniell – befand ich mich mit Madame Lalande (eigentlich müßte ich sagen mit Mrs. Simpson) in einem geschlossenen Wagen, der eiligst in nordnordöstlicher Richtung aus der Stadt davonfuhr.

Es war von Talbot vorgesehen worden, daß wir, da wir die Nacht ohne Schlaf verbracht hatten, in C., einem etwa zehn Meilen von der Stadt entfernten Dorfe, einkehren, frühstücken und bis zur Fortsetzung der Reise etwas ruhen sollten. So geschah es, daß wir Schlag vier ins Tor des ersten Gasthofes einrollten. Ich half meiner Frau aus dem Wagen und bestellte sogleich ein Frühmahl. Inzwischen wies man uns ein kleines Zimmer an, wo wir uns hinsetzen konnten.

Der Tag war beinahe, aber noch nicht ganz angebrochen. Und als ich entzückt den Engel neben mir anblickte, kam mir der seltsame Gedanke, daß dies seit meiner Bekanntschaft mit der gerühmten Schönheit Madame Lalandes der erste Augenblick war, da ich mich dieser Schönheit bei Tageslicht erfreuen durfte.

»Und nun, mon ami«, sagte sie, indem sie, den Fluß meiner Betrachtungen unterbrechend, meine Hand ergriff, »und nun, mon ami, da wir untrennbar vereint sind – da ich Ihren glühenden Bitten nachgegeben und meinen Teil unseres Abkommens erfüllt habe, nehme ich an, daß Sie nicht vergessen werden, mir eine kleine Gefälligkeit zu erweisen, ein geringfügiges Versprechen einzulösen. Was war es doch gleich? Lassen Sie mich nachdenken. Ach ja – jetzt erinnere ich mich mühelos des genauen Wortlauts des gütigen Versprechens, das Sie Ihrer Eugénie gestern abend gegeben haben. Hören Sie zu! Sie sagten: ›Es sei – und ich begrüße es mit Freuden! Ihnen zuliebe opfere ich gern alle meine Gefühle. Heute abend werde ich dieses Augenglas auf dem Herzen tragen; aber sobald der Morgen dämmert

und ich Sie beglückt meine Frau nennen darf, werde ich es mir auf die Nase setzen und es in dieser weniger romantischen, weniger modernen, aber dafür nützlicheren Form Ihrem Wunsche gemäß dort für immer belassen.‹ Dies waren Ihre genauen Worte, mein lieber Mann... nicht wahr?«
»Gewiß«, sagte ich, »Sie haben ein ausgezeichnetes Gedächtnis. Und wahrlich, meine schöne Eugénie, liegt es nicht in meiner Absicht, die Erfüllung des geringfügigen Versprechens, das Sie meinen, zu hintertreiben. Sehen Sie! Nun? Das Glas kleidet mich recht gut, nicht wahr?« Mit diesen Worten hatte ich das Lorgnon in eine gewöhnliche Brille verwandelt, die ich mir bedächtig auf die Nase setzte. Derweile richtete Madame Simpson ihre Kappe, verschränkte die Arme auf der Brust und saß in etwas steifer, gezierter und nicht gerade vorteilhafter Haltung aufrecht in ihrem Stuhl.
»O du himmlische Güte!« rief ich fast im gleichen Augenblick, als die Einfassung der Brille meine Nase berührte, »o du himmlische Güte! Was ist denn mit diesem Glase los?« Ich nahm es schnell herunter, putzte es sorgfältig mit einem seidenen Schnupftuch und setzte es wieder auf.
Aber wenn ich zuerst nur überrascht gewesen war, befiel mich jetzt regelrechtes Erstaunen. Es war ein tiefes – ungeheures – (darf ich es sagen?) beängstigendes Erstaunen. Im Namen alles Abscheulichen: was bedeutete dies? Durfte ich, konnte ich meinen Augen trauen? War dies – war dies Schminke? Und waren dies – waren dies Runzeln? Runzeln auf dem Gesicht von Madame Lalande? Bei Jupiter und allen anderen Gottheiten, großen und kleinen, was – was war mit ihren Zähnen geschehen? Wütend warf ich die Brille zur Erde, sprang auf die Füße, blieb, die Arme in die Hüften gestemmt, mitten im Zimmer vor Mrs. Simpson stehen, lachte und schäumte, und war dennoch gleichzeitig sprachlos vor Wut und Entsetzen.
Nun habe ich bereits gesagt, daß Madame Eugénie Lalande – vielmehr Simpson – die englische Sprache kaum besser spre-

chen als schreiben konnte. Deswegen vermied sie es auch für gewöhnlich, sie zu gebrauchen. Aber der Zorn vermag eine Frau zum Äußersten zu treiben; und zwar in diesem Fall dazu, eine Unterhaltung in einer Sprache zu eröffnen, die sie nur unvollkommen beherrschte. »Schön, meine 'err«, sagte sie, nachdem sie mich in scheinbarem Erstaunen eine Weile angesehen, »schön, meine 'err! Und was denn... was is' denn passier'? Is' das die Tanz von die St. Veit, was Sie 'aben? Wenn ik nit Ihnen gefall', warum 'aben gekauf' Katz in Sack?«

»Du Hexe!« sagte ich, nach Luft ringend, »du... du... du abscheuliche alte Vettel!«

»'exe? Alt? Ik nit bin so serr alt am End'! Ik nit bin älter als swei un aktsig Jahr.«

»Zweiundachtzig Jahre!« schrie ich, an die Wand taumelnd, »zweiundachtzigtausend grüne Affen! Auf der Miniatur stand zu lesen – 27 Jahre und 7 Monate!«

»Riktik... Das is war... Aber die Porträt is gemak' vor finf un fifsik Jahr! Als ik' ab ge'eirat meine sweite Mann, Monsieur Lalande, ik 'ab lassen maken das Porträt für mein' Tokter von meine erste Mann, Monsieur Moissart!«

»Moissart!« sagte ich.

»Ja, Moissart«, sagte sie, indem sie meine Aussprache, die wahrlich nicht die beste war, nachäffte, »un was dann? Was wiss' Sie von Moissart?«

»Nichts, du alte Vogelscheuche! Ich weiß überhaupt nichts von ihm... nur hatte ich irgendwann einmal einen Vorfahren dieses Namens.«

»Diese Nam'! Un was 'abe' Sie su sag' su diese Nam'? Is serr gutte Nam... wie Voissart... das is auk serr gutte Nam'! Mein' Tokter, Mademoiselle Moissart, 'at ge'eirat eine Monsieur Voissart... un das is auk eine serr ehrbare Nam'.«

»Moissart«, rief ich, »und Voissart? Was meinen Sie eigentlich damit?«

»Was ik mein'? Ik mein' Moissart und Voissart... un wenn ik

sag' Croissart und Froissart, dann ik mein' auk nur das Best'! Mein' Tokters Tokter, Mademoiselle Voissart... sie 'eirat' ein' Monsieur Croissart... un dann mein' Tokters Enkeltokter... sie 'eirat' ein' Monsieur Froissart; un ik denk', das is auk eine serr ehrbare Nam'.«

»Froissart!« sagte ich, indem mir schwach wurde, »warum sagen Sie nicht gleich Moissart, Voissart, Croissart und Froissart?«

»Ja«, antwortete sie, indem sie sich im Stuhl zurücklehnte und ihre Beine weit ausstreckte, »ja, Moissart, Voissart, Croissart und Froissart! Aber Monsieur Froissart... er war serr ausgemakte Narr... war serr eine große Esel wie Sie selb' – su verlass' la belle France für diese dumme Amerika... und wie gekomm' 'er, er 'att' eine serr dumme, eine serr serr dumme Sohn, ik 'ab geört... aber ik nok nit 'ab geabt die Pläsier su mak seine Bekanntschaf'... auk nit meine Freundin, Madame Stéphanie Lalande. Seine Nam' is Napoleon Bonaparte Froissart, un ik denk, Sie werd' verstehn, daß diese Nam' nit is eine serr ehrbare Nam'.«

Die Länge oder der Inhalt ihrer Rede hatten bewirkt, daß Madame Simpson in eine ungewöhnliche Aufregung geriet. Sobald sie mit großer Anstrengung geendet, sprang sie wie besessen von ihrem Stuhle auf, wobei sie ein gewaltiges Stück ihrer Polsterung zu Boden fallen ließ. Darauf knirschte sie mit den Kinnladen, schüttelte ihre Arme, streifte ihre Ärmel auf und fuchtelte mir mit ihrer Faust vorm Gesicht herum. Sie beendete diese Schaustellung, indem sie sich die Kappe und mit ihr eine gewaltige Perücke von schönem schwarzen Haar vom Kopfe riß und alles mit lautem Gebrüll zur Erde schleuderte, darauf herumtrampelnd und in völlig entfesselter Wut einen Fandango tanzend.

Inzwischen sank ich entgeistert in den Stuhl, aus dem sie sich erhoben hatte. »Moissart und Voissart«, wiederholte ich nachdenklich, während sie sich eine ihrer Seitenlocken abschnitt,

»und Croissart und Froissart« – wobei einer zweiten das gleiche geschah –, »Moissart und Voissart und Croissart und Napoleon Bonaparte Froissart! Ei, du unmögliche alte Schlange, das bin ich... bin ich... hörst du? Das bin ich...«, hier schrie ich mit meiner schrillsten Stimme: »Das bin ich!!! Ich bin Napoleon Bonaparte Froissart! Und wenn ich nicht meine eigene Ururgroßmutter geheiratet habe, will ich für alle Ewigkeit verdammt sein!«

Madame Eugénie Lalande alias Simpson, verwitwete Moissart, war – in nüchternen Worten gesagt – meine eigene Ururgroßmutter. In ihrer Jugend war sie schön gewesen, und noch mit zweiundachtzig Jahren hatte sie die hoheitsvolle Größe, den gemeißelten Umriß des Hauptes, die schönen Augen und die griechische Nase ihrer Mädchenzeit behalten. Dies alles sowie Reispuder, Schminke, falsches Haar, künstliche Zähne und eine ausgepolsterte Gestalt im Verein mit den geschicktesten Modistinnen von Paris verhalfen ihr, unter den Schönheiten un peu passées der Hauptstadt Frankreichs einen geachteten Rang einzunehmen. In dieser Hinsicht konnte sie fast als Gegenstück der gefeierten Ninon de l'Enclos gelten.

Unermeßlich reich und nach kinderloser zweiter Ehe Witwe geblieben, entsann sie sich meiner Existenz in Amerika und besuchte in Begleitung einer entfernten und überaus liebenswürdigen Verwandten ihres zweiten Mannes, einer Madame Stéphanie Lalande, die Vereinigten Staaten, um mich zu ihrem Erben zu machen.

In der Oper war meine Ururgroßmutter durch meine Beachtung ihrer Person auf mich aufmerksam geworden und, nachdem sie mich durch ihr Lorgnon besichtigt, von einer gewissen Familienähnlichkeit meinerseits betroffen. Hierdurch angesprochen und im Bewußtsein, daß sich der von ihr gesuchte Erbe tatsächlich in der Stadt aufhielt, erkundigte sie sich bei ihrem Begleiter nach mir. Dieser Herr kannte mich und klärte sie über mich auf. Die so erlangte Auskunft veranlaßte sie, mich ei-

ner abermaligen Musterung zu unterwerfen. Diese aber machte mich so kühn, daß ich mich in der oben geschilderten albernen Weise benahm. Indessen erwiderte sie meine Verbeugung in der Annahme, daß ich durch einen wunderlichen Zufall entdeckt hätte, wer sie sei. Als ich mich, durch meine Kurzsichtigkeit und ihre Toilettenkünste über das Alter und die Reize der fremden Dame getäuscht, so begeistert bei Talbot nach ihr erkundigte, folgerte er, daß ich die jüngere Schöne meine, und unterrichtete mich demzufolge wahrheitsgemäß, daß sie »die berühmte Witwe Madame Lalande« sei.
Auf der Straße traf meine Ururgroßmutter am nächsten Morgen Talbot, der ihr von früher aus Paris bekannt war. Verständlicherweise drehte sich die Unterhaltung um meine Person. Meine Kurzsichtigkeit wurde erörtert; denn diese war, obgleich ich nichts davon wußte, stadtbekannt. Meine gute alte Verwandte stellte zu ihrem großen Kummer fest, daß sie sich in der Annahme, ich hätte sie erkannt, getäuscht, und daß ich, indem ich im Theater einer unbekannten Dame huldigte, einfach einen Narren aus mir gemacht hatte. Um mich für diesen dummen Streich zu bestrafen, schmiedete sie mit Talbot ein Komplott. Er blieb mir absichtlich fern, um zu vermeiden, mich ihr vorstellen zu müssen. Meine Erkundigungen nach der liebenswürdigen Witwe Madame Lalande auf der Straße wurden natürlich auf die jüngere Dame bezogen; so erklärt sich auch die Unterhaltung mit den drei Herren sowie ihre Anspielung auf Ninon de l'Enclos, nachdem ich Talbots Haus verlassen hatte. Ich fand keine Gelegenheit, Madame Lalande bei Tageslicht und aus der Nähe zu sehen, und bei der musikalischen Abendunterhaltung hinderte mich meine törichte Schwäche, das Tragen von Augengläsern abzulehnen, durchaus daran, ihr Alter zu entdekken. Als Madame Lalande zum Singen aufgefordert wurde, war die jüngere Dame gemeint. Meine Ururgroßmutter erhob sich, um die Täuschung zu vervollständigen, im gleichen Augenblick und begleitete sie zum Piano im Hauptsaale. Hätte ich mich

entschlossen, sie selbst dorthin zu begleiten, so würde sie mir eingeredet haben, daß ich meinen Platz aus Gründen des Takts nicht verlassen dürfe. Meine eigene Einsicht machte dies jedoch unnötig. Die von mir so sehr bewunderten Lieder, die mich von der Jugend meiner Auserwählten überzeugten, wurden von Madame Stéphanie Lalande vorgetragen. Das Lorgnon wurde mir beiläufig angeboten, damit der Schabernack eine ernste Note, das Epigramm einen Stachel bekäme. Das Anerbieten veranlaßte jene Lektion über Geckerei, die mich so wunderlich erbaut hatte. Es braucht kaum noch hinzugefügt zu werden, daß die Gläser des von der alten Dame getragenen Sehwerkzeugs gegen ein Paar, das meinen Jahren besser anstand, ausgetauscht worden waren. Tatsächlich waren sie meinen Augen bis aufs I-Tüpfelchen angepaßt.

Der Geistliche, der die fatale Verbindung nur vorgetäuscht hatte, war ein Zechkumpan Talbots und kein Priester. Indessen verstand er sich ausgezeichnet aufs Kutschieren: nachdem er sein Chorhemnd abgelegt, hatte er sich mit einem Überzieher bekleidet und den Mietwagen mit dem »glücklichen Paar« aus der Stadt gelenkt. Talbot nahm den Sitz neben ihm ein. Die beiden Gauner erlebten alles bis zuletzt mit: durch ein halboffenes Fenster des Hinterzimmers der Schenke genossen sie mit Gelächter die Auflösung des dramatischen Knotens. Ich denke, daß ich verpflichtet sein werde, sie beide zu fordern.

Nichtsdestotrotz bin ich nicht der Mann meiner Ururgroßmutter geworden – und diese Betrachtung schafft mit unendliche Erleichterung. Dagegen bin ich der Gatte von Madame Stéphanie Lalande. Diese Verbindung verdanke ich den Bemühungen meiner guten alten Verwandten, die mich für den Fall ihres Todes – vorausgesetzt, daß sie je stirbt – zu ihrem Erben eingesetzt hat. Noch eins: ich bin für immer fertig mit Liebesbriefen und bin nie mehr ohne Brille anzutreffen.

Die längliche Kiste

Vor einigen Jahren besorgte ich mir eine Schiffskarte auf dem famosen Postschiff »Independence«, Kapitän Hardy, zur Reise von Charleston (Süd-Karolina) nach der Stadt New York. Wir sollten, falls das Wetter es zuließ, am fünfzehnten des Monats (Juni) in See stechen; am vierzehnten begab ich mich an Bord, um einiges in meiner Kabine zu ordnen.

Ich stellte fest, daß wir sehr viele Fahrgäste haben würden, darunter eine ungewöhnlich große Zahl Damen. Auf der Passagierliste standen mehrere mir bekannte Namen. Ich war erfreut, auch den des jungen Künstlers Cornelius Wyatt darunter zu finden, für den ich herzliche Freundschaftsgefühle hegte. Wir hatten gemeinsam auf der Universität C. studiert, wo wir sehr oft zusammen waren. Er besaß das übliche Temperament des Künstlers, war in hohem Grade menschenscheu, zartbesaitet und begeisterungsfähig. Bei diesen Eigenschaften hatte er das wärmste und aufrichtigste Herz, das je in eines Menschen Brust schlug.

Ich bemerkte, daß er drei Kabinen bestellt hatte. Als ich nochmals die Passagierliste durchging, sah ich, daß er für sich selbst, für seine Frau und seine zwei Schwestern gebucht hatte. Die Kabinen waren geräumig genug und besaßen je zwei Kojen übereinander. Diese Kojen waren natürlich so ungewöhnlich schmal, daß sie nur einer einzigen Person Platz boten; doch konnte ich nicht verstehen, warum für diese vier Personen drei Kabinen belegt wurden. Ich befand mich damals in einer jener üblen Gemütsverfassungen, die uns selbst in Kleinigkeiten zu krankhafter Neugier reizen. Zu meiner Schande muß ich bekennen, daß ich eine Reihe unschicklicher und törichter Vermutungen betreffs der überzähligen Kabine anstellte. Natürlich ging es mich nichts an; trotzdem machte ich mich mit einer Art Verbissenheit daran, das Rätsel zu lösen. Zuletzt gelangte ich zu einem Schlusse, der mich um so mehr in Erstaunen setzte, als ich nicht früher darauf gekommen war. »Natürlich ein Dienstbote«, sagte ich. »Was für ein Narr bin ich doch, daß ich nicht eher an eine so selbstverständliche Lösung dachte!« Dann wandte ich mich wieder der Passagierliste zu. Hier sah ich jedoch, daß die Familie ohne Dienstboten kommen wollte. Allerdings hatte man anfangs wirklich einen mitbringen wollen; denn die Worte »und Dienstbote« waren zuerst hingeschrieben, dann aber durchgestrichen worden. »Aha«, sagte ich mir, »natürlich Extragepäck: ein Gegenstand, den er nicht im Gepäckraum unterbringen, sondern im Auge behalten möchte. Jetzt hab' ich's: ein Bild oder dergleichen. Deshalb hat er auch mit Nicolino, dem italienischen Juden, verhandelt.« Für den Augenblick genügte mir diese Erklärung, und ich konnte meine Neugier zum Schweigen bringen.

Die beiden Schwestern Wyatts kannte ich sehr gut: sie waren gescheite und liebenswürdige Mädchen. Seine Frau hatte ich noch nicht gesehen, da er erst kürzlich geheiratet hatte. Freilich hatte er in seiner überschwenglichen Art in meiner Gegenwart oft von ihr gesprochen. Er beschrieb sie als ein hervorragend schönes, kluges und höchst gebildetes Geschöpf. Ich brannte also darauf, ihre Bekanntschaft zu machen.

Am Tage meines Besuches an Bord (dem vierzehnten) sollten, wie der Kapitän mir mitteilte, auch Wyatt und seine Familie kommen. Ich wartete eine Stunde länger, als ich eigentlich beabsichtigt hatte, weil ich hoffte, der jungen Frau vorgestellt zu werden. Dann aber ließen sie sich entschuldigen: Mrs. Wyatt sei unpäßlich und ziehe es daher vor, erst morgen, zur Stunde der Abfahrt, an Bord zu kommen.

Am anderen Morgen ging ich von meinem Hotel zum Kai, wo ich Kapitän Hardy traf, der mir sagte, daß er »umständehalber« – eine ebenso alberne wie gebräuchliche Phrase – erst einen oder zwei Tage später absegeln würde; sobald alles bereit sei, wolle er zu mir schicken und es mich wissen lassen. Dies kam mir sonderbar vor; denn es wehte eine steife Brise aus Süden. Da ich jedoch die »Umstände«, so ausdauernd ich ihnen auch nachspürte, nicht erfahren konnte, blieb mir nichts weiter übrig, als heimzugehen und mich in Geduld zu fassen.

Als ich die erwartete Botschaft des Kapitäns erhielt, war fast eine ganze Woche verstrichen. Aber schließlich war sie nun da, und ich begab mich schnurstracks an Bord. Das Schiff war voll von Passagieren, und es herrschte die jeder Abreise vorangehende Unruhe. Wyatts Angehörige trafen etwa zehn Minuten nach mir ein. Es waren seine beiden Schwestern, die junge Frau und der Künstler; dieser befand sich in einer seiner üblichen Stimmungen trübseliger Menschenverachtung. Indessen war ich zu sehr an diese gewöhnt, um ihnen allzuviel Aufmerksamkeit zu schenken. Er stellte mich nicht einmal seiner Frau vor, indem er diese Höflichkeit einfach seiner Schwester Marian überließ. Dieses sehr sanfte und verständige Mädchen machte uns mit ein paar hastigen Worten miteinander bekannt.

Mrs. Wyatt war dicht verschleiert; als sie in Erwiderung meiner Verbeugung ihren Schleier hob, war ich, wie ich gestehe, aufs tiefste erstaunt. Ich wäre es wahrscheinlich noch viel mehr gewesen, hätte mich nicht lange Erfahrung gelehrt, den Begeisterungsausbrüchen meines Freundes, wenn er sich der Schilderung weiblicher Reize überließ, nicht gar zu blindlings zu vertrauen. Mir war nur zu gut bekannt, daß er, wenn man vom Schönen sprach, leicht in die Höhen des ausschließlich Ideellen entrückt wurde.

Tatsache ist, daß ich nicht umhinkonnte, in Mrs. Wyatt eine entschieden einfache Frau zu sehen. Sie war vielleicht nicht ausgesprochen häßlich, aber nicht weit davon entfernt. Freilich war sie mit erlesenem Geschmack gekleidet. Ich schloß daher, daß sie das Herz meines Freundes durch die beständigeren Reize des Verstandes und der Seele gewonnen hatte. Sie sprach nur ganz wenige Worte und ging sogleich mit Mr. Wyatt in ihre Kabine hinunter.

Jetzt stellte sich meine alte Neugierde wieder ein. Einen Dienstboten gab es nicht – das war ausgemacht. Ich hielt also nach dem Extragepäck Ausschau. Nach einiger Zeit erschien am Pier ein Wagen mit einer länglichen Kiste aus Kiefernholz; es schien das letzte zu sein, was erwartet wurde. Unmittelbar nach Ankunft der Kiste wurden die Segel gesetzt, und in kurzer Zeit kamen wir sicher über die Sandbank und befanden uns auf hoher See.

Die bewußte Kiste war, wie ich schon sagte, von länglicher Form. Sie maß ungefähr sechs Fuß in der Länge und zwei und einen halben in der Breite; nach meiner Gepflogenheit beobachtete ich alles genau. Ihre Form war eigenartig; kaum ihrer ansichtig geworden, beglückwünschte ich mich, daß ich so sicher geraten hatte. Ich war, wie man sich erinnern wird, zu dem Schluß gelangt, daß das Extragepäck meines Künstlerfreundes aus Bildern, mindestens aber aus einem Bilde, bestehen würde – wußte ich doch, daß er mit Nicolino mehrere Wochen in Verhandlungen gestanden hatte. Nun war hier eine Kiste, die ihrer Form nach nicht gut etwas anderes enthalten konnte als eine Kopie von Leonardos »Abendmahl«; eine solche, von Rubini dem Jüngeren in Florenz hergestellt, befand sich, wie ich wußte, eine Weile in Nicolinos Besitz. Diesen Punkt sah ich daher als hinlänglich bewiesen an. Ich war äußerst vergnügt, wenn ich an meinen Scharfsinn dachte. Meines Wissens war es das erstemal, daß Wyatt vor mir eins seiner Kunstgeheimnisse verbarg: hier bezweckte er wahrscheinlich, mir ein Schnippchen zu schlagen und unter meiner Nase ein wertvolles Bild nach New York zu schmuggeln. Ich beschloß daher, ihn früher oder später gehörig auszufragen.

Einen Umstand gab es indessen, der mich nicht wenig beunruhigte. Die Kiste kam nämlich nicht in die Extrakabine. Sie wurde in der Kajüte Wyatts abgestellt; und dort blieb sie auch,

obgleich sie fast die gesamte Bodenfläche einnahm – ohne Zweifel sehr zur Behinderung Wyatts und seiner Frau. Dies um so mehr, als der Teer oder die Farbe, womit sie in großen Buchstaben beschriftet war, einen für mein Gefühl widerlichen Geruch ausströmte. Auf dem Deckel waren die Worte gemalt: »An Mrs. Adelaide Curtis, Albany, New York. Zu Lasten von Cornelius Wyatt. Nicht stürzen! Mit Vorsicht verladen!« Nun wußte ich, daß Mrs. Adelaide Curtis aus Albany die Schwiegermutter des Künstlers war. Folglich mußte ich in der ganzen Adresse eine direkt auf mich gemünzte Irreführung erblicken. Natürlich war ich davon überzeugt, daß die Kiste samt Inhalt niemals weiter nördlich gehen würde als bis ins Atelier meines menschenscheuen Freundes in Chambers Street, New York.
Während der ersten drei oder vier Tage herrschte Schönwetter, obwohl der Wind genau von vorn kam; er war nämlich, nachdem wir die Küste aus der Sicht verloren hatten, unvermittelt nach Norden umgeschlagen. Die Passagiere waren infolgedessen in fröhlicher Stimmung und zur Geselligkeit geneigt. Allerdings muß ich Mr. Wyatt und seine Schwestern, die sich recht steif betrugen, davon ausnehmen; ich mußte dies als eine Unhöflichkeit der übrigen Gesellschaft gegenüber ansehen. Wyatts Benehmen beachtete ich nicht einmal sonderlich. Er war in einer selbst bei ihm ungewohnten Weise mürrisch oder melancholisch – auf Überspanntheiten bei ihm war ich jedoch vorbereitet. Dagegen fand ich für das Verhalten seiner Schwestern keine Entschuldigung. Sie schlossen sich während des größeren Teiles der Fahrt in ihre Kabinen ein und weigerten sich trotz meinem wiederholten Drängen beharrlich, mit irgend jemand an Bord in Verbindung zu treten.
Mrs. Wyatt selbst zeigte ein viel angenehmeres Wesen. Das heißt, sie war schwatzhaft – und Schwatzhaftigkeit auf See ist keine schlechte Empfehlung. Sie wurde mit den meisten Damen übertrieben intim; zu meinem tiefen Erstaunen schien sie nicht einmal abgeneigt zu sein, mit den Herren zu kokettieren.

Sie belustigte uns alle sehr. Ich sage »belustigte«, obwohl ich nicht weiß, wie ich das erklären soll. Jedenfalls merkte ich bald, daß man öfter *über* Mrs. Wyatt als *mit* ihr lachte. Die Herren äußerten sich kaum über sie; aber die Damen bezeichneten sie bald als »ein gutmütiges Geschöpf – von ziemlich uninteressantem Äußeren – vollkommen ungebildet und geradezu gewöhnlich«. Es war verwunderlich, wie Wyatt in eine solche Ehe geraten konnte. In diesen Fällen rät man üblicherweise auf Reichtum – ich wußte jedoch, daß hier keine Rede davon war. Wyatt hatte mir selbst erzählt, daß sie weder einen Dollar mitbrachte noch von irgendeiner Seite auf etwas rechnen konnte. Wie er sagte, hatte er »aus Liebe geheiratet, und nur aus Liebe; seine junge Frau war seiner Liebe mehr als würdig«. Wenn ich an derartige Äußerungen meines Freundes dachte, fühlte ich mich unsäglich verwirrt. Konnte er seinen Verstand verloren haben? Was sollte ich sonst denken? Er, dieser verfeinerte, geistvolle und wählerische Mensch, der das Unrechte so klar zu durchschauen und das Schöne so gut zu erkennen wußte! Natürlich war die Dame sehr in ihn verliebt – was sie besonders in seiner Abwesenheit zeigte. Sie machte sich selbst lächerlich, indem sie häufig wiederholte, was ihr »geliebter Gatte Mr. Wyatt« zu ihr gesagt hatte. Das Wort »Gatte« schien – nach einem ihrer eigenen Lieblingsausdrücke – immer »auf ihrer Zunge« zu liegen. Allerdings beobachteten alle an Bord, daß er sie in der auffallendsten Weise mied und sich meist in seiner Kabine einschloß, wo er fast ausschließlich lebte, seiner Frau volle Freiheit lassend, sich nach ihrem Belieben im Salon zu unterhalten.
Aus allem, was ich hörte und sah, mußte ich schließen, daß der Künstler durch irgendeine unberechenbare Grille des Schicksals oder in einem Anfall schwärmerischer Leidenschaft dazu verleitet worden war, sich an eine Person zu binden, die tief unter ihm stand, und daß sich daraus das Übliche – schnelle und unüberwindliche Abneigung – ergeben hatte. Ich bemitleidete ihn aus tiefstem Herzen – und doch konnte ich ihm seine Ge-

heimniskrämerei betreffs des »Abendmahl«-Bildes nicht vergeben. Dafür hatte ich mich zu rächen beschlossen.
Eines Tages ging ich an Deck, faßte ihn, wie ich früher gewohnt gewesen, am Arme und schlenderte mit ihm auf und ab. Seine griesgrämige Stimmung, die mir unter den Umständen ganz natürlich schien, hatte sich in nichts gebessert. Er sprach nur wenige Worte, unwirsch und mit sichtlicher Anstrengung. Ein- oder zweimal versuchte ich einen Witz zu machen, den er mit gequältem Lächeln beantwortete. Armer Kerl! Wenn ich an seine Frau dachte, fragte ich mich, wie er so viel Tapferkeit, für vergnügt gelten zu wollen, aufbringen konnte. Schließlich versuchte ich es mit einem wohlgezielten Hieb. Ich entschloß mich, mit einigen versteckten Anspielungen oder Hinweisen auf die längliche Kiste zu beginnen, um ihn ganz allmählich verstehen zu lassen, daß ich nicht vollends die Zielscheibe oder das Opfer seiner prächtigen Mystifikation geworden war. Meine erste Bemerkung sollte einen getarnten Angriff eröffnen. Ich sagte etwas über die »eigentümliche Form jener Kiste«, lächelte dann verständnisinnig, blinzelte ihm zu und stieß ihn sacht mit dem Zeigefinger in die Rippen.
Die Art, wie er diesen harmlosen Scherz aufnahm, überzeugte mich sofort, daß er wahnsinnig war. Zuerst starrte er mich an, als wäre es ihm unmöglich, den Sinn meiner Bemerkung zu verstehen; aber indem ihm langsam aufdämmerte, was ich meinte, schienen seine Augen aus den Höhlen heraustreten zu wollen. Dann wurde er abwechselnd überaus rot und erschreckend bleich – und zuletzt, gleichsam aufs höchste über das Gehörte belustigt, stimmte er zu meinem Erstaunen ein lautes und tolles Gelächter an, das mindestens zehn Minuten währte und an Stärke beständig zunahm. Zuletzt schlug er der Länge nach auf Deck hin. Als ich mich beeilte, ihn aufzuheben, schien er ohne Leben zu sein.
Ich rief Hilfe herbei, und nach vielen Bemühungen brachten wir ihn wieder zu sich. Ins Bewußtsein zurückgekehrt, sprach

er eine Weile unzusammenhängende Worte. Schließlich ließen wir ihn zur Ader und legten ihn ins Bett. Am nächsten Morgen war er körperlich vollkommen wiederhergestellt; wie es allerdings um das Seelische bestellt war, vermag ich nicht zu sagen. Daß ich ihn während der Weiterreise mied, geschah auf Anraten des Kapitäns. Dieser schien meine Ansichten hinsichtlich seiner geistigen Erkrankung zu teilen, warnte mich aber, an Bord darüber zu sprechen.

Unmittelbar nach diesem Anfall Wyatts ereigneten sich allerlei Dinge, die dazu beitrugen, daß sich die Neugier, die völlig von mir Besitz ergriffen hatte, noch steigerte. Unter anderem dies: Ich war nervös, hatte zu viel starken grünen Tee getrunken und nachts nur schlecht geschlafen. Ich darf sagen, daß ich in zwei Nächten überhaupt kein Auge zugetan habe. Nun ging meine Kabine wie die aller anderen alleinreisenden Herren auf die Hauptkajüte oder den Speisesaal; die drei Räume Wyatts befanden sich in einer Nebenkajüte, durch eine leichte Schiebetür, die auch nachts nicht geschlossen wurde, abgetrennt. Da wir fast stets am Wind lagen, der übrigens ziemlich kräftig wehte, krängte das Schiff erheblich leewärts. Jedesmal, wenn seine Steuerbordseite sich nach Lee senkte, glitt die Schiebetür zurück und blieb offen, da sich niemand der Mühe unterzog, aufzustehen und sie zu schließen. Meine Koje lag jedoch so, daß ich, wenn die Schiebetür und die Tür meiner Kabine offenstanden – der Hitze wegen schloß ich meine Tür niemals –, die hintere Kajüte und gerade den Teil, wo die Kabinen Mr. Wyatts lagen, deutlich sehen konnte. Also, in zwei Nächten (die übrigens nicht aufeinander folgten) sah ich, während ich wach lag, wie sich Mrs. Wyatt heimlich aus der Kabine Mr. Wyatts entfernte und den Extraraum betrat. Dies geschah jeweils um elf Uhr, und sie blieb dort bis zum Morgengrauen, wenn ihr Mann sie rief und sie zu ihm zurückging. Daraus folgte, daß sie tatsächlich getrennt lebten. Sie schliefen, wohl im Hinblick auf eine spätere gesetzliche Scheidung, in verschiedenen Räumen;

ich konnte annehmen, daß das Rätsel der Extrakabine damit gelöst war.
Dann gab es einen weiteren Umstand, der mir recht interessant vorkam. Während der zwei besagten Nächte, in denen ich nicht schlafen konnte, drangen unmittelbar nach dem Verschwinden Mrs. Wyatts in der Extrakabine gewisse sonderbare, gedämpfte Geräusche aus der Kabine ihres Mannes. Nachdem ich diesen eine Zeitlang mit angespannter Aufmerksamkeit gelauscht hatte, gelang es mir schließlich, ihren Sinn zu ermitteln. Die Geräusche wurden von dem Künstler verursacht, indem er mit Meißel und Hammer die längliche Kiste aufstemmte – wobei der Hammer zur Verminderung des Geräusches mit Baumwolle oder einem anderen schalldämpfenden Stoff umwickelt zu sein schien.
Auf diese Weise bildete ich mir ein, den genauen Augenblick bestimmen zu können, wann der Deckel gehoben, wann er gänzlich entfernt und auf die untere Koje in der Kabine gelegt wurde. Die zuletzt genannte Handlung erkannte ich an gewissen leisen Geräuschen, die der Deckel beim Anstoßen an die hölzerne Umrandung des Bettes verursachte; denn da auf dem Fußboden kein Platz dafür vorhanden war, mußte er behutsam auf das Bett gelegt werden. Dann trat Totenstille ein. In beiden Nächten hörte ich nichts mehr, bis fast der Tag anbrach – wenn ich von einem leisen Schluchzen oder Flüstern absehe, das beinahe bis zur Unhörbarkeit unterdrückt war und vielleicht wirklich nur in meiner eigenen Einbildung bestand. Ich sage, daß es sich wie Schluchzen oder Seufzen anhörte; natürlich konnte es nichts dergleichen gewesen sein. Ich glaube eher, es war ein Klingen in meinen eigenen Ohren. Mr. Wyatt ließ wie üblich, einem Anfall von Kunstbegeisterung nachgebend, einem seiner Steckenpferde die Zügel schießen. Er hatte seine längliche Kiste geöffnet, um seinen Blick auf dem gemalten Schatz ruhen zu lassen. Natürlich gab es da nichts, was ihn zum Schluchzen veranlassen konnte. Ich wiederhole also, daß mir meine durch den

grünen Tee des braven Kapitäns Hardy etwas durcheinandergebrachte Phantasie einen Streich gespielt haben muß. Kurz vor Anbruch der Dämmerung hörte ich dann jedesmal deutlich, wie Mr. Wyatt den Deckel auf die längliche Kiste zurücklegte und die Nägel mit dem umwickelten Hammer in ihre alten Löcher einschlug. Dies getan, kam er vollständig angekleidet aus seiner Kabine heraus und rief Mrs. Wyatt zu sich.

Wir waren jetzt sieben Tage auf See und befanden uns in der Höhe von Kap Hatteras, als ein gewaltiger Sturm aus Südwest heraufzog. Allerdings waren wir einigermaßen darauf vorbereitet, weil das Unwetter schon seit einiger Zeit gedroht hatte. In der Takelage und an Deck war alles festgezurrt worden; und da der Wind immer mehr auffrischte, drehten wir unter doppelt gerefften Besan- und Vormarssegeln bei.

In dieser Verfassung segelten wir achtundvierzig Stunden lang sicher genug – wobei sich das Schiff in jeder Beziehung als seetüchtig erwies und keine Wassermengen von Bedeutung eindrangen. Nach dieser Zeit hatte sich der Sturm freilich in einen Orkan verwandelt: unser Achtersegel ging in Fetzen, und wir tauchten derart tief hinab, daß wir dicht hintereinander mehrere gewaltige Sturzseen übernahmen. Hierbei verloren wir drei Mann, die mit der Kombüse und nahezu der ganzen Backbordreling über Bord gespült wurden. Wir hatten uns kaum erholt, als das Vormarssegel zerfetzt wurde, so daß wir ein Sturmsegel setzen mußten. Dies half uns für einige Stunden leidlich; denn das Schiff konnte der See jetzt viel besser als vorher Widerstand leisten.

Derweile hielt der Sturm noch an, und nichts ließ sein baldiges Nachlassen erhoffen. Die Takelage befand sich in schlechtem Zustand und war überbeansprucht. Am dritten Tage des Unwetters ging bei einem starken Ruck nach der Luvseite unser Besanmast über Bord. Über eine Stunde versuchten wir vergeblich, von ihm loszukommen; denn das Schiff schlingerte heftig. Noch ehe es uns geglückt war, kam der Schiffszimmermann von

achtern und verkündete, daß vier Fuß Wasser im Schiffsraum ständen. Unsere Notlage vergrößerte sich, als wir die Pumpen verstopft und nahezu unbrauchbar fanden.
Jetzt war alles eitel Verwirrung und Verzweiflung – doch wurde noch eine Anstrengung gemacht, das Schiff zu erleichtern, indem alles, was von seiner Ladung erreichbar war, über Bord geworfen und die zwei übrigen Masten gekappt wurden. Dies gelang uns schließlich noch; doch waren wir außerstande, mit den Pumpen zu arbeiten. Das Leck hatte sich unterdessen vergrößert.
Bei Sonnenuntergang verminderte sich die Gewalt des Sturmes; und da nun auch die See ruhiger ging, nährten wir eine schwache Hoffnung, uns in den Booten retten zu können. Um acht Uhr abends riß der Wind die Wolkendecke auf, und der volle Mond zeigte sich uns – ein günstiges Vorzeichen, das unsere gesunkene Stimmung wunderbar neu belebte.
Nach unglaublichen Mühen gelang es uns, das große Rettungsboot ohne Schaden über Bord zu bringen; dahinein stiegen die gesamte Mannschaft und der größere Teil der Passagiere. Diese Gesellschaft ruderte sogleich los und kam schließlich nach Überwindung vieler Leiden drei Tage nach dem Schiffbruch in Ocracoke Inlet an.
Vierzehn Passagiere und der Kapitän blieben an Bord; sie hatten beschlossen, ihr Schicksal der am Heck festgemachten Jolle anzuvertrauen. Wir ließen sie ohne Schwierigkeit hinab; doch nur ein Wunder half uns, sie am Kentern zu verhindern, als sie den Wasserspiegel erreichte. Seefertig gemacht, nahm sie den Kapitän und seine Frau, Mr. Wyatt mit seinen Damen, einen mexikanischen Offizier mit Frau und vier Kindern sowie mich selbst mit einem Negerdiener auf.
Natürlich konnten wir nichts mitnehmen außer einigen unbedingt nötigen Instrumenten, etwas Proviant und den Kleidern, die wir auf dem Leibe trugen. Keiner von uns hatte überhaupt nur daran gedacht, etwas anderes zu retten als sein Leben. Wie

groß muß daher das Erstaunen aller gewesen sein, als Mr. Wyatt, nachdem wir uns einige Faden vom Schiff entfernt hatten, von seinem Achtersitz aufstand und kühl von Kapitän Hardy verlangte, daß er das Boot zurückrudern lasse, um seine längliche Kiste mitzunehmen!

»Setzen Sie sich hin, Mr. Wyatt«, erwiderte der Kapitän mit etwas strenger Miene. »Wenn Sie nicht ganz stillsitzen, bringen Sie das Boot zum Kentern. Unser Dollbord befindet sich schon fast unter Wasser.«

»Die Kiste!« brüllte Mr. Wyatt, der immer noch stand. »Die Kiste, sage ich! Kapitän Hardy, Sie können – Sie wollen mir nicht abschlagen, sie zu holen. Ihr Gewicht ist unbedeutend – ist nichts, so gut wie nichts. Bei der Mutter, die Sie geboren hat – beim Allmächtigen – bei Ihrer Hoffnung auf die ewige Seligkeit – ich flehe Sie an: Rudern Sie zurück um der Kiste willen!«

Einen Augenblick schien der Kapitän von dem ernsten Anruf des Künstlers bewegt zu sein; dann aber gewann er seine strenge Haltung wieder und sagte nur:

»Mr. Wyatt, Sie haben den Verstand verloren. Ich kann nicht auf Ihre Worte hören. Setzen Sie sich hin, sage ich, oder Sie bringen das Boot zum Kentern! Bleiben Sie – haltet ihn – er will über Bord springen! Da – ich wußte es – er ist hinüber!«

Als der Kapitän dies sagte, war Mr. Wyatt tatsächlich aus dem Boot gesprungen. Da wir uns noch im Lee des Wracks befanden, gelang es ihm unter fast übermenschlichen Anstrengungen, ein Seil zu ergreifen, das vom Bug des Schiffes herabhing. Einen Augenblick darauf war er an Bord und stürzte in die Kajüte hinunter.

Inzwischen waren wir hinter das Schiff und von der Leeseite abgetrieben worden. Wir waren von der Gnade der furchtbaren See, die noch immer hoch ging, abhängig. Wir bemühten uns entschieden, zurückzukommen; aber unser kleines Boot glich einer Feder im Toben des Sturmes. Wir erkannten mit einem einzigen Blick, daß das Schicksal des unglücklichen Künstlers besiegelt war.

Während sich unser Abstand vom Wrack rapid vergrößerte, sahen wir den Wahnsinnigen – denn als solchen mußten wir ihn betrachten – die Kajütentreppe hochkommen, scheinbar mit Riesenkräften die längliche Kiste emporziehend. Indes wir in maßlosem Staunen hinblickten, schlang er ein Dreizollseil zuerst mehrmals um die Kiste, dann um seinen Körper herum. Im nächsten Augenblick lagen beide – Kiste und Körper – im Meer, im Nu und für immer versinkend.

Wehmütig trieben wir eine Weile, ohne zu rudern, die Augen auf die Unglücksstelle geheftet. Dann ruderten wir hinweg. Das Schweigen blieb während einer Stunde ungebrochen. Schließlich erlaubte ich mir eine Bemerkung.

»Haben Sie darauf geachtet, Kapitän«, fragte ich, »wie plötzlich sie sanken? War das nicht unerhört seltsam? Ich gestehe, daß ich noch eine schwache Hoffnung auf seine Rettung hatte, als ich sah, wie er sich an die Kiste band und sich der See anvertraute.«

»Natürlich mußten sie sinken«, antwortete der Kapitän. »Sinken wie Blei! Sie werden bald wieder aufsteigen – aber nicht eher, als bis das Salz schmilzt!«

»Das Salz?« stotterte ich.

»Still!« machte der Kapitän, auf Frau und Schwestern des Abgeschiedenen zeigend. »Wir werden zu gelegenerer Zeit über diese Dinge reden.«

Wir hatten viel zu erdulden und kamen nur mit knapper Not davon; aber das Glück lächelte uns wie unseren Gefährten in dem großen Boot. Mehr tot als lebendig landeten wir nach vier Tagen unendlicher Mühen an der Küste gegenüber Roanoke Island. Wir blieben eine Woche, wurden von Stranddieben leidlich aufgenommen und fanden zuletzt eine Gelegenheit, nach New York zu reisen.

Ungefähr einen Monat nach dem Verlust der »Independence« stieß ich auf dem Broadway zufällig auf Kapitän Hardy. Unsere Unterhaltung drehte sich natürlich um die Katastrophe und besonders um das traurige Los des armen Wyatt. So erfuhr ich folgende Einzelheiten.

Der Künstler hatte Fahrkarten für sich, seine Frau, seine zwei Schwestern und einen Dienstboten genommen. Seine Frau war tatsächlich, seiner Schilderung entsprechend, äußerst anmutig und hochgebildet gewesen. Am Morgen des vierzehnten Juni (des Tages meines ersten Besuches an Bord) erkrankte die Dame plötzlich und starb. Der junge Gatte war wahnsinnig vor Schmerz; doch verboten ihm gewisse Umstände kategorisch, seine Reise nach New York aufzuschieben. Er mußte die Leiche seiner angebeteten Frau zu ihrer Mutter bringen; andererseits war ihm bekannt, daß ihn das allgemeine Vorurteil daran hindern würde, dies öffentlich zu tun. Neun Zehntel der Fahrgäste hätten eher das Schiff verlassen, als daß sie in Gesellschaft einer Toten gereist wären.

Kapitän Hardy machte der Verlegenheit ein Ende, indem er anordnete, daß die Leiche, teilweise einbalsamiert und mit einer gehörigen Menge Salz versehen, in eine Kiste von entsprechender Ausmessung verpackt und als Ware an Bord gebracht würde. Nichts durfte über das Ableben der Dame verlauten. Da Mr. Wyatt aber bekanntlich für seine Frau gebucht hatte, ergab sich die Notwendigkeit, daß während der Reise eine fremde Person ihre Rolle übernahm. Hierfür wurde ohne Schwierigkeit die Kammerjungfer der Dame gewonnen. Die Extrakabine, die – während der Lebzeiten ihrer Herrin – für das Mädchen gemietet worden war, wurde einfach beibehalten. In dieser Kabine schlief die Ersatzfrau, wie sich versteht, in allen Nächten. Während des Tages spielte sie nach bestem Können die Rolle ihrer Herrin, deren Person, wie man sich gründlich vergewissert hatte, keinem der Passagiere bekannt war.

Meine eigenen Fehlschlüsse wurden natürlich durch mein zu

sorgloses, zu neugieriges und zu unbesonnenes Wesen gefördert. Indessen geschieht es neuerdings selten, daß ich bei Nacht gut schlafe. Ein Traumbild verfolgt mich – ich kann mich drehen und wenden, wie ich will. Ein gewisses wahnwitziges Gelächter wird mir wohl für immer in den Ohren gellen.

'Αχλὺς ἣ πρὶν ἐπῆεν: das Dunkel, das früher darüber lag.

aggressi ... exploraturi: sie drangen in das Meer der Finsternis vor, um zu ergründen, was darin zu finden wäre.

Ah! non ... piena: Ach, kein menschlicher Gedanke Faßt die Wonn', die mich erfüllet. Aus der Oper »Die Nachtwandlerin« von Vincenzo Bellini.

Analyse, analytisch: Zergliederung, zergliedernd.

a posteriori: nachher, aus der Erfahrung.

Apuleius, Lucius, geb. um 125 u. Z. im numidischen Madaura, dem heutigen Mdaurusch in Algerien, studierte in Athen, war als römischer Rhetor und in Rom als Anwalt tätig. Schrieb den Roman »Metamorphosen«, auch »Der goldne Esel« genannt, in einem farbigen, an sprachlichen Neubildungen reichen Spätlatein. Aus ihm ist die Episode »Amor und Psyche« besonders bekannt geworden.

Aqua regia: »Königswasser«, ein Gemisch von Salpetersäure und Salzsäure. Dunkelgelbe Flüssigkeit, die außer anderen Metallen auch deren »König«, das Gold, löst.

Archimedes: (um 287–212 v. u. Z.), der bedeutendste Physiker, Mathematiker und Techniker des Altertums. Bewies das Hebelgesetz, schuf die Grundlagen der Statik und Hydrostatik, fand die Berechnung von Flächen, Räumen, Kurven u. a.

Asphodele: Schattenlilie.

Bacon, Francis, Baron von Verulam (1561–1626), englischer Philosoph; empfahl, an die Stelle der scholastischen Begriffslogik des Mittelalters das Studium der Natur, das Experiment, die Erfahrungswissenschaft zu setzen.

Balladenkrämer: Straßensänger, der die Texte der Balladen, die er singt, gleichzeitig verkaufen läßt.

Bellini, Vincenzo (1801–1835), aus Catania auf Sizilien, unternahm es, die opera seria, die ernste italienische Oper, die seit ihrer Überwindung durch Gluck und Mozart tot schien und in seiner Zeit durch Rossinis Buffo-Oper völlig verdunkelt war, mit neuem Leben zu erfüllen. Von seinen elf melodienreichen, in manchen Szenen hoch dramatischen Opern haben sich »Die Nachtwandlerin« und »Norma« (beide 1831) auf dem Spielplan erhalten.

»Belphegor«: die »Novelle des Erzteufels Belfagor« von Nicolò *Machiavelli* (1469–1527), dem Florentiner Staatssekretär für kriegerische und auswärtige Angelegenheiten, dem Staatsdenker und Geschichtsschreiber seiner Heimatstadt, ist eine Satire auf die Weiber: Der Erzteufel wird von seiner Frau, einer Florentinerin, an den Bettelstab gebracht und kann sich vor seinen Gläubigern nur mit Hilfe eines Bauern in die Hölle retten.

Béranger, Pierre Jean de (1780–1857), volkstümlicher französischer Chansondichter, der sich mit seinen politisch-satirischen Liedern gegen die Restauration, »die Feinde des Fortschritts und der Freiheit«, wandte und dadurch die Julirevolution von 1830 vorbereitete.

Browne, Thomas (1605–1682), englischer Philosoph und Arzt. Schrieb über die Religion des Arztes und gegen die Irrtümer seiner Zeit, hinterließ u. a. das Aphorismenbuch »Christian morals«.

Bryant, William Cullen (1794–1878), der erste bedeutende Lyriker der Vereinigten Staaten von Amerika, Zeitgenosse Poes. Puritanisch erzogener Romantiker, der Gott und Natur trennt. In seinen »Poems« (1821) herrscht der Gedanke von der Unentrinnbarkeit des Todes. In dem Festgedicht »The Ages« (»Die Zeitalter«, 1821) erscheint Amerika als glückliche Vollendung der Menschheitsgeschichte. »Die unmittelbare, liebevolle Anschauung der belebten Schöpfung wandelt sich ihm zur frommen Lehre« (Walther Fischer). Im Alter Übersetzer Homers (1870–1873). Von 1825 bis zu seinem Tode Herausgeber der demokratischen »New York Evening Post«. Trat auch mit mehreren Reisebüchern (»Letters of a traveller in Europe and America«) und einer volkstümlichen Geschichte Amerikas (mit Gay gemeinsam, 1878–1882) hervor.

»Capuletti«: die Oper »Romeo und Julia oder Montecchi und Capuletti« (1830) von Vincenzo Bellini.

Catalani, Angelica (1779–1849), berühmte Opern-Koloratursängerin.

Ce grand malheur …: Dies große Unglück, nicht allein sein zu können.

Chamberlayne, William (1619–1689), Arzt in Shaftesbury, schuf die Tragikomödie »Love's victory« (1658) und im Anschluß an Spensers allegorisch-epische Dichtung das heroische Epos *»Pharonnida«* (1659), einen Liebesroman von Pharonnida und Argalia in 6500 schwer lesbaren heroischen Reimpaaren, in dem die Liebe als die allen Anfechtungen des absolutistischen Hofes trotzende Macht erscheint.

De la Chambre, Marin Cureau, schrieb »L'art de connoistre les hommes«, Amsterdam, 1660 bei Jacques le Jeune [= Elzevir]. Deutsch Frankfurt 1668.

Chamfort, Sébastien Roche, eigentlich Nicolas (1741–1794), geistvoller, französischer Sittenbetrachter. Hinterließ »Pensées, maximes, anecdotes, dialogues« (1803).

Crébillon, Prosper Jolyot de, der Ältere (1674–1762), französischer Tragödiendichter. Sein Drama »Atrée et Thyeste«, 1707.

Cuvier, Georges (1769–1832), eigentlich Küper, aus Mömpelgard, großer französischer Naturforscher, begründete die vergleichende Anatomie der Tiere und entwarf ein natürliches zoologisches System auf Grund einer Schöpfungs- und Katastrophenlehre. Poe meint möglicherweise das Werk »Le règne animal«, 4 Bände, 1817.

de incidentibus in fluido: »Über das Verhalten von Gegenständen, die in Flüssigkeit fallen.«

Demokrit: griechischer Philosoph und Naturforscher aus Abdera, Thrakien (460–371 v. u. Z.), der Begründer der Lehre von den Atomen. Diese sind von Ewigkeit her da, nach Gestalt, Anordnung, Lage und Größe verschieden und im leeren Raum in ewiger Bewegung. Aus ihrer verschiedenen Anordnung entstehen alle Dinge und vergehen wieder, wenn die Atome ihre Verflechtung aufgeben. – Der in dem Motto Glanvills und bei Poe vorkommende Ausdruck »the well of Democritus«, hier mit »der Brunnen« wiedergegeben, bezieht sich wohl auf folgendes Fragment Demokrits: »In Wirklichkeit wissen wir nichts; denn die Wahrheit liegt in der Tiefe« (Diels-Kranz, Fragmente der Vorsokratiker, 6. Auflage, Band II, Seite 166).

de nier . . . pas: Das Vorhandene zu leugnen und das Nichtvorhandene zu erklären.

»Die Reise ins Blaue hinein«, mit dem vollständigen Titel: »Das alte Buch oder die Reise ins Blaue hinein« (1834) ist eine der späteren Novellen von Ludwig *Tieck* (1773–1853), in der sich scharfe Angriffe des alternden Romantikers gegen die Jungdeutschen (die ihrer Gegenwart verschworenen Heine, Börne, Gutzkow, Laube) finden.

l'Enclos, Ninon de (1616–1706), durch Schönheit und Geist ausgezeichnete französische Salondame und Freundin der Literatur, so Molières und in ihrem hohen Alter noch Voltaires. Ihr zweiter Sohn, Villiers, verliebte sich in sie, ohne zu wissen, daß sie seine Mutter sei.

Encyclopaedia Britannica: Wörterbuch des britischen Gesamtwissens. Erscheint seit 1771 in immer neuen Bearbeitungen.

Ennui: Überdruß, Sorge, Langeweile.

entomologische Objekte: Insekten.

Epikur (341–271 v. u. Z.), griechischer Philosoph. Knüpft an Demokrits (s. d.) Atomlehre an. Die Philosophie ist für ihn die Wissenschaft, die zum glückseligen Leben führt. Glückseligkeit (eudaimonía) besteht in der dauernden Lustempfindung, d. h. in der Abwesenheit alles Schmerzes, und fällt mit körperlicher Gesundheit und unerschütterlicher Seelenruhe zusammen. Zu ihr führen Mäßigkeit, Genügsamkeit und Vermeidung des Unrechttuns.

Eton: vornehme alte Lateinschule Englands, an der Themse, Windsor gegenüber gelegen.

facilis descensus Averni: das leichte Absteigen in die Unterwelt.

Fludd, Robert (1554–1637), Engländer, schrieb »De Fluctibus«. Seine »Opera« erschienen Oppenheim und Francfurti 1617–59.

Froissart, Jean (1337 bis nach 1404), beschrieb die Geschichte seiner Zeit von 1326–1400 umfassend in seinen wertvollen »Chroniques de France, d'Angleterre, d'Écosse (Schottland), d'Espagne, de Bretagne«, zuerst Paris ohne Jahr, 4 Bände, dann daselbst 1503.

Füßli (Füeßli), Johann Heinrich (1741–1825), Züricher, starb als Direktor der königlichen Malerakademie in London. Schuf vor allem Gemälde nach Shakespeare und Milton.

gaze aérienne: Schleierstoff, dünn wie Luft.

Gazette des Tribunaux: Gerichtszeitung.

Gironne, Eymeric de (1320–1399), spanischer Dominikaner und Inquisitor. Schrieb »Directorium inquisitorium«, einen Leitfaden der Inquisition, gedruckt Roma 1578. Foliant.

Glanvill, Joseph, schrieb »Essays on Several Important Subjects in Philosophy and Religion«.

Gorgias (5.–4. Jh. v. u. Z.), griechischer Sophist, Redner und Lehrer der Beredsamkeit.

Heliogabal (Elagabal), eigentlich Varius Avitus Bassianus, Priester des syrischen Gottes Elagabal in Emesa, wurde für einen Sohn Caracallas gehalten und 218 als Marcus Aurelius Antoninus zum römischen Kaiser ausgerufen. Führt den Kult seines Gottes in Rom ein und ergab sich orientalisch-ausschweifendem Leben. 222 von den Garden erschlagen.

»Hernani«: Oper von Giuseppe Verdi, 1844.

»Himmel und Hölle« (London 1758), Buch des schwedischen Bergwerks-Fachmannes, Naturforschers und Theosophen Emanuel *Swedenborg* (1688–1772), der sich etwa 1747 von Gott zur Gründung einer neuen, in der Offenbarung Johannis' verheißenen Kirche berufen glaubte, suchte die Natur des Geisterreichs und dessen Beziehungen zum menschlichen Leben in Visionen darzustellen.

»Hortulus animae cum oratiunculis aliquibus superadditis« [= Seelengärtlein, d. h. Erholungs- und Erbauungsbuch, mit einigen hinzugefügten hübschen Reden] ist gedruckt bei Johannes Grüninger, Straßburg. Inkunabel. Ein »Seelengärtlein« enthält Gebete, zuweilen einen Kalender mit Bauernregeln und andern nützlichen Dingen, und ist für das einfache Volk bestimmt.

Il y a ... nombre: Es ist fast als sicher anzunehmen, daß jede allgemein bekannte Idee, jede feststehende Übereinkunft Unsinn ist, weil sie der größten Zahl (von Menschen) zugesagt hat.

D'Indagine, Jean, Kartäusermönch. Schrieb »Introductiones apotelesmata in Chyromantiam, Physiognomiam, Astrologiam, naturalem, complexiones hominum, naturas planetarum«, Argentorati [= Straßburg], J. Scottus, 1522. Mit Holzschnitten von Baldung Grien. Mehrere Neuauflagen. Deutsche Übersetzung Straßburg 1523, französische Übersetzung Rouen 1638.

je les ménageais: ich behandelte sie mit Schonung.

kataleptisch: starrsüchtig.

Kircher, Athanasius (1601–1680), Polyhistor und Archäologe. Möglicherweise meint Poe dessen Buch »Mundus subterraneus«, 1664.

La Bruyère, Jean de (1645–1696), gab in den »Charactères de Théophraste« eine meisterhafte Sittenschilderung seiner Zeit.

Lasalle, Antoine Charles Louis (1775–1809), französischer General unter Napoleon I., rettete 1808 die französische Armee im spanischen Feldzug nach Medellin; fiel bei Wagram.

Laverna: römische Schutzgöttin der Diebe.

Leibniz, Gottfried Wilhelm (1646–1716), der große deutsche Philosoph und Mathematiker der Aufklärung.

Lullus, Raimundus (1235–1315), scholastischer Kirchenlehrer und Alchimist.

»Mad Trist« von Sir Launcelot *Canning* war bis heute nicht auffindbar. Der Poe-Kenner T. O. Mabbott hält Autor, Titel und Handlung dieses Buches für von Poe erfunden.

Malibran, Maria (1808–1836), gefeierte franz. Opern-Altistin.

Mare tenebrarum: »Meer der Finsternis«, Nördliches Eismeer.

Mela, Pomponius, römischer Geograph, verfaßte um 50 u.Z. seine »Chorographia«: einen Abriß der Länderkunde der dem Altertum bekannten Welt um das Mittelmeer, den er in der Form einer Küstenreise darbietet, in welche ausführlichere Notizen und Sittenschilderungen eingeschaltet sind.

monstrum horrendum: schreckliches Ungeheuer.

»Niels Klims unterirdische Reise«: satirisch-utopischer Roman von Ludwig *Holberg* (1684–1754), dem Begründer des dänischen Lustspiels und der neueren dänischen Literatur, in lateinischer Sprache geschrieben, Leipzig 1741.

Ninon ... de l'Enclos!: Nieder mit Ninon, Ninon, Ninon, nieder mit Ninon de l'Enclos!

non distributio medii: »nicht Geltenlassen eines Mittleren« zwischen zwei Polen, hier zwischen Dichter und Narr; insofern: gedanklicher Trugschluß.

Der Nubische Geograph: der sogenannte Geographus Nubiensis, der anonyme Verfasser eines Auszugs aus dem Roger-Buch des berühmten arabischen Geographen Idrisi, der in Ceuta, Spanien, von etwa 1100–1165 lebte. Das Roger-Buch ist das erste, einzig erhaltene der umfangreicheren Erdbeschreibung Idrisis, die er für den Normannenkönig Wilhelm I. von Sizilien, den Sohn seines Gönners Roger II., verfaßte. Der Auszug des Geographus Nubiensis erschien 1592 zu Rom im arabischen Urtext im Druck. Poes Kenntnis beruht vermutlich auf der lateinischen Übersetzung »Geographia Nubiensis id est accuratissima totius orbis in septem climata divisi descriptio ... Recens ex Arabico in Latinum versa a Gabriele Sionita et Joanne Hesronita, Parisiis 1619« (Nubische Geographie, d. h. genauste Beschreibung des ganzen, in 7 »Klimata« [= geographische Provinzen] eingeteilten Erdkreises).

Oedipus löste nach der griechischen Sage das Rätsel des Sphinx und wurde daraufhin König von Theben.

O le bon ... fer: O die gute Zeit, dieses eiserne Jahrhundert.

»Otello«: Oper von Gioachino Rossini, 1816.

Perdidit ... sonum: Der erste Buchstabe verlor seinen alten Klang.

Phlegethon: in der griechischen Sage Strom der Unterwelt.

Prokrustesbett: deutsch: Streck-Bett, der griechischen Sage nach das Bett, in welches der Räuber Prokrustes seine Opfer legte. Die Kleinen reckte er, den Großen hackte er die Füße ab, so daß alle in sein Bett paßten.

Rabelais, François (1483–1553), französischer Dichter: Geistlicher und Arzt, nach einem Wanderleben 1551 Pfarrer von Meudon. Verspottet in seinem ausgelassenen, von Derbheiten und grotesken Witzen strotzenden Roman von den Riesen *Gargantua und Pantagruel* (»Pantagruel, roi des Dipsodes«, 1533; »Gargantua, père de Pantagruel«, 1535) Mißstände im Leben seiner Zeit, als Verkünder eines neuen, unscholastischen, natürlicheren, humanistischen Menschenbildes.

Ramus, Jonas, wahrscheinlich J. B. Ramusio, der von 1485–1557 in Venedig lebte. Schrieb u. a. »Raccoltà delle navigazionie viaggi« [= Sammlung der Seereisen], 3 Bände, Venezia 1550. Foliant.

rara avis in terris: ein seltener Vogel auf Erden.

Retzsch, Moritz (1779–1859), Zeichner und Radierer in Dresden. Schuf vor allem Umrißradierungen zu Goethes »Faust« (1828) und eine »Galerie zu Shakespeares dramatischen Werken« (1840).

robe-de-chambre – pour mieux entendre la musique: Schlafrock, um die Musik besser hören zu können. Dies ruft Jourdain, der Bürger als Edelmann, bei Molière.

Rousseau, Jean-Jacques (1712–1778), französischer Denker und Schriftsteller, in dessen Werk die Rückkehr zur Natur in Leben und Erziehung gefordert und gepriesen wird. Der Liebesroman in Briefen »La Nouvelle Héloïse« erschien 1761.

Sänger von Schiras: der persische Dichter Hafis aus Schiras (gest. 1389) verherrlicht in seinem »Diwan« den Genuß des Weines und der Liebe.

Scarabaeus caput hominis: Totenkopf-Skarabäus.

Seneca, Lucius Annaeus (4 v. u. Z. – 65 u. Z.), römischer Staatsmann und Philosoph stoischer Richtung, Lehrer Neros. Seine Schriften zählen zu den bedeutendsten des »silbernen Zeitalters« der lateinischen Literatur.

Son coeur ... résonne: Sein Herz ist eine hängende Laute; sobald man sie berührt, ertönt sie.

»Sonnenstaat«: Staats-Utopie des italienischen Mönches und Philosophen Thomas *Campanella* (eigentlich Giovan Domenico, 1568–1639), an deren Spitze, Platons »Staat« nachgebildet, der Philosoph Sonne steht, dem die Vertreter der Macht, Weisheit und Liebe dienend bei der Regierung helfen. Frankfurt, 1623, lateinisch.

Sub ... anima: Unter Erhaltung der eigentümlichen Gestalt bleibt die Seele unversehrt.

Swammerdam, Jan (1637–1685), holländischer Anatom und Zoologe, vermittels selbstgebauter Mikroskope Begründer der Klassifikation und Anatomie der Insekten. Erforschte die Blutgefäße durch Injektion, die Befruchtungsvorgänge durch Experimente an Fröschen. Veröffentlichte »Allgemeene verhandeling van bloedelose diertjens« (1669); »Miraculum naturae, seu uteri muliebris fabrica« (1672) und in der von Boerhave herausgegebenen »Biblia naturae« 2 Bände »Historia insectorum« (1737–38).

Un dessein ... Thyeste: »Ein Plan so unheilvoll. Wenn nicht des Atreus würdig, würdig des Thyest.« Spielt auf die beiden Brüder der griechischen Sage an, die, aus Tantalos' Geschlecht, sich in immer schlimmeren Taten aneinander rächten.

ventum textilem: gewebten Hauch; Gewebe, so zart wie Wind.

»Vert-Vert et Chartreuse« (1734) des französischen Dichters Jean Baptiste Louis de *Gresset* (1709–1777) stellt in eleganten Versen die Geschichte des Titelhelden, eines Papageien, dar, der in einem Nonnenkloster aufgezogen wird und später in schlechte Gesellschaft gerät.

»Vigiliae Mortuorum secundum chorum ecclesiae Maguntium«, d. h. Toten-Nachtgottesdienste hinter dem Chor der Mainzer Kirche, erschienen zu Mainz bei Joh. Schöffler.

Vis inartiae: Beharrungsvermögen.

Xerxes et id genus omne: Xerxes und dies ganze Geschlecht.

»Zadig« von *Voltaire* (1694–1778), eine orientalisch eingekleidete geistvolle Verspottung des Schicksals, ist einer der Lieblingsromane des französischen Rokoko, 1748. *DVB*

Bibliographie

Für die *englischen Fassungen* sind folgende Ausgaben als maßgebend anzusehen:

Eleonora und *Die längliche Kiste:* ›Tales of Edgar Allan Poe. Edited by James Southall Wilson‹, New York 1927. Der Herausgeber ist Edgar-Allan-Poe-Professor of English an der Universität of Virginia.

Die Brille: ›The Works of Edgar Allan Poe‹. A. S. Barnes and Comp., New York 1905.

Die übrigen elf Geschichten: ›Tales of Edgar Allan Poe. With an Introduction by Hervey Allen‹, New York 1944. H. Allen ist der Verfasser des zweibändigen Werkes: ›Israfel, The Life and Times of Edgar Allan Poe‹, New York 1926.

Für die *Bibliographie* sei verwiesen auf: ›Literary History of the United States‹, New York 1948. Vol. III, S. 689–696.

Deutsche Ausgaben: ›Edgar Allan Poes Werke. In zehn Bänden herausgegeben von Hedda und Arthur Moeller-Bruck‹, Minden 1904. – ›Novellen. Übersetzt von Th. Etzel‹, 6 Bände, Berlin 1922. – Gedichte: ›Ausgewählte Gedichte. Übersetzt von Hedwig Lachmann‹, Berlin 1891. – ›Gedichte. Übersetzt von Th. Etzel‹, München 1909.

Amerikanische Literaturgeschichten in deutscher Sprache: Fischer, Walther, ›Die englische Literatur der Vereinigten Staaten von Nord-Amerika‹, Wildpark, Potsdam 1929. – Lüdeke, Henry, ›Geschichte der amerikanischen Literatur‹, Bern 1952.

Für die Erörterung der vielen strittigen Fragen in Poes Leben fühle ich mich dem Werke von Arthur Hobson Quinn dankbar verpflichtet. Diese jüngste umfassende Biographie, die auf eingehenden Quellenstudien beruht, erschien unter dem Titel: ›Edgar Allan Poe, Critical Biography‹, New York 1941. – Dem bekannten Poe-Forscher Professor

Carl F. Schreiber von der Yale-Universität danke ich für das liebevolle Interesse, mit dem er die Entstehung dieser Ausgabe begleitet hat, besonders für die Durchsicht der Einleitung und für viele wertvolle Hinweise sowie für die Übersendung des Manuskripts seiner Vorlesung »Mr. Poe Gets Up Books« (Simmons Series of Lectures, 1953, Pennsylvania State College).

Georg Kartzke

Nachwort

Edgar Allan Poe (1809–1849) ist einer der meistdiskutierten Autoren der amerikanischen Literatur. So zwiespältig, umstritten und rätselhaft wie die Persönlichkeit des Dichters erscheint auch sein Werk, was die Kritiker, von den Zeitgenossen bis herauf zu unserer Zeit, immer wieder dazu verleitet hat, dieses aus jener zu erklären. Poe war ein Außenseiter, der es darauf angelegt zu haben schien, seine Umwelt vor den Kopf zu stoßen; nicht nur die gutbürgerliche Gesellschaft, als deren typischer Vertreter sein reicher schottischer Ziehvater John Allan gelten mag, dessen nüchterner Geschäftssinn allen künstlerischen Neigungen und Launen abhold war (so daß der Atheismus das einzige war, was die beiden Männer gemein hatten), nicht nur die Opfer seiner literarischen Polemik, die oft erfolgreicheren und geachteteren Schriftstellerkollegen wie Longfellow, sondern auch die Freunde und Kollegen, die es gut mit ihm meinten. Er war dem Alkohol zugetan, was ihm viele vorhielten und wofür ihn einige feierten, trank aber möglicherweise durchaus nicht mehr als andere Menschen, nur vertrug er weniger; und er genoß das Opium – auch das ein Zug seiner Biographie, den manche Biographen abstreiten, wogegen andere den unmißverständlichen Einfluß des Opiums in manchen Erzählungen zu spüren vermeinen. Und er wandte sich Frauen zu, die ihn ins Zwielicht geraten lassen mußten; schwärmerisch verehrten Mutter- und Schwesternsurrogaten in seiner Jugend, nachdem er seine Mutter, eine Schauspielerin, früh verloren hatte, darunter die schöne und schüchterne Ziehmutter. Diese Gefühle schlugen sich in sentimentalen Liebesgedichten nieder. Am rätselhaftesten aber ist vielleicht seine Liebe zu seiner invaliden Cousine Virginia Clemm, die er schließlich heiratete, als sie erst dreizehn Jahre alt war – was nur unter der Vorspiegelung möglich war, sie sei bereits einundzwanzig. Manche Autoren haben

Poe Impotenz nachgesagt, sei es eine psychisch bedingte, durch eine zu starke Fixierung an seine Mutter, die von ihrem Mann, ebenfalls einem Schauspieler, verlassene Elisabeth Poe, sei es als Folge seines Opiumgenusses und ungesunden Lebenswandels. Es scheint, daß die Ehe auch später nie vollzogen wurde, daß die Liebe Poes zu dem fragilen Geschöpf rein schwärmerisch war und überschattet vom unausweichlichen Ende der Schwindsüchtigen, deren Ende in roten Blutstürzen sich in Erzählungen wie »Die Maske des roten Todes« symbolisch niederschlug. Den Tod einer schönen Frau hat Poe für den dichterischsten aller Gegenstände erklärt, und um den Tod kreisen zahlreiche seiner Erzählungen, nicht nur jene, in denen eine schöne Frau im Mittelpunkt steht wie in »Leonore«, »Ligeia«, »Morella« oder »Berenice«. Das Grab ist Poes natürliches Habitat und die Erforschung des Todes ist eines der zentralen Themen in seinem Werk, und nicht die Erzeugung von Schauder und Grusel, obwohl seine Erzählungen rein äußerlich viel mit den gotischen Schauergeschichten gemein haben. Im Vorwort zu seinen *Tales of the Grotesque and Arabesque* hat sich Poe jedoch ausdrücklich gegen den Vorwurf verwahrt, er habe sich von den gotischen Schauergeschichten, besonders jenen, wie sie damals, aus Deutschland kommend, beliebt waren, beeinflussen lassen. Sein Schrecken stamme, erklärte er, nicht aus Deutschland, sondern aus der Seele. Der Tod ist unzweifelhaft die entscheidenste Grenzsituation des Menschen (wenn auch nicht unbedingt in der von Poe häufig bevorzugten Form des Scheintods). Unter den ersten, die die Bedeutung Poes erkannten und anerkannten, war Dostojewski, der 1861 im Vorwort zu einer russischen Übersetzung Poes erklärte, daß es Poe darum ginge, den Menschen in einer physischen und psychischen Ausnahmesituation zu zeigen. Die psychologische Zuspitzung zu den Grenzsituationen des Daseins in Wahnsinn und Tod macht Poe zu einem symbolischen Schriftsteller, erklärt seine Anziehungskraft auf Dichter mit einem ähnlichen Naturell wie Baudelaire und die französischen Symbolisten und Surrealisten und die Universalität, die diesem Amerikaner eine rasche und begeisterte Aufnahme in Europa sicherte, wo er weit weniger umstritten und gewiß früher allgemein anerkannt war als in seiner Heimat. Dennoch zeigt sich in seinen Erzählungen eine typisch amerikanische Haltung, vor allem in seiner Tendenz, das Geistige materialistisch darzustellen, seinem Forschungsdrang und dem beinahe klinischen Zug seiner Prosa trotz aller fiebrigen Rhythmik, dem gefühlsmäßigen Überschwang und dem rauschhaften Schwelgen in Farben. So uneinheitlich Poes Werk zu sein scheint, so gibt es vielleicht doch ein einheitliches Prinzip in der erstaunlichen Vielfalt von Gedichten, Kurzgeschichten, einem Roman, einem Drama, Polemiken und scharfsinnigen literarischen Kritiken einschließlich einer Ästhetik der Kurzgeschichte. Unter den kurzen Erzählungen gibt es auch einige, die Poe zu einem der Väter der SF machen (»Hans Pfaalls Mondfahrt«, »Mellonta Tauta« und andere), und gewiß schrieb er die ersten Detektivgeschichten der Welt. Es geht dort um rätselhafte Kriminalfälle, die durch reine Verstandeskraft, durch die Anwendung der deduktiven Methode, gelöst werden. Zwischen diesen Detektivgeschichten und den SF-Erzählungen einerseits, in denen es auf die glaubwürdige Darstellung wissenschaftlicher (oder pseudo-wissenschaftlicher) Fakten ankommt, und den Erzählungen am irrationalen Pol andererseits scheint eine tiefe Kluft zu klaffen. In jenen regiert eine schier unmenschliche Logik, in diesen ist die Vernunft nahezu völlig ausgeschlossen und die Helden werden von ihren monomanischen Leidenschaften angetrieben, von dunklen Impulsen, die es oft geradezu auf ihre Selbstzerstörung abgesehen zu haben scheinen. Jene selbstzerstörerischen Antriebe, die Poe den Dämon der Perversität genannt hat und die von seinen Helden in den Erzählungen »Das verräterische Herz«, »Die schwarze Katze« und »Der Geist des Bösen« Besitz ergreifen und sie zu Schandtaten antreiben, mit denen sie sich selbstquälerisch in Gedanken immer wieder beschäftigen, um die ihr Verstand kreist, ohne daß sie die geringste Möglichkeit hätten, dieses von ihnen selbst als abnorm erkannte Verhalten zu ändern; wie gebannt starren sie narzißtisch auf sich selbst, durch ihre Obsession aus Raum und Zeit und allen gesellschaftlichen Umständen entrückt, um sich schließlich mit einer gewissen selbstzerstörerischen Lust der strafenden Gerechtigkeit auszuliefern. Wobei es wieder nicht um irgendeine konventionelle gesellschaftliche Moral geht, die Bestrafung erheischt, sondern allein um die perverse Selbstzentriertheit des Helden. Und doch gibt es zwischen diesen Erzählungen vielleicht eine Verbindung, abgesehen von der rein dialektischen Beziehung, daß sie Gegenpole bilden – hie strengste Rationalität und (vorgebliche) Wissenschaftlichkeit, dort Irrationalität –, die voneinander so weit entfernt sind als nur möglich. In seiner Dissertation »Die Funktion des analytischen Verstandes in Edgar Allan Poes Kurzprosa« (1971) sieht Walter Reimers das Gemeinsame im analytischen Verstand, der diese Geschichten kennzeichnet:

»Die Skala der dem Analytiker gestellten Probleme reicht von einfachen Geheimschriften und komplizierten Kriminalfällen über die Gestaltung von Prosa und Lyrik (»The Poetic Principle«) bis hin zu naturwissenschaftlichen Überlegungen (»Eureka« gehört dazu) und Fragen, die das Wesen und die Existenz des Menschen betreffen (»Ligeia«, »The Man of the Crowd«, »The Pit and the Pendulum«, »The Imp of the Perverse« u. ä.). Sie reicht von einem rationalen Pol bis zu einem irrationalen Pol und stellt dem Leser einen bei aller Vielfalt der Anforderungen invarianten Helden vor, dessen Wesensmerkmal der analytische Verstand ist.« (S. 107)

Die Detektivgeschichten (mehr als die SF) sind gewissermaßen eine Apotheose des menschlichen Verstandes, sie sind besessen von der Leidenschaft des Verstandes, wie es ein Kritiker genannt hat. In ihnen wird der Verstand absolut gesetzt, durch die strenge Anwendung logischer Methoden wird der Detektiv in die Lage versetzt, aus einigen wenigen Fingerzeigen den Fall aufzuklären und den Gegenspieler zu berechnen. Enthalten diese Erzählungen (»Der Doppelmord in der Rue Morgue«, »Das Geheimnis von Marie Rogêts Tod« und »Der entwendete Brief«) auch schon die Verkörperung des genialen Detektivs in Monsieur Auguste Dupin, dem Stammherrn aller berühmten Detektive der Weltliteratur (dessen Herrlichkeit noch durch den Kontrast mit einer noch namenlosen, tumben Watson-Figur erhöht wird, die dem Leser das Verständnis erleichtert), so ist der eigentliche Held der Erzählungen doch die Methode selbst, das, was Poe die analytischen Fähigkeiten nennt. Sie selbst sind ihrem Wesen nach der Analyse sehr schwer zugänglich, man erkennt sie in der Regel nur an ihren Ergebnissen. Es ist der Prozeß der Analyse selbst, dem das zentrale Interesse der Erzählungen gilt, die wiederum nur Illustrationen anhand konkreter Beispiele sind. Das zeigt sich als Freude an Rätseln, Hieroglyphen und Geheimnissen, in der Erprobung des Scharfsinns an der Lösung von Kryptogrammen, und Poes Werke sind voll von solchen Rätseln. Seine Begeisterung für sie und sein Glauben an die Kraft des eigenen Verstandes ging so weit, daß er als Redakteur einer Zeitschrift die Leser aufforderte, ihm Geheimschriften einzusenden. Er verwandte auch beträchtliche Zeit auf ihre Lösung (die ihm stets gelang), was T. S. Eliot zu der Bemerkung veranlaßte, daß das ein Anzeichen für einen adoleszenten Verstand sei, der sich lieber an solchen formalen Spielen als an den Schwierigkeiten des Lebens erprobe. Poe ersann auch eine Lösung für das Geheimnis von Mälzels Schachspieler (ein Zwerg, der in der mechanischen Figur saß und die Züge durchführte) und sagte die weitere Entwicklung und korrekte Lösung des Romans *Barnaby Rudge* von Dickens voraus, der zu dieser Zeit in einer englischen Zeitschrift in Fortsetzungen erschien. Es gelang ihm aber nicht, das echte Geheimnis der Mary Rogers zu lösen, deren Mordfall er aus seiner Umgebung ins Paris der »Marie Rogêt« verpflanzt hatte.

Als höchste Form der Phantasie galt Poe die mathematische, und in seiner Ästhetik betonte er die rationale Konstruktion – als Gegenstück zur Analyse – selbst bei den gefühlsbetontesten Gegenständen. Als möglicherweise nachträgliche Rationalisierung exerzierte er seine Kompositionsmethode an seinem Gedicht »Der Rabe« vor, das doch ganz aus seinem Rhythmus und der beschwörenden Wirkung seines Wortklangs lebt. Poe ähnelte darin E. T. A. Hoffmann, der ebenfalls die Bedeutung der rationalen Komposition hervorhob, doch ging der Amerikaner weitaus rigoroser vor als der romantisch-ironische Deutsche. Er betonte die Geschlossenheit und Ganzheitlichkeit der Wirkung. Real besehen ist die totale Berechnung des Menschen in der Detektivgeschichte, worin der Große Detektiv einem Laplaceschen Dämon ähnelt, der aus einem beliebigen Bruchstück den Lauf des ganzen Weltalls voraussagt, das Ergebnis einer Reduktion der Fülle der Wirklichkeit auf einige wenige Dinge, die als unabänderlich und eindeutig ausgegeben werden. Im Grunde handelt es sich um eine Verarmung, die das Irrationale, das Unberechenbare aus dem Kalkül ausschließt, um eine künstliche literarische Welt, die um nichts weniger fiktiv ist als die Traumwelt der übernatürlichen Geschichten Poes. In diesen Erzählungen ist, mit dem einmal entdeckten Prinzip und dem sich darum entwickelnden Gehabe, das ganze Potential der Gattung angelegt, die dieses Prinzip mit spielerischer Unverbindlichkeit, fern aller moralischen Problematik, in rein instrumentaler Weise variieren wird.

Wie schon angedeutet, scheint dieser in den Detektivgeschichten im engsten Rahmen allmächtig gesetzte Verstand völlig ausgeschaltet in den fiebrischen Geschichten, die von Tod, Liebe, Rache, Marter beherrscht sind und in denen sich die Helden ganz einer Leidenschaft ausliefern, sei es als willenlose Beobachter, denen etwas zustößt (der Verfall ihrer Persönlichkeit), sei es auch als aktiv Handelnde. Aber immer sind die Monomanen, die ihre besessenen Monologe an den Leser richten, Schöpfer ihrer eigenen Qual, tragisch in sich selbst verstrickt, aber auch Analysatoren ihres Schicksals. Immer aber handelt es sich um isolierte Individuen, niemals um soziale Wesen. In der Tat sind sie ihren dunklen Leidenschaften nicht nur ausgeliefert, sondern sie analysieren sie auch mit einer geradezu wissenschaftlich zu nennenden Akribie, die auf die Psychoanalyse vorweg verweist. Das macht das Eigentümliche dieses Schriftstellers aus, daß er selbst in den wildesten Flügen seiner Phantasie, fernab aller alltäglichen Rationalität, den Verstand dennoch nicht völlig ausschaltet; zwar ist er nicht Richtschnur des Handelns, aber er zeigt sich in der Klarheit, mit der sie ihre eigenen Motive sezieren und erkennen, in diesem »Delirium der Klarheit«, wie es Paul Valéry treffend genannt hat. Poes gespaltenen Persönlichkeiten, die an ihrem Wesen leiden, das sie zwar erkennen, aber nicht kontrollieren können, vertreten einen rationalistischen Zug dadurch, daß sie, obwohl solipsistisch verfangen in Traumwelten, die sie sich konstruiert haben, selbst das Irrationale noch zu erhellen suchen. Diese Überzeugung des Ausgeliefertseins des Menschen an die dunklen Mächte in der eigenen Psyche ist von einer zeitlosen Modernität, eine Vorwegnahme der Existenzängste und des inneren Zwiespalts des modernen Menschen. Darin ist sowohl die existentielle Verzweiflung wie die Rettung oder partielle Rettung durch den Verstand bereits angelegt (wie in »Grube und Pendel«, wo sich der Held die Rettungsmöglichkeiten mit wissenschaftlich zu nennender Gründlichkeit überlegt und sein Los so lange hinauszögert, bis die Rettung von außen eintrifft und ihn aus den Händen der spanischen Inquisitoren befreit). In Poes typischsten Geschichten ist die analytische Methode zwar dem Prinzip des Schönen und der Faszination des Todes untergeordnet (die in den »tales of ratiocination« von der Lust an der Erprobung des Verstandes zugedeckt sind), aber sie fehlt niemals. Sie zeigt sich immer in der Schärfe der Beobachtung, im brennenden Interesse an der Erkenntnis der eigenen entfremdeten Person oder – in den nekrophilen Liebesgeschichten – eines nahestehenden Menschen, zu dem die zwischenpersönliche Distanz nie überwunden werden kann, und die Erkenntnis immer in die Katastrophe mündet. Diese Vorgehensweise begründet wohl die zeitlose Gültigkeit dieses erstaunlichen Träumers, in dem sich ausschweifendste phantasmagorische Subjektivität mit wissenschaftlicher Objektivität mischen.

II.

Ein Schriftsteller so faszinierend und so berühmt wie Poe und nicht zuletzt einer mit so auffälligen visuellen Qualitäten und dramatischen Szenen, die zur bildlichen Darstellung geradezu auffordern, hat natürlich von jeher Illustratoren angezogen. Der jüngste Illustrator, der Poes Traumwelt seine eigene Bildwelt gegenüberstellte, ist möglicherweise Wilfried Sätty, der 1976 einen Band *The Illustrated Poe* vorlegte, ganz im Stil der Illustratoren des 19. Jahrhunderts gehalten und an Collagen erinnernd. Der bekannteste Poe-Illustrator im deutschen Sprachraum ist natürlich Alfred Kubin, der sich in Poes Erzählungen nicht erst hineinversetzen mußte, da seine eigene Gedankenwelt ähnlich düster und traumverwurzelt war. Seine kongenialen Zeichnungen sind ebenso symbolisch und hintergründig wie die Dichtungen Poes, und er ist vielleicht jener Künstler, der am tiefsten in das Wesen des Dichters eingedrungen ist. Abgesehen von einzelnen Erzählungen in Zeitschriften illustrierte Kubin viele Novellenbände Poes, von *Das schwatzende Herz und andere Novellen* (1909) über *Das Feuerpferd und andere Novellen* (1910), *Der Goldkäfer* (1910), *König Pest* (1911) bis hin zu *Das Nebelmeer* (1914), ein Sammelband, der als Band 2 in der von Hanns Heinz Ewers im Georg Müller Verlag herausgegebenen »Galerie der Phantasten« erschien – eine Zusammenstellung aus den früheren Bänden, aber unter Einschluß des Gedichts »Der Rabe«.

Unter den anderen Künstlern, die Poe illustriert haben, finden sich so illustre Namen wie Gustave Doré (*The Raven*, 1883), Aubrey Beardsley, Edmund Dulac und Arthur Rackham. Im deutschen Sprachraum völlig unbekannt, wiewohl einer der eigenartigsten und reizvollsten Buchillustratoren, ist der Ire Harry Clarke (1890–1931). In Dublin geboren, wurde er wie sein Vater Glasmaler und studierte an der Dublin Metropolitan School of Art (1910–1913). In der Folge ließ er sich als selbständiger Glasmaler in Dublin nieder und entwarf und baute viele Glasfenster für Kirchen in England, Irland und sogar auf dem Kontinent. Er arbeitete aber auch an weltlichen Bauten und entwarf Stoffmalereien. Zu den von ihm illustrierten Büchern gehörten unter anderem Hans Christian Andersens Märchen und eine englische Prachtausgabe von Goethes *Faust*. Die von ihm illustrierte großformatige Luxusausgabe der *Tales of Mystery and Imagination* Poes erschien 1919 im Verlag Harrap in England, ausgestattet mit zahlreichen Farb- und Schwarzweißtafeln. Diese Ausgabe ist heute ein begehrtes Sammlerobjekt. Eine kürzliche Neuausgabe enthält leider nur die Schwarzweißillustrationen. Clarkes manirierter, feinziselierter, ornamentaler Stil dringt nicht so in die Tiefe wie Kubins Werk, aber die bildhafte, exotische Oberfläche, die er entwirft, ist von höchstem ästhetischem Reiz. Er repräsentiert eine märchenhafte Phantastik, die nicht minder entrückt in Raum und Zeit ist wie die Geschichten Poes.

Franz Rottensteiner

EDGAR ALLAN POE IM INSEL VERLAG

Ausgewählte Werke in drei Bänden

Herausgegeben und mit einem Vorwort versehen von Günter Gentsch. Aus dem Amerikanischen übertragen von Barbara Cramer-Nauhaus, Erika Gröger, Karl Heinz Berger und anderen. Leinen in Kassette.

Erster Band: Erzählungen und Skizzen.
Zweiter Band: Erzählungen und Skizzen. Reflexionen. Essays und Kritiken.
Dritter Band: Dichtungen und Briefe. Zeittafel und Bibliographie von Günter Gentsch. Werkregister von Tilo Meyer.

Sämtliche Erzählungen

Vier Bände in Kassette. Herausgegeben von Günter Gentsch. Die Bände sind auch einzeln lieferbar:

Erster Band: Der Teufel im Glockenturm und andere Erzählungen. Aus dem Amerikanischen von Barbara Cramer-Nauhaus und Erika Gröger. it 1528
Zweiter Band: Die Morde in der Rue Morgue und andere Erzählungen. Aus dem Amerikanischen von Barbara Cramer-Nauhaus, Erika Gröger und Heide Steiner. it 1529
Dritter Band: Streitgespräch mit einer Mumie und andere Erzählungen. Aus dem Amerikanischen von Heide Steiner. it 1530
Vierter Band: Das Tagebuch des Julius Rodman und andere Erzählungen. Aus dem Amerikanischen von Erika Gröger, Andrea Sachs und Ruprecht Willnow. it 1531

Einzelausgaben

Der Bericht des A. Gordon Pym. Erzählungen. Übertragen von Barbara Cramer-Nauhaus, Erika Gröger und Heide Steiner. it 1449

Das Geheimnis der Marie Rogêt und andere Erzählungen. Aus dem Amerikanischen von Werner Beyer, Felix Friedrich und anderen. it 783

Grube und Pendel. Und andere Erzählungen. Aus dem Amerikanischen von Günther Steinig. ›Grube und Pendel‹ wurde von Elisabeth Seidel übersetzt. it 362

Grube und Pendel. Schaurige Erzählungen. Aus dem Amerikanischen von Erika Gröger und Heide Steiner. it 2351

Der Rabe. In der Übertragung von Hans Wollschläger. Zweisprachig. Mit dem Essay ›Die Methode der Kompositon‹ von Edgar Allan Poe in der Übersetzung von Ursula Wernicke. Mit einem Nachwort von E. Y. Meyer. Holzschnitte von d'Aragues. IB 1006

Der Untergang des Hauses Usher. Meistererzählungen. Aus dem Amerikanischen von Barbara Cramer-Nauhaus. Erika Gröger und Heide Steiner. it 1373

Englische und amerikanische Literatur
im insel taschenbuch

Elizabeth von Arnim: Elizabeth und ihr Garten. Aus dem Englischen von Adelheid Dormagen. it 1293

Jane Austen: Die Abtei von Northanger. Aus dem Englischen von Margarete Rauchenberger. Mit Illustrationen von Hugh Thomson. it 931

– Anne Elliot. Aus dem Englischen von Margarete Rauchenberger. Mit Illustrationen von Hugh Thomson. it 1062

– Emma. Aus dem Englischen von Charlotte Gräfin von Klinckowstroem. Mit Illustrationen von Hugh Thomson. it 511

– Lady Susan. Ein Roman in Briefen. Die Watsons. Sanditon. Zwei Romanfragmente. Aus dem Englischen von Angelika Beck und Elizabeth Gilbert. it 1192

– Lady Susan. Ein Roman in Briefen. Aus dem Englischen von Angelika Beck. Großdruck. it 2331

– Stolz und Vorurteil. Aus dem Englischen von Margarete Rauchenberger. Mit Illustrationen von Hugh Thomson und mit einem Essay von Norbert Kohl. it 787

Harriet Beecher-Stowe: Onkel Toms Hütte. In der Bearbeitung einer alten Übersetzung. Herausgegeben und mit einem Nachwort versehen von Wieland Herzfelde. Mit 27 Holzschnitten von Georg Cruikshank aus der englischen Ausgabe von 1852. it 272

Ambrose Bierce: Aus dem Wörterbuch des Teufels. Auswahl, Übersetzung und Nachwort von Dieter E. Zimmer. it 440

– Mein Lieblingsmord. Erzählungen. Mit einem Nachwort von Edouard Roditi. Aus dem Amerikanischen von Gisela Günther. it 39

– Das Spukhaus und andere Gespenstergeschichten. Deutsch von Gisela Günther, Anneliese Strauß und K. B. Leder. it 1411

Anne Brontë: Agnes Grey. Aus dem Englischen von Elisabeth von Arx. it 1093

Charlotte Brontë: Erzählungen aus Angria. Aus dem Englischen von Michael Walter und Jörg Drews. it 1285

– Jane Eyre. Eine Autobiographie. Aus dem Englischen von Helmut Kossodo. Mit einem Essay und einer Bibliographie herausgegeben von Norbert Kohl. it 813

– Der Professor. Aus dem Englischen von Gottfried Röckelein. it 1354

– Shirley. Aus dem Englischen von Johannes Reiher und Horst Wolf. it 1145

– Über die Liebe. Herausgegeben von Elsemarie Maletzke. Übertragen von Eva Groepler und Hans J. Schütz. it 1249

– Villette. Roman. Aus dem Englischen von Christiane Agricola. it 1447

153/1/8.92

Englische und amerikanische Literatur im insel taschenbuch

Emily Brontë: Die Sturmhöhe. Aus dem Englischen von Grete Rambach. it 141

Edward George Bulwer-Lytton: Die letzten Tage von Pompeji. Aus dem Englischen von Friedrich Notter. it 801

Lewis Carroll: Alice hinter den Spiegeln. Mit einundfünfzig Illustrationen von John Tenniel. Übersetzt von Christian Enzensberger. it 97

– Alice im Wunderland. Mit zweiundvierzig Illustrationen von John Tenniel. Übersetzt und mit einem Nachwort von Christian Enzensberger. it 42

– Geschichten mit Knoten. Eine Sammlung mathematischer Rätsel. Herausgegeben und übersetzt von Walter E. Richartz. Mit Illustrationen von Arthur B. Frost. it 302

– Die Jagd nach dem Schnark. Übersetzt und ausgeleitet von Klaus Reichert. Mit Illustrationen von Henry Holiday. it 598

Geoffrey Chaucer: Die Canterbury-Erzählungen. Vollständige Ausgabe. Aus dem Englischen übertragen und herausgegeben von Martin Lehnert. Mit Illustrationen von Edward Burne-Jones. it 1006

Gilbert Keith Chesterton: Alle Pater-Brown-Geschichten. 2 Bände in Kassette. it 1263/1149

– Pater-Brown-Geschichten. 24 Detektivgeschichten. Mit einem Nachwort von Norbert Miller. it 1149

– Die schönsten Pater-Brown-Geschichten. Großdruck. it 2332

Daniel Defoe: Glück und Unglück der berühmten Moll Flanders, die, im Zuchthaus Newgate geboren, nach vollendeter Kindheit noch sechzig wertvolle Jahre durchlebte, zwölf Jahre Dirne war, fünfmal heiratete, darunter ihren Bruder, zwölf Jahre lang stahl, acht Jahre deportierte Verbrecherin in Virginien war, schließlich reich wurde, ehrbar lebte und reuig verstarb. Beschrieben nach ihren eigenen Erinnerungen. Deutsch von Martha Erler. Mit Illustrationen von William Hogarth und einem Essay von Norbert Kohl. it 707

– Robinson Crusoe. Mit Illustrationen von Ludwig Richter. In der Übersetzung von Hannelore Novak. it 41

Charles Dickens: Bleak House. Aus dem Englischen von Richard Zoozmann. Mit Illustrationen von Phiz. it 1110

– David Copperfield. Mit Illustrationen von Phiz. it 468

– Detektivgeschichten. Aus dem Englischen von Franz Franzius. it 821

– Eine Geschichte aus zwei Städten. Mit Illustrationen von Phiz. it 1033

– Große Erwartungen. Aus dem Englischen von Margit Meyer. Mit Illustrationen von F. W. Pailthorpe. it 667

153/2/8.92

Englische und amerikanische Literatur im insel taschenbuch

Charles Dickens: Harte Zeiten. Aus dem Englischen von Paul Heichen. Mit Illustrationen von F. Walker und Maurice Greiffenhagen. it 955

– Nikolaus Nickleby. Mit Illustrationen von Phiz. it 1304

– Die Pickwickier. Mit Illustrationen von Robert Seymour, Robert William Buss und Phiz. it 896

– Der Raritätenladen. Aus dem Englischen von Leo Feld. Mit Holzschnitten von George Cattermole, H. K. Browne, George Cruikshank und Daniel Maclise. it 716

– Weihnachtserzählungen. Mit Illustrationen von Leech, Stanfiels, Stone u.a. it 358

Charles A. Eastman: Indianergeschichten aus alter Zeit. Deutsch von Elisabeth Friederichs. Mit einem Nachwort herausgegeben von Dietrich Leube. Illustrationen und Anmerkungen von Frederick Weygold. it 861

Henry Fielding: Tom Jones. Die Geschichte eines Findelkindes. 2 Bde. Mit Illustrationen von Gravelot und Moreau le jeune. Herausgegeben und mit einem Nachwort von Norbert Kohl. it 504

Ben Hecht: Tausendundein Nachmittage in New York. Aus dem Amerikanischen von Helga Herborth. Mit Illustrationen von George Grosz. it 1323

Rudyard Kipling: Mit der Nachtpost. Unheimliche Geschichten. Aus dem Englischen von Friedrich Polakovics. it 1368

– Unheimliche Geschichten. Aus dem Englischen von Friedrich Polakovics. it 1286

D. H. Lawrence: Erotische Geschichten. Aus dem Englischen von Heide Steiner. it 1385

Matthew Gregory Lewis: Der Mönch. Aus dem Englischen von Friedrich Polakovics. Mit einem Essay und einer Bibliographie von Norbert Kohl. it 907

Jane Lidderdale / Mary Nicholson: Liebe Miss Weaver. Ein Leben für Joyce. Aus dem Englischen von Angela Praesent und Anneliese Strauss. it 1436

Lord Byron. Ein Lesebuch mit Texten, Bildern und Dokumenten. Herausgegeben von Gert Ueding. it 1051

Katherine Mansfield: Der Mann ohne Temperament und andere Erzählungen. Aus dem Englischen von Heide Steiner. Großdruck. it 2325

– Seligkeit und andere Erzählungen. Aus dem Englischen von Heide Steiner. it 1334

153/3/8.92